阎崇年 著

古都北京

朝華出版社

古都北京

阎崇年 著

书名题签：赵朴初
责任编辑：汪　涛　梁　惠
摄　　影：严钟义　胡　锤　祁庆国等
装帧设计：严钟义

序言

阎崇年

我们奉献在读者面前的《古都北京》，是一部伟大东方古代文化艺术博物馆的图文并茂的历史实录。

这部书的缘起，是在1984年9月5日，北京朝华出版社编辑马悦女士突然光临我的研究室，约我撰写《古都北京》。这在我平静的心湖中，有如谢灵运《山居赋》所云“拂青林而激波，挥白沙而生涟”，引发了漫漫思绪，激起了层层涟漪。我想，撰写这本书很难，但又很有意义。中国历史悠久，幅员辽阔，民族繁盛，人口众多，将她的神经中枢和政治心脏——古都北京，以图文并茂的历史实录形式奉献给读者，并非易事。然而我觉得：我的曾祖父、祖父、父亲和我，祖孙四代，久居北京；我是研究历史学的；我熟悉北京、喜欢北京、研究北京……这些都激发了我写古都北京之心。因此，作为北京的一个市民、一个学者，向中国、向世界介绍中国古都北京，责任在肩，义不容辞。

北京城是地球表面上一项最伟大的文化工程，也是世界文明史上一个最壮丽的文化奇观。只有中国才有北京，也只有中国这样的国家才能创造北京。在这座城市里，中华民族五千年的精神文明和物质文明，达到了光辉灿烂、登峰造极的境地。古都北京——这座东方历史文化艺术的璀璨宝库，不仅住在北京的两千多万人关心她、热爱她，中国的十四亿各族人民关心她、热爱她，而且海外的华侨、华裔关注她、向往她，世界各国的朋友也关注她、向往她。每年有数以千万计的同胞和朋友，从四域八方宾至北京，以观览她那瑰丽的雄姿，博大的气魄，巍峨的长城，蜿蜒的运河，壮丽的宫殿，优美的园林，奇魅的艺术，灿烂的文化，古典的民居，鲜活的民俗……但是，不管到过或未到过北京的同胞和朋友，很多人都希望能有一册反映北京历史文化艺术的实录——图文并茂的《古都北京》，在书斋插架，信手翻阅，一览北京，如临其境。因此，我作为北京的一个市民，便率尔操觚，滥竽纂述。

像每个人都有自己的性格一样，古都北京也有她的特征。那么，古都北京有些什么特征呢？

历史悠久，源远流长，是古都北京的第一个特征。北京历史长河的源头，上溯至70万年前洪荒时代的北京人。尔后，像滔滔江河，越往下游，河面越宽，河床越深。自公元前11世纪以来，北京曾先后13次为都，这就是：蓟、燕、前燕、大燕、刘燕、辽、金、元、明、大顺、清、中华民国（初期），当今又是中华人民共和国的首都。特别是到辽、金、元、明、清五代，北京历史江河的激浪，更如“天排云阵千雷荡，地卷银山万马腾”。试想，在中国六大古都——西安、洛阳、开封、南京、杭州、北京，在世界十大名都——巴黎、伦敦、罗马、莫斯科、华盛顿、墨西哥城、开罗、东京、巴格达、北京之中，北京首屈一指，有哪座都城历史之悠久可与她相比呢！我不揣冒昧，就从世界人类文化摇篮之一的北京人开始叙述，向读者展现古都北京的历史文化风貌。

主客分明，布局宏大，是古都北京的第二个特征。以明清的北京城而言，它是作为封建皇帝治居之所而设计和建造的。君王为主，臣民为客；君权为主，神权为客——这就是北京城设计的主题。美国首都华盛顿城是美国独立战争胜利的产物，也是美国民主和独立的象征，在其城市设计中突出国会大厦，林肯纪念堂亦四面开放。然而，明清皇帝治居之所的北京城，则以一条子午线即中轴线纵贯南北，皇宫位于全城的中心。城池宫殿、坛庙苑林、衙署寺观、市井民舍，都在子午线即中轴线两侧依次对称展开，格局严谨，主次分明。它的城垣依次由宫城、皇城、内城、外城分为四个方阵（外城因财力不足未能围成方形），呈封闭式，层层相套，等级森严，界限分明。北京城的园囿——宫城的御花园、皇城的太液池、内城的坛庙苑林、近郊的三山五园，也都布局有序，呼应相连。这一整套的都城规划设计，都是中华传统思想和精湛瑰丽艺术的完美结合。

皇家宫殿，珍宝荟萃，是古都北京的第三个特征。北京从辽代开始成为皇都，至清末宣统皇帝退位，历时近 1000 年。古都北京不仅集中国历代都城建设之大成，而且集中华民族自古以来文化艺术之精粹，是一座伟大的艺术宫殿，也是一座文物荟萃的博物院。秦朝阿房宫，汉朝未央宫，唐朝大明宫，宋朝大庆殿，金之宫殿，元之大内，明之紫禁宫殿，清之文渊书阁，其艺术精粹，其设计构思，古都北京，含其精华。北京故宫博物院现存 180 万余件文物，另有分存南京博物院 10 万余件文物及台北故宫博物院和沈阳故宫博物院的文物，还有 1000 万件汉文、200 万件满文档案，以及数以万计的典籍文献。北京的故宫、天坛、颐和园、明十三陵、长城等被列为世界文化遗产。雄伟的宫殿，绮丽的楼阁，配置以亭台轩榭，陈设以奇珍异宝，北京城成为一座宛若仙境的城市。

坛庙园林，水木京华，是古都北京的第四个特征。北京的坛庙寺观，盛时达一千余座。现存最早的是潭柘寺，谚语说：“先有潭柘寺，后有北京城。”这是说它历史之悠久。尔后，辽、金、元、明、清的寺观，遍布京城。如辽大昊天寺，殿后塔高 66 米有余，矗立天空，俯视苍穹。这座高塔虽毁，却留下四座古寺——大觉寺、戒台寺、天宁寺、灵光寺。到了明、清，天坛、地坛、日坛、月坛，分布南、北、东、西。北京城外的园林，南有下马飞放泊（南苑），北有积水潭（北海子），东有延芳淀（今河北安新地区），西有三山五园。还有承德避暑山庄和木兰围场。皇宫之内，有御花园、建福宫花园、慈宁宫花园和宁寿宫花园（乾隆花园）等。古都北京是一座整体布局有序、坛庙寺观点缀、金水玉河环绕、名树异草遍布的花园城市。

各族文化，熔冶一炉，是古都北京的第五个特征。北京南襟河济，北连朔漠，位于中原农耕文化、西北草原文化、东北森林文化、西部高原文化和东部暨南部海洋文化的交汇之地，历来为中华民族内部各族融汇和相争之区。这突出反映在自秦始皇到清宣统两千多年皇朝历史中心的移动，前一千年中国政治中心主要是在西安，后一千年中国政治中心主要是在北京。这可以看出一个有意思的历史现象：中国两千多年皇朝历史政治中心的摆动，先是东西摆动，后是南北摆动，从而呈现出大“十”字形变动的特点。所以说，正是由于各个兄弟民族的长期争局和融合（还有其他原因），中国经济、政治、文化中心的东移，北京才成为元、明、清三代的都城。北京城的建筑和园林，也汇合了各个民族文化之优长。四方民族，杂居北京，他们的衣食住行，坊里风情，宗教信仰，岁时习俗，使北京的市井生活更加色彩斑斓。

世界文化，密切交融，是古都北京的第六个特征。辽南京的清真寺（今牛街清真寺），是北京对外文化交流的一例。到了元代，大都是当时世界的一个文化中心。明初郑和下西洋，是中外文化交流史上的空前壮举。《明史 · 外国传》记载，明朝同 87 国有外事交往，可见其时中外文化交流之盛况。晚明利玛窦将西方近代文明带到京师，《坤舆万国全图》《几何原本》、自鸣钟等使北京士大夫耳目为之一新。清代康熙时耶稣会士南怀仁为钦天监监正。西方耶稣会士进入宫廷，使近代科技文化对宫廷产生影响，也将中华文化传到欧洲。后在英国出现中华风格的园林，称为“英华园庭”，法王路易十四也在王宫陈设中国的瓷器、刺绣，其他国家更争相仿效。中国儒家经典开始被翻译到西方，《康熙皇帝》传记也呈现在凡尔赛宫。晚清时期，外国在北京设立 29 个使领馆，中西方文化交往出现新的特征。

《古都北京》内容纷繁，错综复杂，我力求驭繁执简，博观约取。中国 17 世纪著名画家石涛说过：“搜尽奇峰打草稿。”本书不是绘画，但它就像一轴画卷，将历史文化胜迹一幅幅地展示出来。本书再现北京历史文化时，内容务求丰富，史实务尽翔实，图片务冀精美，结构务期严谨。本书的叙述，以时间为经，自石器初晖、青铜文明、燕都蓟城、北方重镇、三燕建都、辽代南京、金代中都、元代大都，到明代北京、清代京师、民国北京，划分段落，纵向铺叙；以事物为纬，自历史事件、名人胜迹、城池宫殿、坛庙寺宇、园林陵寝、文物精华、教育科技、文化艺术，到帝后生活、坊巷市俗、四合院落、岁时节令，分设纲目，横向铺叙。

这样经纬交织，纵横错综，以复原中国古都北京的历史文化面貌。但古都北京灿烂的历史文化如经天日月，本书则不若爝火之光。虽纂述并不惬心，但也是辛勤的收获。

这里，我特别要提到摄影大师严钟义先生。我和他在 20 世纪 80 年代相识，曾经有过非常愉快的合作。相隔三十年后，又重温旧谊，推出新版《古都北京》，献给中国的读者，也献给世界的朋友。

在结束此序之前，我想起了中国“千人糕”的古老故事。故事的大意是说，一盘丰盛的糕点，要有人耕田种麦、有人磨麦成粉、有人养鸡生蛋、有人榨蔗制糖等，经过千人之手的辛劳方能制成，而不只是糕点师一个人的杰作。同样《古都北京》的成书，吸取了历史、考古、文物、古建、园林、艺术和历史地理等各个方面学术研究的成果，还经过编辑、翻译、摄影、设计、印刷、装帧等多人之手，才呈现给读者。为此，作者谨向各方及诸位，敬申谢忱。

总目

引言

打开世界地图，在东方的中华大地上，刻画着两道伟大的人工奇迹：一是蜿蜒起伏、横贯东西的万里长城，另一是晶明平直、纵穿南北的三千里京杭运河。它们历史之悠久，工程之伟大，作用之显著，影响之深远，在中国和在世界，有哪一项文化遗产能与之相比呢？长城内外，运河左右，座座城市，星罗棋布，宛如中国历史文化的灿烂星汉。而在万里长城拱卫的中心和京杭运河漕运的起点，闪耀着一颗最明亮的星辰，这就是中国古都北京。

北京这座历史文化名城有过许多传说，以后还会有。她那幽闭的涂着神秘色彩的美，不知诱发了多少人关于东方那神穹仙宇的遐想。琼楼玉宇，金殿飞阙，其实正是东方文化的一个光辉典范。

北京城的规划与设计，有一个鲜明的主题——君权至高，神权至上。城市布局中心的紫禁城，更是皇权的象征。当大地送暖，万木染绿，登上景山中峰的万春亭，举目远眺，面前会展现出一幅世界上最壮丽的图画：绿色筒子河与灰色紫禁城的画框之中，一片黄

八达岭长城

色琉璃瓦顶金光闪烁的宫殿之海。

北京城营建的主题和布局，是中国三千余年都城建设的总结。中国最早的都城，有“三皇五帝之都”的传说。这就是太古时代伏羲都陈，神农都鲁，黄帝都有熊；少昊都穷桑，颛顼都高阳，帝喾都高辛，帝尧都平阳，帝舜都蒲坂。这些传说尚待考古发掘的印证，更无从知道上述城垣宫室的布局。但从文献记载和考古发掘得知，从商朝以来，都城的平面几何形状并不完全一致。中国的古书《管子·乘马》说：“凡立国都，非于大山之下，必于广川之上。高毋近旱，而水用足；下毋近水，而沟防省。因天材，就地利，故城郭不必中规矩，道路不必中准绳。”意思是说，都城的选址，不宜离河太远，也不宜离河太近；离河过远会用水不足，离河过近又要筑堤防洪。都城要依山川形势营筑，城墙不一定要方正规整，道路也不一定要平直整齐。

符合上述理论所营建的都城，形制不一，各具特色。商代一方国都邑盘龙城，建在地势不平的小半岛上，城垣随地势起伏环岛而筑，呈菱形。赵国都城邯郸平面似“品”字形。古成都的都城为圆形。闽国都城长乐（今福建福州）的城垣呈蟠桃形。江苏常州春秋淹城遗址，呈三圆形——三重城垣，三道濠河，水护城，城依水，景观独特，蔚为新奇。西夏都城兴庆府（今宁夏银川）相传为人体形。这些不规则的都城，多是国家分裂时政权的所在地，他们不可能在更大范围内选择都城的城址。即使做过中国统一政权的都城，因受地理条件的限制，其形制也有不规则的。如明初的应天府（今江苏南京），北临长江，西濒秦淮河，东依钟山，东北邻玄武湖，城墙依山水之势而兴筑，逶迤凸凹，颇不规整。然而中国都城的主要形制是方正型。最早提出都城方正型理论的是儒家经典《周礼·考工记》：

> 匠人营国，方九里，旁三门，国中九经九纬，经涂九轨，左祖右社，面朝后市。

这就是都城方正型理论，它包括四项相互联系的原则，即城垣方正，街道齐整，祖社朝市，布置对称。这就是说，都城呈方形，每边九里，旁开三门。城中的道路，纵横各九条，路宽可以九辆车并行。左翼是祭祀皇帝祖先的太庙，右翼是祭祀土地和五谷之神的社稷坛。前面为皇帝治居的宫殿，后面为人们交易的市场。

这种规制严整的都城方正型理论，是儒家大一统思想在都城规划与建设上的体现。儒家学说认为天圆地方，国字外面为“口”，就是表示疆域。作为国家政治心脏的都城，围绕以“口”形的城墙，都城便成为方正型。它既是进行防御的军事城堡，又是“普天之下，莫非王土；率土之滨，莫非王臣”的政治象征。在中国历代都城中，符合上述儒家方正型理论的，元大都城是突出的一例。在元大都城的基础上，又发展成为明、清的北京城。北京城是依照《周礼·考工记》都城方正型理论而营建的现存唯一的典型。

今天人们所见到的北京城池宫殿、坛庙寺宇、陵寝苑囿、门阙楼台、王府民居、坊里市场，都是在北京历史发展过程中形成的。北京有着漫长而悠久的历史。从北京人揭开北京历史的第一页，迄今已有约70万年。从琉璃河西周古城揭开北京城史的第一章，至今也已有三千余年。

公元前11世纪以来，北京曾先后13次为都，这就是：蓟、燕、前燕、大燕、刘燕、辽、金、元、明、大顺、清、中华民国（初期），当今又是中华人民共和国的首都。在这漫长的历史演进中，自西周以来，

紫禁城宫殿群

天坛祈年殿

北京先为方国的都邑。秦和两汉时期，北京发展成为统一中原王朝的北方重镇。从北朝至五代，北京“三为燕都”，这是它将正式成为都城的历史信号。辽代的陪都南京（燕京），则拉开了北京作为都城历史的序幕。至金代的中都，北京才第一次成为皇都——北中国的政治中心。尔后，在元、明、清三代，北京发展成为中国统一的多民族国家的政治中心。古都北京这样悠久的历史，不仅在中国各历史名都中是首屈一指的，而且在世界著名首都中也是仅有的。

中国自秦始皇到清宣统的 2132 年皇朝历史，大体可以分作前后两段，前一段的一千年，中国的政治中心主要是在西安。其间政治中心经常东西摆动——秦在咸阳，西汉在西安，东汉在洛阳，唐在西安。后一段的一千年，中国的政治中心主要是在北京。其间政治中心经常南北摆动——辽上京在临潢（今内蒙古赤峰巴林左旗林东镇波罗城），金都先在上京（今黑龙江哈尔滨阿城区）、后在中都（今北京），明都先在金陵（南京）、后在北京，清都先在沈阳、后在北京。

就其后一千年来说，在辽、金、元、明、清五朝，一个重要的特点是国内的民族融合。辽——契丹、金——女真、元——蒙古、清——满洲，在五朝中有四朝是少数民族建立的。所以，国内民族文化交流、国际东西文化交流，就成为近千年来北京文化发展的一个显著特征。

总之，古都北京的历史，像一条滔滔的江河。要对这一漫长历史做概略叙述，需从它的源头——距今约 70 万年前的北京人开始。

自然环境

中国古都北京，位于燕山脚下，华北大平原的北端。北京的天安门，位置在东经 116° 23′ 17″，北纬 39° 54′ 27″。在中国的地图上，从北陲重镇漠河县，至南疆海角三沙市，北京位置约略居中。

北京的自然形胜，左环沧海，右拥太行，南襟河济，北连朔漠。燕山和太行山交会于其西北，形成弧形，屏障着北京。燕山的东段，向东直抵山海关。万里长城就是以山海关老龙头为起点的，在北京地区依燕山起伏，像一条巨龙，飞山越岭，逶迤西行，尾收于甘肃嘉峪关。燕山的西段，有崇峻的军都山。燕山的西南端，同太行山接合。燕山以南、太行山以东，是诸河冲积扇等形成的北京小平原，历史地理学上称之为“北京湾”。北京的南边面向辽阔的华北大平原，沿太行山东麓与中原地区相接。燕山和太行山既构成北京的壁障，又有许多河流切山而出，形成若干重关隘口。这是华北平原与蒙古高原、热河山地和松辽平原的交通孔道，也是军事上的重要关隘。这正如古语所云：“地扼襟喉趋朔漠，天留锁钥枕雄关。”古都北京，位居冲衢，形势险要，得天独厚。北京实为长城内外、燕山南北的交通枢纽和军事咽喉。古都北京是中国中原农耕文化、西北草原文化、东北森林文化、西部高原文化和东面暨南面海洋文化的交汇点，因而逐渐成为中国的政治、经济、文化、交通的中心。

北京地理位置示意图

北京的河流，主要有海河的两条支流——永定河与潮白河。永定河自西北穿山而下，潮白河从东北流向平原，北京就处在这两河流域之间。人们由此会联想起古巴比伦，它在幼发拉底河与底格里斯河之间，河水经常泛滥，与北京颇有相似之处。北京的永定河，古称灅水，又称浑河，其上游为桑干河。永定河水，夹带泥沙，异常混浊，时常泛滥，河道变迁，摆动不定，所以也称无定河。清康熙帝于康熙三十七年（公元1698年）赐浑河名为永定河，想以皇威慑止其泛滥，而驯服永定。但这丝毫不能改变它桀骜不驯的脾气，它要是闹起性子，京畿一带，河水四溢，房田淹没，顿成泽国。就是城内，房舍被冲，午门积水盈尺之深。潮白河的上游为潮河与白河，两河汇合后始称潮白河。其流域面积为1.8万余平方公里。永定河与潮白河下注海河，东流入海。

因此，为着城市免遭洪水之害，北京城远离河岸。永定河与潮白河虽常给北京居民以水害，但也赐给北京居民以水利，哺育着北京地区的居民。但古代的北京，湖泊环布，泉水丰沛，西华潭和瓮山泊，白浮泉和一亩泉，太液池和积水潭，不仅都是北京的重要水源，而且构成北京的幽美景区。北京著名的皇家苑囿，就是在这些优美水景区构建的，从而形成北京园林的颗颗明珠。

北京属暖温带半湿润地区，大陆性季风型气候，四季分明，春秋宜人。北京地区一般全年平均气温12.3℃；全年降水量约为637毫米，是华北降水量最多的地区之一；冬春多西北风，夏季多东南风；它的冬天不像塞北那样严寒，夏天也不像江南那样溽热。北京气候温和，降水适中，动物生息，植物繁茂，四季分明，适于人居。

北京的春天，天空晴朗，温和宜人。迎春花和玉兰花、杏花和桃花相继开放。燕子从南方飞回，“双燕复双燕，双飞令人羡”，带来春天的信息。

北京的夏天，雨量集中，早晚凉爽。湖池荷花，清香袭人。候鸟黄鹂，载飞载鸣，啼声清脆，悦耳动人。

北京的秋天，天高气爽，晴空万里，阳光和煦，风物宜人。仲秋菊花，种类繁多，色彩艳丽，清香四溢。耕作收获，水果满枝。这是一年中最好的季节，人们称之为“金秋”。

北京的冬天，虽然冰封，但不酷寒。大雪纷飞时日，青松翠柏之间，红墙黄瓦之上，银装素裹，分外妖娆。

北京的自然环境：位置优越，南北适中，势踞形胜，山川秀丽，清泉喷涌，气候宜人，植物繁茂，雨水较丰。我们的祖先，从遥远的太古时候起，就居住、劳动、生息、繁衍在这块土地上。北京逐渐发展成为中华民族的一个文化摇篮。尔后，经过漫长的历史演变，北京逐渐形成为中国统一的多民族国家的政治中心，也成为世界众多国家文化交往的一个中心。

石器初晖

古都北京，既是中华民族的一个文化摇篮，也是世界人类的一个发祥之地。

1929年12月2日，在北京西南郊离城50公里，今房山区周口店龙骨山的天然洞穴里，发现一个古人类的头盖骨化石。经碳–14测定，距今约70万年。这个头盖骨的复原头部像，前额低平，眉脊粗壮，颧骨高突，嘴巴前伸。但他们已能直立行走，制造工具，进行劳动，有了语言。他们因在北京地区发现，头部残留猿类特征，既像猿，又像人，被称作“北京猿人”，但考古学上定名为“北京人”。后来经过多次考古发掘，共发现40余个男女骨骼化石、10万余件石器和大量的古生物化石。其中的石锤、石砧，是制作石器的工具。70万年前北京地区气候比现在湿润温暖，动物比现在种类繁多。他们白天出去采集植物果实，猎取动物，晚上回到山洞里栖息。通过考古发掘，在北京人居住的洞穴里，有很厚的灰烬和很多烧过的兽骨，这说明他们已经懂得使用火。

有了火，就能吃到熟食，促进体质的发展；有了火，就能照明防寒，吓跑凶猛的野兽。北京人破天荒地在中华大陆上燃起火种，宣告了人类文明时代的来临。他们是真正地把火种带到人间的“普罗米修斯”。北京人

北京人头盖骨 1966 年周口店第一地点出土。

石锤、石砧 这是北京人制作石器的工具。

北京人复原像

烧骨与灰烬 出自北京人居住的洞穴。

生活的时代，考古学上称为旧石器时代早期，从社会发展史来看，还处于原始社会的初期。总之，北京人的出现，不仅肯定他们在人类进化史上的地位，翻开了人类发展史册重要的一页；而且放射出中华民族发展史上的晨晖，拉开了古都北京历史演进的序幕。

1973 年，在北京人遗址第四地点的洞穴里，发现了一颗男性人类左上第一前臼齿化石和一些石器，还有许多动物化石。这些居住在北京地区的古人类，距今约有 10 万年至 20 万年，考古学上称为“新洞人”。他们使用的工具比北京人先进，该洞曾发现两件磨过的骨片，这是中国最早的磨制骨制品，标志磨制工艺技术的开端。他们的模样也更像现代人。新洞人生活的时代，考古学上称为旧石器时代的中期。

1933 年，也还是在北京人的故乡——周口店龙骨山的山顶上一个洞穴里，发现原始人类的头骨，称作“山顶洞人头骨”，已经具有现代人的形状，脑量约 1300 ~ 1500 毫升。还发现下颌骨残片、脊椎骨和零星牙齿等，分属于 8 个男女的骨骼化石。这些北京先民距今约有 2.7 万年，考古学上称为“山顶洞人”。他们的体质形态，基本上同现代人一样了。在山顶洞人遗址中，出土了石器和装饰品，有穿

山顶洞人遗址

山顶洞人头骨

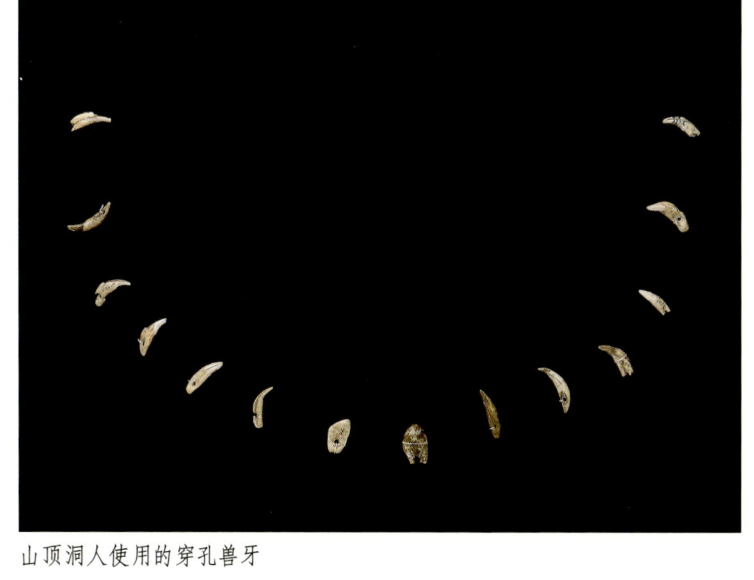
山顶洞人使用的穿孔兽牙

山顶洞人使用的骨针

孔的兽牙、海蚶壳、小砾石、石珠和骨管、鱼眼骨等。他们已懂得爱美，会把钻孔的兽牙或蚌壳，用皮条串成项链，挂在脖颈上；有的用赤铁矿粉涂在装饰品上，使它显得鲜艳美丽。他们的智力也相当发达，已能掌握刮挖、磨光和钻孔等技术。特别是山顶洞出土的骨针，长 8.2 厘米，孔径为 0.33 厘米，微弯，精细，表面光滑，一头是锋利的针尖儿，另一头是利器钻挖成的针鼻儿。山顶洞人会用骨针和骨锥缝制衣服，围着兽皮做的裙子，从而结束了赤身裸体的生活。山顶洞人已经懂得人工取火，掌握了制火技术。他们敲打燧石，人工取火。另外，山顶洞人在死者的身上，布有红色的赤铁矿粉粒，死者亲属相聚而哭。这可能是原始宗教观念萌芽的表现。山顶洞人生活的时代，考古学上称为旧石器时代的晚期。

除了周口店龙骨山外，1996 年底，考古工作者在王府井东方广场工地发现了一处旧石器时代晚期文化遗存，面积约 2000 平方米。已发掘面积 1440 平方米，出土标本 2000 余件，有石制品、骨制品、用火遗迹等。石制品包括石核、石片、石屑、石锤、石砧、刮削器、雕刻器等。骨制品包括骨核、骨片、骨器等，有些骨片上有人工刻画的痕迹。用火遗迹有烧骨、木炭和灰烬等。哺乳动物化石有牛、马、鹿、兔、鸵鸟、鱼等。碳 –14 测定遗址年代距今约 2.4 万～ 2.2 万年。这一带原属于永定河冲积扇构成的小平原，北京先人在这里生息、活动。在远离山洞的平原地区发现旧石器时代人类活动遗迹，极为难得，实属罕见。

北京人、新洞人和山顶洞人的家庭和社会是怎样的呢？美国原始社会史学家摩尔根等认为，刚脱离动物状态的原始人类，过着原始群居生活，实行群婚制，就是整个一群男子与整个一群女子互相群婚。后来发展出了血缘家庭，就是在一个家庭中，祖父与祖母、父亲与母亲、儿子与女儿等等，依次构成一个个婚姻的圈子，但排除父母和子女之间相婚的性交关系。瓦格纳《尼伯龙根的指环》歌词“哥

王府井旧石器遗址出土的刮削器

王府井旧石器遗址出土的哺乳动物化石

哥抱着妹妹做新娘”，在当时并不认为是不道德的。而后出现普那路亚家庭，就是这一氏族的男子同另一氏族的女子，或这一氏族的女子同另一氏族的男子之间互为婚配，排除了兄弟和姐妹之间的这种关系。在群婚制的家庭中，正如中国古书《庄子·盗跖》篇所说，子女“知其母，不知其父”，世系只能从母亲方面来确定。因此，从普那路亚家庭中直接产生了母系氏族公社制的社会。北京人、新洞人和山顶洞人的家庭婚姻关系，当分属于上述各种不同的原始婚姻状态。

新石器时代对于北京远古先民来说，也相当艰难漫长。距今约一万年前，生活在北京地区的居民有东胡林人。1966年，人们在北京门头沟区东胡林村西侧，永定河支流清水河畔的黄土台地上，发现了一座古墓葬。在这座墓葬中，有两个成年男人和一个少女的骸骨化石。在少女遗骸的项部，有50多枚小螺壳，大小均匀，排列有序，用皮条穿连起来，挂在少女的胸前，真是一件美丽的装饰品。在这个少女遗骸的腕部，还发现了骨镯。骨镯由截断的牛肋骨制成，用骨7块，加以连缀，长短相间，错落有致。他们的生活条件比山顶洞人有了改进，已经离开山洞来到平原上居住。中国古文献《淮南子·氾论训》中谈到的“筑土构木，以为宫室”，可能东胡林人已经有了这种房屋。东胡林人有了房屋，能避风雨寒暑，防备猛兽虫蛇，生活较住山洞更为安定，显示着人类生活能力的进步和提高。

东胡林人的项链和骨镯

距今约6000年前，生活在北京地区的居民有雪山人。1961年，在今北京昌平区雪山村，发掘出古文化遗址。这里位于北京平原的北端，背靠燕山山脉，面向山谷溪流，土地肥沃，水草丰美，是雪山人牧放牲畜和种植庄稼的原始聚落区。雪山村古文化遗址地层叠压，关系清楚，出土器物的类型分明。考古工作者按其时间先后，分为第一期、第二期和第三期。雪山人在这三个文化时期里，都已掌握制作陶器的技术，但所制的陶器又有所不同。最早生活在这里的雪山人，用手把陶泥搓成泥条，盘旋加筑，制成各种形状的陶器。有提水用的双耳罐，有盛饭用的陶盆，也有吃饭用的陶钵。这些陶器烧制时火候不够，呈红褐色。后来生活在这里的雪山人，制陶技术有了很大的进步，已经掌握轮制的方法，制造出漂亮的陶器，陶质细腻，表面光滑，外面有一层黝黑而发亮的陶衣。如黑陶罐，通高34.5厘米，口径28.5厘米，罐口纹饰美观，双耳对称大方，腹部突出圆滑，圈足圆平稳重，堪称艺术珍品。黑陶盆，通高23.4厘米，口径32厘米，盆口开畅，盆腹微缩，纹饰匀称，器形大方，是雪山二期黑陶器物中的佳作。

上宅文化·夹砂圈足碗

这里还需一提的是，今北京平谷区北埝头和上宅两处新石器时代的文化遗址。北埝头遗址位于平谷区的西北方，燕山南麓的错河南岸，面积约6000平方米。北京的先民在这里居住着半地穴式的房屋，房屋大小不等，

雪山一期·夹云母红陶罐

雪山二期·黑陶盆

而布局也不规整。他们使用的石器工具，有石斧、石凿、石磨盘等。上宅遗址位于平谷区的东北方，与北埝头遗址呈犄角形。这里出土有陶器 300 余件，石器 200 余件。北京先民雕刻技艺高超，他们制作的石雕小猴，技法极为精细，形象惟妙惟肖。

除考古发掘外，许多反映石器时代晚期社会生活的神话传说，同北京地区密切相关。在中国古代各氏族部落通往华夏族融合与形成的道路上，传说三次大的战争都发生在北京地区附近。

如传说以炎帝为首领的氏族部落，同以黄帝为首领的氏族部落，双方因利益的冲突大战于“阪泉之野”，阪泉据说在今北京地区附近。今延庆县叫作“阪泉坡”的地方，尚有一泉，称作“阪泉”。相传炎帝与黄帝的“阪泉之战”就发生在此地。这场战争激烈壮观，《列子·黄帝》篇记载，黄帝率熊、罴、狼、豹、貙、虎为先驱，以雕、鹖、鹰、鸢为旗帜，同炎帝大战。黄帝三战三胜，后又往江、汉发展，五十二战，天下咸服。各氏族部落交错居住，互相通婚。炎帝氏族部落同黄帝氏族部落又结为联盟。自此以后，各氏族部落开始互相融合为华夏族，后来发展为汉族。炎帝和黄帝被奉为华夏族的始祖，所以今天海内外的中国人以及国外的华裔都称自己为炎黄子孙。

古都北京地区的先民通向文明的道路已经打通了，他们从石器时代跨入青铜文明的门槛。

龙山文化·陶纺轮

青铜文明

约公元前 22 世纪，中国历史进入夏代。夏代末期，出现了青铜器。约在公元前 17 世纪，商汤战胜夏桀，建立商朝。商朝的青铜器很发达，迈入了青铜时代。这时北京地区的青铜器制造也随之发展起来，出现了青铜文明。

夏商时期，北京地区的手工制品有了发展。在手工制品中，首先是农器的制造，他们利用石、蚌、角、木等做原料制造出如前所述的农业生产工具。再就是生活用器的制造。在日常生活用器中，主要器物为陶制品。他们制陶的方法较前人有所改进，陶器的种类较多，制工也较细。陶器里的炊煮器有鬲、甗、鼎等，盛贮器有罐、瓮等，食用器有碗、盆等。制陶的技术和工艺都有明显的长进。

夏商时期北京地区手工制品的精华是青铜器。1977 年，考古工作者在京郊平谷县刘家河村发现了一座商代中期的墓葬。墓葬中出土了青铜礼器 16 件、金装饰品 4 件、铁刃铜钺 1 件。青铜礼器中有小方鼎、弦纹鼎、兽面纹鼎和鬲、甗、卣、斝、盉等。此外，在今房山区琉璃河夏家店下层文化墓葬中，出土了铜耳环、铜指环；在今昌平区雪山三期文化遗址中，还出土了铜耳环、金耳环等。

在刘家河、夏家店下层文化墓葬中出土的三羊铜罍、鸟柱铜盘、铁刃铜钺和金装饰品，都具有极高的历史价值、考古价值、文物价值和艺术价值。

三羊铜罍 是一件青铜酒器，因器物上铸饰着三个羊头而得名。它通高 26.8 厘米，口径 19.9 厘米，设计精巧，造型美观，工艺复杂，浑厚凝重。这尊三羊铜罍，口部圆滑，肩部凸起三个羊头，羊角盘旋，角尖翘起，

三羊铜罍

鸟柱铜盘

金臂钏 钏为装饰用的臂环，中国古代男女同用，后只有妇女饰之。钏的质料，有玉，也有金，金钏尤为贵重。

双目下视，吻部微收，性情温顺，神态安详。腹部有饕餮纹，雕刻清晰，十分生动。底部为圈足，铸饰图案，稳重大方。

鸟柱铜盘 是一件青铜盥洗器，因器物上有两只铸饰水鸟而得名。它的盘体精薄，盘沿宽敞，下底高稳，内底凹圆，盘心刻画着龟纹图案。盘与匜是相配的盥洗用具，用匜倒水，以盘承接。盘中盛水之后，有如龟潜鱼跃。盘沿上铸有两只装饰水鸟，相向伫立，欲凫欲飞，若听若啼，生动美丽。

铁刃铜钺

铁刃铜钺 是一种古代兵器，形状像斧。这种兵器是在铜质钺身前部，嵌铸以铁质的钺刃。就是说将陨铁锻制成薄铁刃口后，和青铜钺身一起浇铸，使铁刃和铜钺熔成一体，成为铁刃铜钺。它残长8.4厘米，栏宽5厘米，直内，内有一孔，孔径1厘米。铁刃铜钺在考古中极少发现，至今全国只发现了三四件，国内现有商代铁刃铜钺只两件，除本书介绍的一件外，另一件是1972年在河北藁城县出土的。这件稀见文物说明，北京地区从商代开始使用铁，到现在已有3000多年的历史。

金耳坠和金臂钏 是商代北京文化的两颗艺术明珠。金耳坠的上部为细长尖锥体，弯曲成钩状，下部为垂坠，坠体呈扁喇叭形，喇叭口直径2.2厘米，共重6.8克。金耳坠设计精巧，工艺精细，通体金黄，熠熠闪光。同金耳坠相媲美的金臂钏，用圆形金条做成，两端形似莲蓬，相对成环，环径12.5厘米，共重173.5克。不难想象，在那古老的年代，它的主人头饰金笄，耳悬金坠，臂饰金钏，身着彩衣，金光闪耀，步移光摇，为其增添了艳丽的姿色。

以上事实表明，当时的北京地区，村落星罗，房舍棋布，农业、畜牧业和手工业都有了相当的发展，文化、艺术和科技达到相当的水平，人们的观察力、想象力和审美力又是多么的丰富！然而，从北京地区青铜文化的特征考察，它既同中原地域的商文化有区别，又同商朝北部的燕文化有联系，它属于商燕文化，也就是早期的燕文化。

到商朝后期，这一地区生产更为发展，居民更为集中，出现了城邑。后来，逐步形成了燕国的都邑蓟城。

金耳坠

燕都蓟城

商朝末年（公元前11世纪），在今北京地区有蓟和燕等自然生长的方国。蓟国名称的来源，一种说法是其地产名叫蓟的多年生直立草本植物，初夏开紫红色花，因而以蓟为名。蓟邻国燕国名称的来源，也有多种说法，其中之一说是，它在氏族部落时以燕为图腾，故而称燕。蓟和燕都臣服于商朝。

约公元前1027年，周武王率军打败商王纣，商朝灭亡。周灭商后，曾大规模地分封诸侯，“封建亲戚，以蕃屏周”。据司马迁《史记》载述，“周武王封召公奭于燕”，又“封帝尧之后于蓟”。《史记·周本纪》正义记载：“蓟微燕盛，乃并蓟居之，蓟名遂绝焉。”就是说后来燕盛蓟衰，燕并蓟，二归一。燕以蓟的都城为国都。

燕国的始封人是召公奭。召公奭，姬姓，为周王室的贵族，因其始食采邑于召，谓之召公。《史记·燕召公世家》记载：“召公奭与周同姓，姓姬氏。周武王之灭纣，封召公于北燕。”北燕，就是燕。《史记·周本纪》也载：周武王灭商后大行分封，“封召公奭于燕”。可见召公奭是周王的同姓贵族，有的书记载说他是文王的庶子，为武王的异母兄弟。1986年在今北京房山区琉璃河地带，考古工作者发现了大面积的燕国文化遗址。通过调查和发掘，查明琉璃河的黄土坡墓地约有6万平方米，清理出西周时期300余座墓葬和30余座车马坑。其中如黄土坡第253号墓出土青铜器23件，而堇鼎的铭文达26字；第251号墓出土青铜器23件，而伯矩鬲的铭文有15字，就是其代表。又通过调查和发掘，查明琉璃河的董家林村地方有一座西周时代的城垣遗址。从以上古城遗址、墓葬规模和带有燕侯铭文青铜器等考古资料推断，这里当是燕国的都城。

琉璃河董家林西周古城遗址 照片所示为这一城址的城角遗迹，夯坑清晰可辨，城垣暴露明显，是北京最早的城垣。

都城的一个重要标志，是它以城垣和壕沟防御起来。

房山区琉璃河董家林的燕国都城遗址，坐落在大石河（今琉璃河）左岸的台地上。城的平面呈长方形，东西长约830米，南北长约700米，城的墙基宽约8米，墙厚约4米，用土夯筑而成。城墙分为主城墙、内附墙和护城坡三个部分。城内有宫殿区建筑基础的痕迹，还发现水井遗迹。城垣外有沟池环绕，颇具规模。这是已知北京史上最早的城邑，距今已有3000多年的历史。

这里出土的器物中，青铜器堇鼎、攸簋、伯矩鬲和青釉瓷罐等，尤为稀世珍品，历史价值极高。堇鼎，通高62厘米，口径48厘米，重83千克，体态浑厚凝重，纹饰粗犷古朴。它上竖双耳，粗壮厚实，外饰夔龙，相向舞动。中为圆腹，有饕餮纹，雕铸清晰，环饰一周。下立三足，装饰兽纹，扉棱纵凸，形态稳重。堇鼎的内壁铸

堇鼎 鼎腹内壁上有重要铭文，凡26字，不仅说明周初燕侯的封地就在北京，而且将北京的城史上限断为公元前11世纪，距今已有3000余年。

攸簋 簋是中国古代盛黍稷稻粱的食器，两耳，圆口，圆腹，其足或方座，或圈足，或三四足。攸簋，因燕国贵族攸受燕侯赏赐而制作青铜簋，所以叫作攸簋。

伯矩鬲 燕国贵族伯矩受燕侯赏赐而制作青铜鬲，所以叫作“伯矩鬲”。鬲的足、腹、盖均以牛头为纹饰，又称牛头鬲。

原始青釉瓷罐 琉璃河西周墓出土，通高29厘米，口径14厘米。这类器物是由陶器向瓷器过渡阶段的产物，所以称它们为原始瓷器。

青铜克盉盖

有铭文4行26字：

匽侯令堇馔大保于宗周。庚申，大保赏堇贝。用（因）作大子癸宝噂鬶§φ§。

铭文中的大保，就是封于燕的召公奭。他受封于燕又不在燕，却以大保的身份供职于京师宗周（今陕西西安），以长子就封于燕而为燕侯。铭文的大意是说，燕侯派名叫堇的大臣，到宗周向大保（召公奭）奉献食物，并受到赏赐，堇因铸鼎，以纪荣宠。堇鼎铭文与历史文献相互印证，充分说明：周初燕侯的封地就在今北京。此外，大墓中出土的青铜克盉、克罍上面的铭文记载了周王分封燕王的史实。

琉璃河燕国都城遗址，还出土了漆器，其中盛有鱼的漆豆很有意思。这说明墓主生前喜欢吃鱼，将漆豆中盛上鱼，给他在“天堂”继续享用。还出土螺钿漆罍，构造精美，十分难得。还发现了占卜用的甲骨，其中三片刻有文字。

墓中不仅出土了大量的青铜礼器，而且再现了当时社会的宗教观和伦理观。人们的宗教观念，相信人死之后，灵魂不灭，升入天国，永葆幸福。人们的伦理观念，则相信人生在世，上下尊卑，等级名分，永恒不变。从已发掘的墓葬来看，墓主把墓葬作为自己生前生活延续的宗教、伦理观念的体现，所以墓葬就成为当时社会宗教观和伦理观的缩影。如以封土言，墓葬封土的大小，标志其墓主生前的尊卑等级。以棺椁言，尊者的尸骸，都由棺椁盛殓，依他们生时等级的不同，所用的棺椁和其数目也各不相同。而殉葬的奴隶没有自身装具，只配塞入棺椁缝隙之中，或置入椁外填土之

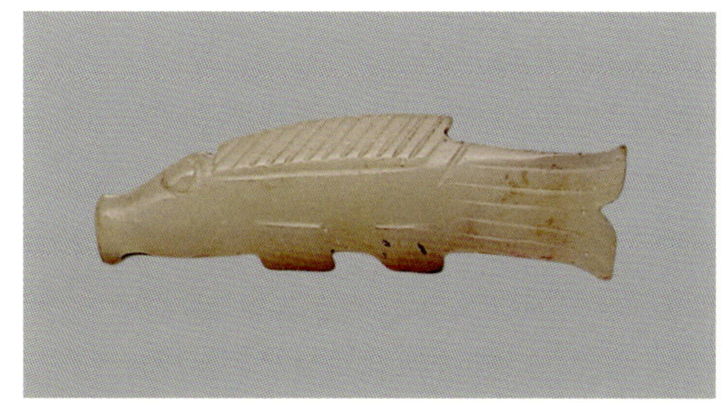

鱼形玉佩饰

玉戈　这件燕国贵族墓出土的玉戈长35.5厘米。

漆豆

螺钿漆罍

琉璃河西周墓车马坑

燕刀币 当时诸侯国的钱币形制不一，有的形状像农具铲，也有的形状像兵器刀。燕国的钱币形如刀，所以叫作“燕刀币”。

下。以尸姿言，奴隶主的骨骸直肢平卧，仰面朝上，幻想死后灵魂能上升天堂，继续享乐。奴隶的骨骸，或蜷缩俯伏，或屈肢侧卧，以显示其恭奉伺候墓主的姿态。以葬器言，贵族墓中重要礼器放在头前，其他器物置于身侧，生前佩戴的玉饰摆在项下，作为钱币的贝壳捧在手上。棺椁下面葬着生前爱犬，继续陪伴着死去的主人。还附葬着车、马、驭、仆。驭，为驾驶马车的驭手；仆，为侍候主人的奴仆。墓主生前，居则有臣妾侍奉，出则有车辇代步。他们死后还要把车、马、驭、仆带进坟墓，俨然同在世间一样，幻想这些车、马、驭、仆仍然受其支配，供其役使。如第53号墓前，附葬着一辆车、六匹马、两只犬，还有一个青年奴隶被埋在马车的后面。这个青年的双手只有掌骨，而没有指骨，可见他生前受到了多么残酷的刑罚，抑或受到了多么神秘的洗礼。据中国古书《周礼·司刑》记载，周朝成文的刑律，分为五刑：墨（额上刺青）、劓（割鼻）、刖（砍脚）、宫（割掉男子生殖器）、大辟（斩首）。五刑的律文共有3000条，刑律繁苛，法网严密。

西周中晚期，燕都迁至蓟城（今北京城西南），并有燕下都（今河北易县）。到了春秋战国时期，燕国在诸侯国中仍比较弱小。齐国的军队攻入燕都，杀死燕王哙和相国子之，并把都城财宝掳掠一空。齐兵退走之后，燕昭王即位，奋发图强，求贤若渴。相传他卑身厚币，建筑高台，上放黄金，称黄金台，以延揽天下英才。至今北京的“金台路”，当是这段历史与传说的影子。燕昭王《求贤诏》发布后，一时各国著名人物如郭隗、乐毅等都来到燕国。在他执政时期，燕国强盛起来。燕昭王二十八年（公元前284年），也就是印度孔雀王朝阿育王即位之前10年，燕昭王以乐毅为上将军，

铜盔 盔是古代官兵用以保护头部的戎装，有藤盔、革盔、铁盔和铜盔等。1975年在北京昌平县白浮村西周墓中出土了大批青铜兵器，有戟、剑、戈、盔等，其中图示铜盔高23厘米，宽24厘米，颇为珍贵。

战国·朱绘兽耳陶壶 这件昌平松园村出土的燕国陶壶，造型优美，是战国陶器的精品。

燕下都遗址出土的戳黼纹筒瓦 位于河北易县的战国燕下都是燕昭王（公元前311～公元前279年）时期修建的，故城东西长8公里，南北宽4公里，是燕国南部的政治、经济重镇。当年荆轲受太子丹之命刺杀秦王，即出发于此。以上图示的半瓦当与筒瓦是燕国宫殿的建筑构件。

燕下都遗址出土的饕餮纹半瓦当

军都山山戎墓地发掘现场

山戎首领的墓葬

山戎首领墓葬出土的金虎形牌饰

总领燕、楚、赵、韩、魏五国军队攻齐，大败齐军。乐毅独率燕军，攻占齐都临淄，齐湣王逃亡，后下齐70余城。乐毅将齐国的钟鼎宝器全部运至燕国，陈列在王宫中。这正如中国古籍《战国策·燕策》所载："珠玉财宝，车甲珍器，尽收入燕。大吕陈于元英，故鼎反于历室，齐器设于宁台。蓟丘之植，植于汶皇。"燕国为了加强防御，在疆域的南部修燕南长城，又在疆域的北部筑燕北长城。于是，燕国更加强盛。

燕国在同诸侯国的交往中，自己的经济、文化也得到发展。《史记·货殖列传》记载："夫燕亦勃、碣之间一都会也。南通齐、赵，东北边胡……"蓟城、临淄、邯郸、咸阳、洛阳、江陵等都是著名的都会。燕国遗址出土的货币——燕刀币，装备——铜盔，建材——饕餮纹半瓦当、巤黼纹筒瓦等，都是燕国经济发展、文化发达的实物例证。其中，饕餮纹半瓦当与巤黼纹筒瓦，其工艺之细腻、构思之巧妙、花纹之鲜丽、烧造之浑厚，2000多年后的今人过目之后，品味之余，既为之赞叹，也为之惊异！

但是，五年后燕昭王去世，子惠王继立。燕惠王忌贤能，疑乐毅，又中齐国的反间计，使骑劫代乐毅为将。乐毅恐回国被杀，便西降赵国。齐王见燕惠王易帅，举兵反击，大败骑劫，转战逐燕，夺回被燕军占领的城池，迎齐王回都城临淄。从此，燕国逐渐衰落，终于一蹶不振。

在燕国蓟城西北部的今延庆军都山地区，春秋战国时期居住着势力强大的山戎，不断骚扰燕、齐等国，古代文献记载"山戎病燕"，"山戎越燕伐齐"。1985年至1987年，考古工作者在延庆发掘了大片山戎墓地，出土文物8000余件。葬俗为竖穴、殉牲，死者用麻布覆面。还发现一处石祭坛。出土器物表明，山戎已进入青铜时代，以游牧经济为主。

至战国末年，燕国屡受强秦的侵逼。秦王政二十年（公元前227年），燕国的太子丹，怕秦兵攻打燕国，就派荆轲刺杀秦王嬴政（即后来的秦始皇）。荆轲在易水边，壮士送行，群情悲壮，头发上指，垂泪涕泣。荆轲慷慨歌曰："风萧萧兮易水寒，壮士一去兮不复还！"荆轲在秦的咸阳宫向秦王献《督亢图》，秦王展图卷，图穷匕首见，荆轲奋争，互相格斗，结果被杀。荆轲爱国的壮士风骨受到后人的称赞。后来秦国派大将王翦领兵攻燕，于秦王嬴政二十一年（公元前226年）占领蓟城。四年后，逃到辽东的燕王喜为秦军所俘，燕国覆亡。蓟城作为燕国的都邑，也就成为历史的陈迹。

北方重镇

蓟城在秦汉至西晋时期，是中原王朝的北方重镇。

秦始皇于秦王政二十六年（公元前 221 年），也就是马其顿王安提哥纳斯三世死、腓力五世即位之年，统一六国之后，废除西周以来分封诸侯的制度，实行郡县制度。就是在中央政府下面，设立郡和县两级地方行政机构，郡守和县令由皇帝直接任免。他分全国为 36 郡，蓟城是广阳郡的首府。郦道元《水经注 · 㶟水》载：“秦始皇二十三年灭燕，以为广阳郡。”据此，秦当置广阳郡，治所在蓟城。于是，蓟城成为秦帝国的东北方重镇。

古北口 古北口为北京北部的咽喉之地，也是万里长城的重要关隘。

秦始皇为强化秦帝国的统治，毁城郭、治驰道、筑长城、巡燕蓟。

毁城郭 秦始皇吞并六国，毁坏其城郭。秦每破诸侯国，即仿绘其宫室，在咸阳复造宫殿，并以所获诸侯国美女、钟鼓充之。咸阳 200 里内宫观 270 余座。宫殿藏娇一万余人。战国时燕都蓟城，其城郭当于此时被毁；宫中美女珍宝，也在蓟城破后被掠携至咸阳。蓟城的修葺或重建，当在秦汉之际或西汉初年。

治驰道 秦始皇统一六国，大修驰道。秦修筑以都城咸阳为中心而通向全国各地的大道。据《汉书 · 贾山传》记载：驰道“广五十步，三丈而树，厚筑其外，隐以金锥，树以青松”。蓟城位于华北平原北端通向西北、朔北和东北地区的要冲。秦帝国以驰道做纽带，既将蓟城同咸阳相联结，又通过蓟城同“三北”地区相联结，从而强化了蓟城作为秦朝东北方重镇的功能。

位于今宁夏固原的秦长城遗迹

筑长城 秦始皇一统诸侯，北疆不靖。秦帝国北部的匈奴，时常扰犯。秦始皇下令征发天下民夫、刑徒，在大将蒙恬主持下，于北边“筑亭障以逐戎人”。就是把战国时秦、赵、燕等分别修筑的长城连接起来。它的修筑，如《史记 · 蒙恬列传》所载：“因地形，用制险塞，起临洮，至辽东，延袤万余里。”这就是举世闻名的秦代万里长城。修筑长城，工程浩大，百姓受苦，民谚叹道：“生男慎勿举，生女哺用脯。不见长城下，尸骸相支

秦 · “高明君玺”铜印章
今北京市西城区出土

柱。”但是，秦修长城，是当时人类的一项最伟大的工程。蓟城处于居庸关、古北口、山海关三条通道关隘的交会点，秦长城的修筑更加强了它的战略、经济与文化的地位。

相传孟姜女哭倒长城的故事，就发生在今北京市密云区古北口（一说在今山海关）地带。

故事说，聪明伶俐、如花似玉的孟姜女，在同举止文雅、满腹经纶的范喜良成亲拜堂那天，范喜良被拉走修万里长城。孟姜女朝思暮想，心碎肠断，决意冬天去给丈夫送寒衣。她经历千山万水，来到长城工地，逢人便问，到处打听，也不知道丈夫的下落。孟姜女心急如焚，悲痛万分，坐在长城边上哭了三天三夜，哭倒了城墙八百里，露出范喜良的尸体。她摊开带来的衣裳，盖上丈夫的尸骸，自己也死去。后来在古北口修建有孟姜女庙，但其后庙毁。今存山海关孟姜女庙，为明代所修，已成为引人遐思的游览之地。

巡燕蓟 秦始皇兼有天下，四方巡游。始皇帝三十二年（公元前215年），秦始皇巡燕蓟，至碣石，并刻石记功。此行他派韩终、侯公、石生求仙人不死之药，又派燕人卢生入海访求仙人羡门、高誓。卢生还，奏录图书，内有“亡秦者胡也”之语。秦始皇便派将军蒙恬发兵30万，北击胡，掠其地。

蓟城在秦始皇毁城郭、治驰道、筑长城、巡燕蓟的过程中，作为中原王朝边郡重镇的地位，比战国时期有所加强。在西汉时期，蓟城的上述战略地位更为显著。

刘邦于公元前202年称帝，建立汉朝，因其都城长安（今陕西西安）位置较洛阳偏西，史称西汉，又因其在东汉之前，也称前汉。西汉是中国继秦之后，又一个强大的统一封建王朝。在西汉时期，汉朝实行郡、国并存的制度，燕地或为国，或为郡，其治所都在蓟城。汉初，蓟城地区出现了北京史上第一个大学者韩婴。

韩婴，燕人，主要传授和研究《诗经》。《诗经》是中国最早的一部诗歌总集，共305篇。相传古有采诗制度，每年春天，采诗官带着木铎——一种像铃的乐器，铜口，木舌，摇动时发出悦耳的声音——到各处巡游、采集民间的诗歌。《诗经》中不少的篇章，就是民间诗歌。韩婴为汉文帝时博士，亦为汉景帝时常山王太傅。他征引《诗经》中的句子，用古事相印证，加以阐发，撰著《韩诗外传》《韩故》《韩说》等书。他的《韩诗外传》流传至今，很有影响。汉武帝时，韩婴和董仲舒论于御前，史载：“其人精悍，处事分明，仲舒不能难。”就连大儒董仲舒也不能诘难于韩婴，可见他是一位聪慧博学的鸿儒。

位于辽宁绥中的碣石宫遗址 1982年考古工作者在辽宁绥中的海岸发现并发掘了这座秦代宫殿遗址。当是秦始皇于公元前215年第四次巡视时所居住的宫殿遗址。

碣石宫出土的秦代瓦当

汉武帝封他的儿子刘旦为燕王。刘旦在蓟城大兴土木、广造宫殿，城中的万载宫和明光殿，气势轩昂，高敞宏丽。汉武帝虽雄才大略，文治武功，但晚年顾倾声色，厌恶刘旦，朝中演出争夺嗣位的宫廷悲剧：皇后缢死，太子自杀，京师流血，僵尸数万。武帝死后，8岁的少子弗陵嗣立，其兄燕王旦等不服。后燕王旦争夺帝位，谋反事败。燕王旦在万载宫中会宾客群臣妃妾，共同泣饮，悲歌戚舞。他自歌道：“归空城兮，狗不吠，鸡不鸣。横术何广广兮，固知国中之无人！”自歌之后，华容夫人起舞道：“发纷纷兮置渠，骨籍籍兮亡居，母求死子兮，妻求死夫；裴回两渠间兮，君子独安居！”在座的人都落了泪。燕王旦见事败，自料不得活，便引绶自缢，后夫人等随旦自杀者20余人。他的儿子刘建被免死，废为庶人；后被立为广阳顷王，王宫仍在蓟城。

汉·漆耳杯 北京市海淀区上地出土。

燕王宫殿虽已废而不可考，燕王陵墓却被发掘。1974年8月，在北京市丰台区大葆台发掘出1号汉墓，后在其西侧又发掘出2号汉墓。1号汉墓是一座大型土坑竖穴木椁墓，2号汉墓与它并列，其形制略同，考古学家论定：这是燕王与王后并陵合葬墓。两座墓早期被盗，遭到严重的破坏，但仍出土了陶器、铜器、铁器、玉器、漆器、丝织品等400余件。其中鎏金铜铺首、错金银兵器、鎏金嵌玉龙头枕、象牙棋子、铸字铁斧、螭虎玉佩、凤纹玉觿和挥袖起舞的玉舞人等，都是难得的文物珍品。埋葬这些艺术奇珍的大葆台汉墓，是藏品琳琅满目的地下博物馆。

大葆台1号汉墓，南北长23.2米，东西宽18米，墓圹口至椁底深4.7米，底面积417.6平方米，由墓道、甬道、外回廊、黄肠题凑、内回廊、便房、梓宫、前堂和后室等部分组成。墓道内有随葬彩漆绚丽的朱斑轮车3辆、马11匹，这当是墓主入葬时使用的车马。

墓的外回廊内就是“黄肠题凑”。“黄肠题凑”是西汉皇帝、诸侯王及高级贵族所专用的一种葬具，用黄心柏木枋材即黄肠，枋材一端都内向即题凑，四面堆，如四堵围墙，平面为长方形，里面设置棺椁。整个“黄肠题凑”，用15880根长90厘米、宽厚各10厘米的黄肠木，堆垒成四壁，层

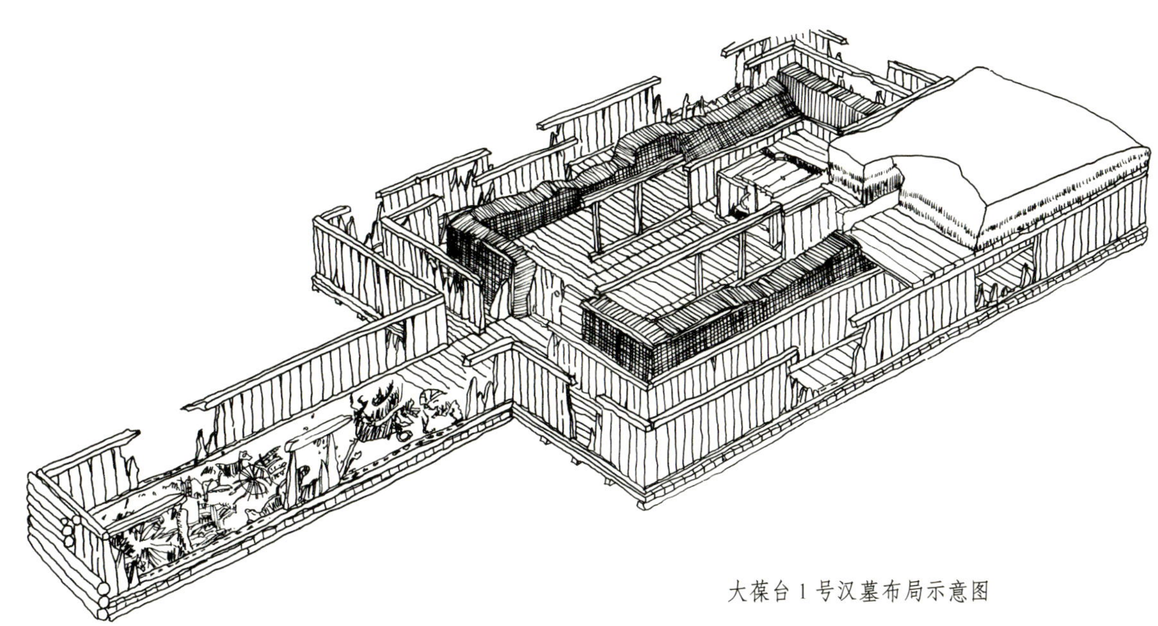

大葆台1号汉墓布局示意图

鎏金铜铺首 铺首是衔门环的底座，多为铜制或铁制。图示为鎏金铜铺首，镶在大葆台1号汉墓的墓门之上。

大葆台1号汉墓

大葆台汉墓出土的玉璧

大葆台汉墓出土的玉舞人

层铺设，共30层，各层之间无榫卯固定，但堆垒十分坚固。黄柏木的排列，北壁南北纵铺，每层108根；东壁和西壁东西横铺，每层160根；南壁中间留有缺口以为门道，两侧也南北纵铺，每层34根。这些黄柏木在地下掩埋2000余年，至今不朽还散发着清香。黄肠题凑其内与椁板之间，形成内回廊。穿过内回廊就是墓室，后室正中设棺床。据中国古书《庄子·天下》记载：“天子棺椁七重，诸侯五重，大夫三重，士再重。”这座陵墓的棺床上，安放着三棺二椁，共有五重。燕王为诸侯王，其棺椁五重，合于当时的礼制。棺椁木料考究，内外涂漆。其内棺、内椁和中棺为楠木，外棺和外椁为楸木；中、外棺和内、外椁均内髹黑漆。棺椁之外又有坚厚的黄肠题凑护围，愈发显得牢固，展现贵族气派。陵墓的封土，采用木炭和白膏泥，以固壁防湿。墓室底板垫木下面，铺有炭层和白膏泥；墓室四壁有壁板，壁板外铺有一层木炭；墓室上部有木炭两层，中间夹铺有一层白膏泥。整个墓室的顶部，由东西横列的圆檩加以铺盖，檩的两端搭在黄肠题凑的木垒墙壁上，中间有南北向的三支大梁承托，将墓室封盖严实。墓顶之上又堆积了十余米高的封土。森严肃穆的燕王陵墓，犹如一座地下的宫殿。

东汉石阙 发现于八宝山以西的石阙，刻有“汉故幽州书佐秦君神道”阙文。

光武帝刘秀于建武元年（公元25年），重新建立汉政权，登极称帝，定都洛阳，因其都城位置较长安偏东，史称东汉，又因其在西汉之后，也称后汉。

东汉初年，中国境内的匈奴分裂为南匈奴和北匈奴两部。南匈奴迁到河套和陕西、山西北部一带，北匈奴仍居住在蒙古高原。南匈奴贵族经常带领骑兵向南犯扰。但是，东汉时期，蓟城地区社会状况有动荡也有安定，民族关系有争局也有融合。东汉初年，蓟城屡罹战乱，釜无粮，人相食。后随着光武政权的稳固，蓟城地区社会逐渐安定。有两个著名的太守——郭伋与张堪，为蓟城地区的社会安定与经济发展做出了贡献。

郭伋，“少有志行”，初为渔阳尉，后拜渔阳太守。他在任内主要做了两件事情：一是安定社会秩序，另一是抵御匈奴南犯。其时，渔阳地区“民多猾恶，寇贼充斥”，郭伋“示以信赏，纠戮渠帅，盗贼销散”；匈奴贵族“数掠郡边，边境苦之”，伋又“整勒士马，设攻守之略”，匈奴畏惮远去，民得安居乐业。郭伋在职五年，渔阳户口倍增，后离任而去。

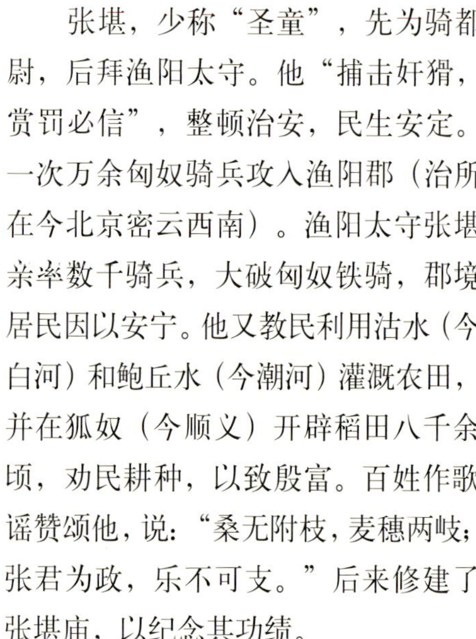

张堪，少称“圣童”，先为骑都尉，后拜渔阳太守。他“捕击奸猾，赏罚必信”，整顿治安，民生安定。一次万余匈奴骑兵攻入渔阳郡（治所在今北京密云西南）。渔阳太守张堪亲率数千骑兵，大破匈奴铁骑，郡境居民因以安宁。他又教民利用沽水（今白河）和鲍丘水（今潮河）灌溉农田，并在狐奴（今顺义）开辟稻田八千余顷，劝民耕种，以致殷富。百姓作歌谣赞颂他，说：“桑无附枝，麦穗两岐；张君为政，乐不可支。”后来修建了张堪庙，以纪念其功绩。

东汉社会经济有了发展，庄园主在田庄上修建坞堡。坞堡四周围高墙，四角有望楼，围墙外面，深沟环绕，里面有楼阁宅院。这种庄园早已绝迹，但1975年4月，在昔日张堪开田种稻的今顺义区临河村，从东汉墓葬里出土了一整套地主庄园明器，这是当时庄园的一个模型。墓葬出土的彩绘陶灯，反映出庄园主的文化生活。陶灯分上中下三部分：上部是一个平盘，

东汉·陶楼

东汉·陶牛车

中间突出尖状灯插；中部为三个圆盘，分别为三级百戏杂技人物——上盘是双人吹乐、倒立、跳丸和舞俑各一，中盘是双人吹乐、击乐俑各一，下盘

东汉·陶灯

为骑马俑各一；下部为喇叭形底座。庄园主想让这些生前喜好的舞乐与杂技，在冥灯下永远陪伴着自己。但是，它的主人在冥冥中享受不了这种艺术，却为今时人们了解当日文化艺术的繁盛提供了一件珍贵文物。

在东汉时期，东方和西方各出现一个大帝国，即东方的东汉帝国和西方的罗马帝国。东汉帝国的疆域，东临太平洋，西至葱岭，南濒大海，北连朔漠。而罗马帝国的疆域，东起幼发拉底河，西临大西洋，南抵非洲撒哈拉沙漠，北达不列颠岛中南部和多瑙河一带。两个大帝国为着友好往来，东汉和帝永元九年（公元97年），班超派甘英到大秦去；延熹九年（公元166年），大秦王安敦派使臣从海道来到东汉，把象牙等礼物送给汉桓帝。这是中国同欧洲国家直接友好往来历史的最早篇章。但是，东汉帝国比罗马帝国先走向分裂，出现了魏、蜀、吴三国鼎立的局面。

三国时期，广阳郡属于魏国，蓟城是魏国北部地区的军事重镇。魏、蜀、吴三国争雄，主要战场在长江与黄河之间。这时的蓟城，既是魏武挥鞭，东临碣石的进军基地，又是曹魏兴兵，进图江南的后方粮仓。曹操凿通自滹沱河北连潞水的平虏渠，南收江淮流域的米谷，北运幽州，以资军需。魏又在蓟城地区注重农业生产，招募流亡农民，行屯田，兴水利。蓟城被灅水（今永定河）和高梁河（今高梁河）从南北两面夹流而过。灅水经常泛滥，高梁河水又不足。驻守广阳的征北将军刘靖，在梁山（今石景山）戾陵旁的灅水上修拦河坝，名戾陵堰。堰高1丈，东西长30丈，南北宽70余步，并建筑水闸，调节水流量。又开凿车箱渠，把水引入高梁河，再沟通高梁河与潞水，使它从今北京西南，经昌平、顺义、通州，尾注潞水，全长50余公

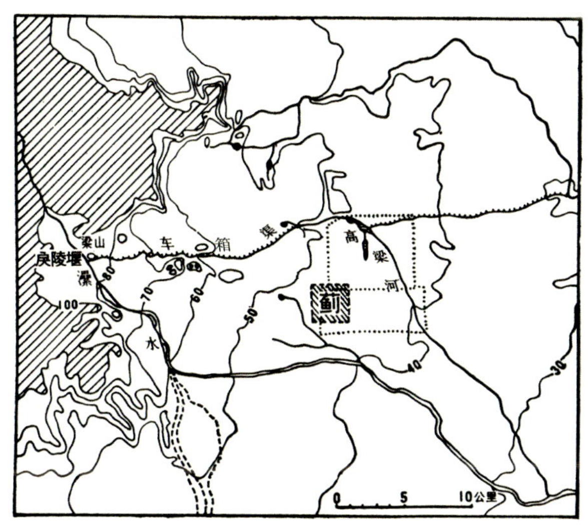

戾陵堰与车箱渠示意图

里。工程完竣之后，临渠的田地，旱能引水灌溉，涝能沟渠泄洪，灌溉田地20余万亩。《三国志·魏书·刘靖传》记载："修广戾陵渠大堨，水灌溉蓟南北；三更种稻，边民利之。"就是所修之水利，灌溉蓟城南北田地，并能种植黍、稷、稻三种作物，蓟地农民获得利益。后经樊晨扩大修整，同其他水利相连通，"凡所润合四五百里，所灌田万有余顷"，就是能使沿河临渠四五百里之内的百万亩农田得到涵润，庄稼丰收。其后，刘靖子弘为宁

西晋·玻璃碗 华芳墓出土，口径10.4厘米，碗壁很薄。它是北京地区已知出土的最早的玻璃器。

西晋·铜弩机

西晋·华芳墓志铭 八宝山出土，华芳是西晋幽州刺史王浚的夫人。

朔将军，驻幽州，复修戾陵堰。戾陵堰和车箱渠是北京历史上第一个大型的水利工程，它有利于当地的农业发展，加强了蓟城的战略地位。为蓟城水利“施加于当时，敷被于后世”的刘靖、刘弘父子，受到当代及后人的景仰。

魏国的权臣司马炎，于泰始元年（公元265年）夺取魏的政权，自称皇帝，建立晋朝，因其都城洛阳位置偏西，史称西晋。他结束了三国鼎立局面，人民生活比较安定。

西晋时期，蓟城初为燕王封地，后为幽州治所。幽州刺史王浚刑政苛酷，赋役殷繁。永嘉末年（公元312～313年），灾荒频仍，草木皆尽，人无粒食，村无鸡鸣。王浚图谋帝位，众叛亲离，役民无度，苛剥不已。羯族首领石勒见势可图，诈降王浚，自襄国（今河北邢台）率轻骑入蓟城。勒疑有伏兵，先驱牛羊数千头填塞街巷；寻获王浚，后命斩之。石勒智取蓟城之后，焚烧王浚宫殿，并尽收杀其精兵万人。王浚虽死于襄国，但其妻华芳之墓，于1965年7月在今北京西郊八宝山被发掘。墓中出土的银铃、铜弩机、骨尺和墓志等颇为珍贵。银铃为球状，直径2.6厘米，上部用银丝制成8个乐人——两人捧排箫，两人做吹喇叭状，两人做击腹前小鼓状，两人做吹笛状。每个乐人之下系铃，铃组座饰呈虎形，设计巧妙，工艺精

潭柘寺山门 寺坐落在京西门头沟丛山中，始建于晋代。现存建筑为明清遗物。

潭柘寺大雄宝殿

潭柘寺内“帝王树” 寺内的一棵银杏树，相传植于辽代，树龄已近千年，高30余米，围约7米，清乾隆帝封其为“帝王树”。

湛。铜弩机通高17.7厘米，制作精细，保存完好。骨尺长24.2厘米，为今见标准晋尺。墓志为青石，长131厘米，宽57厘米，厚7厘米，四面连文环刻，志文无泐损，文长1600余言。志文可补正史之疏略，并对确定其时蓟城的地理位置有史料价值。这是四件珍贵的历史文物。

西晋的皇帝和贵族，荒淫、滥赏、奢靡、放纵。晋武帝司马炎曾选取中级以上文武官员家的处女入宫，又选下级官员和士族家的5000处女入宫，再选取吴宫女5000人入宫，晋帝共蓄宫女万余人。惠帝司马衷时，封侯1081人。有的贵族每天膳费两万钱，用盆盛酒，与猪共饮。贵族的人生哲学是：“服食求神仙，多为药所误；不如饮美酒，被服纨与素。”这风气影响到社会上，西晋佛教应时而兴。这时蓟城地区佛教开始流行，文化也有发展。

西晋蓟城地区的文化，张华与佛寺尤需一提。张华生于幽州，学业优博，著述甚丰，草定诏诰，声誉益盛。其诗赋之作，辞藻温丽，传世甚多。其《博物志》尤为学人所重。释迦佛寺，西晋大兴。其时的皇帝贵族，荒淫放纵；平民百姓，生活困苦。人们烧香礼佛，祈福禳灾，于是名山胜境，大兴佛寺。蓟城地区的佛教也开始流行，北京现存最早的佛寺——潭柘寺，即始建于晋代。它初建时叫嘉福寺，后屡经扩建和改名。因寺后有龙潭、寺内有柘树，所以俗称潭柘寺。潭柘寺的四境，风景秀美，刹宇伟丽，至今香火不断，四方游人如织。

晋愍帝建兴四年（公元316年），西晋亡，东晋兴，蓟城的历史进入了一个新的时期。

潭柘寺塔林 潭柘寺塔院内，有塔数十座，多为历代高僧住持之墓塔，从辽、金到明、清，历时近千年。

三燕建都

自晋元帝建武元年(公元317年),至宋太祖建隆元年(公元960年),其间644年,北京曾先后三次成为短暂割据政权的都城。

晋武帝司马炎于太熙元年(公元290年)死后,西晋皇族司马氏八王,爆发争夺政权的争斗,史称“八王之乱”。晋元帝司马睿于建武元年(公元317年),在建康(今江苏南京)即位,因其都城建康的位置较洛阳偏东,史称东晋。但是,西晋宫廷内、诸王间相互混杀的“八王之乱”,捣毁了社会稳定的基石,引出300年战乱和分裂的局面。东晋政权偏安南方,北方出现了由匈奴、鲜卑、羯、氐、羌等少数民族统治者建立的十六个政权,史称“十六国”。前燕主鲜卑人慕容儁乘时而起,曾在蓟城建都。

鲜卑族世居塞外辽河流域,慕容部人皮肤细白,晋士族多买其妇女作婢妾,就连东晋明帝司马绍的母亲荀氏也是慕容部人。西晋时,曾封鲜卑慕容部酋长为将军、都督。西晋末大乱,慕容部崛起。东晋永和六年(公元350年),前燕主慕容儁向南进兵,夺得幽州,攻入蓟城,势力强大。慕容儁从龙城(今辽宁朝阳)迁都蓟城。元玺元年(公元352年),慕容儁即皇帝位,定蓟城为国都,以龙城为留都,是为北京史上少数民族首次在北京建都。慕容儁在国都蓟城修宫殿,建太庙,册皇后,立太子。后他想组成一支150万人的大军,南进争雄,然事与愿违,未果身死。

蓟城作为前燕国都,仅6年,其时蓟城资料,后来多已湮没。但是,

北魏太和造像背部

北魏太和造像 这尊北京现存最早的石质造像,是按照出身于鲜卑族的北魏孝文帝自己身样雕造的。

北魏·鎏金铜佛像 延庆出土的这尊佛像是北魏建国初“大代”时期所铸。

蓟城赭白铜马的故事却流传至今。慕容儁的祖父慕容廆有一匹骏马叫“赭白”。慕容廆死后，“赭白”归其子慕容皝，激战厮杀，屡骑济难。慕容皝死后，“赭白”又归其子慕容儁。祖孙三代，共49年，“赭白”骏逸，不减当年。慕容儁感念“赭白”屡经战阵之功，命工匠为其铸造铜像，“亲为铭赞，镌勒其旁”，安放在蓟城东掖门，但像成而马死。后来蓟城的这座城门称为“铜马门”，其附近居民区亦称为“铜马坊”。

前燕慕容儁迁都蓟城，是北京继蓟、燕之后，第三次成为都城，也是北方少数民族初次在北京建都。这是北京历史上的一个转折点，即北京由方国都邑、北方重镇变为少数民族政权都城的转折点。

在“十六国”时期，蓟城的城主像走马灯似的更换着。北魏道武帝拓跋珪登国元年（公元386年），拓跋珪建立北魏。北魏结束“十六国”长期混战的局面，统一北中国。燕郡属幽州，州和郡的治所都在蓟城。北魏佛教大兴，建筑寺庙，塑造佛像，开凿石窟。中国三大石窟——甘肃敦煌莫高窟、山西大同云冈石窟、河南洛阳龙门石窟，北魏对其都有开拓之功。北魏时又大塑佛像，曾铸释迦牟尼像，高约10米，用铜10万斤、黄金600斤。在蓟城雕刻的佛像，有著名的北魏太和造像。北魏太和十三年（公元489年），在今海淀区温泉西车儿营村雕刻佛像。它通高2.2米，面部丰满，体型硕壮，神态自若，刻工精美。这尊著名的北魏太和造像是北京现存最古老的石雕佛像。

隋运河水系图

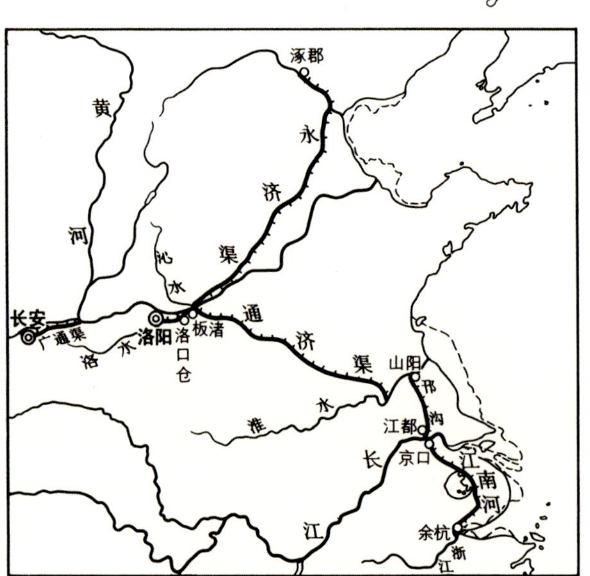

隋开皇九年（公元589年），隋文帝杨坚结束了南北朝的分裂状态，中国又重新出现大一统的局面。但是，隋和秦一样，都是短命的统一王朝。秦始皇结束春秋战国500余年的分裂局面，但统一后的秦朝只存在了16年。同样，隋文帝结束“十六国”以来300年的分裂局面，但隋朝也只存在38年。隋朝虽然短命，它对北京发展的影响却是巨大的。隋开皇初，废燕郡存幽州；大业初，又改幽州为涿郡——均治蓟城。隋朝开凿京杭运河和勒刻房山石经，于北京的物质与文化都有不可估量的意义。

开通京杭大运河，是北京发展史上的一大事件。隋代大运河系统呈“侧人字”形。其东西方向，自沁口（沁河汇入黄河处，在今河南省武陟县境）溯黄河入洛水，通华阴，转渭河，经广通渠，至长安（今陕西西安）。其南北方向，即京杭大运河，主要分为四段：江南河——沟通浙江（钱塘江）与长江两大水系；中渎水（邗沟）——连接长江与淮水两条大河；通济渠——连通淮水与黄河两条大河，发河南、淮北诸郡民夫百余万人，自洛阳西苑引榖、洛二水入黄河，再连通黄河与淮水两大水系，渠宽约40米，两岸筑御道，道旁栽杨柳；永济渠——发河北诸郡百余万人，自沁口引水入卫河，经平虏渠等，至涿郡蓟城。蓟城的运输，西至长安（今陕西西安），

隋·五铢钱 隋建国之后统一了全国的货币，促进了商业的发展。

南达余杭（今浙江杭州）。特别是京杭大运河，自余杭至华北平原北端门户蓟城，全长约2700公里，历时6年多竣工。

河运开通，桥梁兴建。隋在今河北省赵县洨河上兴建石桥，名安济桥，其地古称赵州，又称赵州桥。全桥长64.40米，桥面宽约10米，拱圈矢高7.23米，由28道独立石券纵向并列砌筑，净跨37.20米。其特点是，桥为单孔，呈圆弧状，跨度大而弧形平；其精妙是，大石拱上两端，各建两个小拱，这既减少水流的阻力，又减轻拱券的载重，构思精妙，巧夺天工。这是世界桥梁史上的首创。桥两侧栏板和望柱，布局得体，雕刻精美。宋人杜德元诗赞云：

驾石飞梁尽一虹，苍龙惊蛰背磨空。
坦平箭直千人过，驿马驰驱万国通。

这座安济桥，据唐人张嘉贞《石桥铭序》记载：“赵州洨河石桥，隋匠李春之迹也。”李春确为能工巧匠。

大运河开通后，蓟城成为隋炀帝用兵辽东的转运站。大业七年（公元611年），隋炀帝自江都（今江苏扬州江都区）乘龙舟北上。龙舟起楼四层，上层有正殿、内殿、东西朝堂，中两层有120间房，下层住阉宦。龙舟要数百人拉纤行进，纤夫都穿彩袍，号称殿脚。还有妃侍、诸王、百官等所乘的船只。船只首尾相接，长达百余里。精选士卒，两岸步行，骑兵夹岸，威武护送。水面上是行不完的美丽船只，两岸边是森林般的彩色旌旗，水陆互映，繁华异常。隋炀帝行程五十余天到达蓟城，驻临朔宫。

隋炀帝命左右各十二军分为二十四路，由蓟城向辽东进发。每军设大将一人，统率骑兵四十队，步兵八十队。骑兵每队百人，十队为一团；步兵二十队为一团。又有辎重兵等四团，由步兵夹路护送。全军共1133800人，号称200万，运输粮秣的民夫比兵士加倍。翌年二月九日，第一军出发，以后每日出发一军，前后相距40里，御营六军最后出发。各军连营渐进，首尾衔接，旌旗相望，鼓角相闻，长达千余里。隋炀帝督军东进时，还带着巧匠何稠设计并督造的“六合城”到辽东。这是一座组合式的城，曾在一个夜里合成一座周围八里、高八仞的大城，城上布列甲士，立仗建旗，敌人遥见，惊为神奇。隋炀帝这种以蓟城为基地，亘古未有的大巡游与大出师，实在是一场政治与军事的、文化与娱乐的大游戏。

勒刻房山石经，是北京发展史上又一大事件。隋炀帝时佛教大兴，开始勒刻房山石经。佛教自东汉传入中国以来，经魏晋南北朝，逐渐得到发展，与中国的儒、道二教统称三教。佛、儒、道互相影响，各有消长，而佛教并未成为统一王朝的国教。但到隋朝，佛教地位发生变化。隋朝的开国皇帝杨坚，幼年寄养在尼姑智仙的尼庵里，13岁才还家。北周武帝宇文邕（公元561～578年在位）灭佛，智仙隐藏在杨家，预言杨坚日后会做皇帝，重兴佛法。

安济桥石栏板上的龙纹 这块石栏板长212厘米、宽84.5厘米，板面浮雕有“双龙穿岩穴”纹饰。

位于今河北赵县的安济桥

石经山

杨坚称帝后，宣称“我兴由佛法”，便大力提倡佛教。隋文帝和隋炀帝，许民出家，兴建佛寺，书写经卷，雕塑佛像，佛教在隋代成为国教。从隋朝起，佛教开始了极盛的阶段。尊崇佛教就成为勒刻房山石经的文化原因。

勒刻房山石经还有历史原因。东汉以来，历代帝王虽然在不同程度上提倡佛教，但是当佛教势力膨胀时，皇权与神权，利害同水火，佛教殿堂遭到摧毁。这在佛教史上称为“法难”。大的“法难”在隋朝之前有两次，隋朝之后也有两次：

第一次是北魏太武帝拓跋焘（公元 424 ～ 451 年）。北魏盛时，寺庙3 万余所，僧尼 200 万众，有的后妃出家为尼，皇亲国戚也舍宅建寺，宫前一座九级浮屠，浮屠高过宫殿，神权压抑皇权。太武帝于太平真君五年（公元 444 年），下令禁佛。

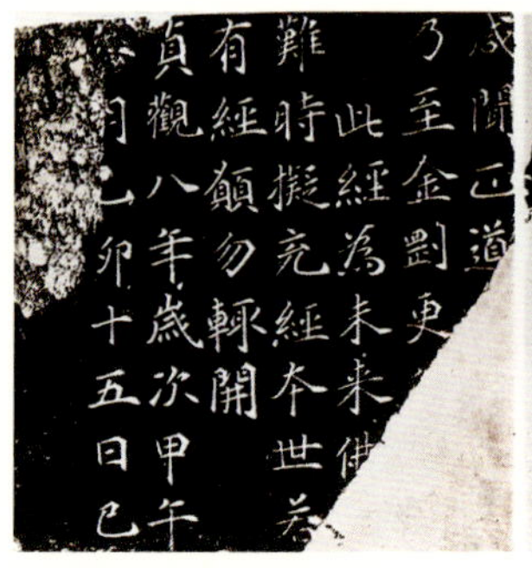
唐贞观八年静琬题刻

第二次是北周武帝宇文邕（公元 561 ～ 578 年）于建德三年（公元 574 年），禁佛教，毁经像，罢沙门。后令 300 万僧尼蓄发归俗，4 万余寺院充为王公第宅。

第三次是唐武宗李炎（公元 841 ～ 846 年）于会昌五年（公元 845 年），毁寺 4 万余座，僧尼归俗 26 万余，收寺田 1000 万顷、奴婢 15 万。

第四次是后周世宗柴荣（公元 954 ～ 958 年）于显德二年（公元 955 年），废寺 33336 座。

这四次大规模的废佛，对佛教的破坏最为惨重，被称为佛教史上的“三武一宗法难”。隋僧静琬远见卓识，早做准备，在兴佛之时镌刻石经，藏之名山，护持佛经，以防遭毁。

房山石经是指今北京市房山区云居寺的石刻佛教经典。房山在北京西南 75 公里处，因白云绕山，远望如带，称为白带山。山以石经闻名，又称为石经山。这里群峰峻秀，林木荫翳，山泉响流，环境清幽，为隋代北方佛教的圣地。隋僧静琬发愿勒刻石经，历时 30 年。后历唐、辽、金、元、明，衰微于清代和民国。房山石经先后 1300 余年，共刻佛经 1100 多种，3500 余卷，15000 余石（石经版 14620 石，残经版 420 石，各种碑铭 82 石）；并有碑刻与题记——附刻于石经的说明文字共 6800 余条。这些珍贵的大量石经，不但是中国古代

琬公塔 此塔建于辽大安九年（公元 1093 年），汉白玉质，通高 6 米。塔铭记述了静琬大师从隋大业年间开始凿刻石经，至唐贞观五年圆寂的生平。

佛教经籍铭刻之最，而且居世界古代佛教经典铭刻之首。房山石经工程之浩大，时间之绵长，镌刻之宏伟，资料之珍贵，可谓举世无双。

珍藏这些石经的藏经洞，分上下两层，上层七窟，下层二窟，共有九窟。其中第五窟为华严堂，又称雷音洞，是最早开凿的一个洞窟。窟内宽广如殿，四壁镶嵌经版；洞室矗立四根八棱柱石，柱面共雕佛像1054躯，故称千佛柱。其他各窟大小不一，有的窟还以精美的石栏围护。

唐代还在石经山修建云居寺。寺坐西朝东，中路为六进寺宇，山门内为天王殿，拾级而上，是毗卢殿，再往上面，是释迦殿、旃檀殿、药师殿和弥勒殿，最高之处是大悲殿。另有钟楼和鼓楼、竹园和僧房、文殊殿和方丈院，分布两侧。全寺依山建筑，逐级升高，高低错落，层次分明。后被焚毁，20世纪80年代对其进行了局部重建。寺的南北，二塔对峙，南为压经塔，北为舍利塔。北塔身呈红色，俗称红塔。塔高约30米。塔为覆钵式，上置覆钵和塔刹；中为楼阁式，建楼阁两层；下为塔基，四隅各有唐代小塔一座，与主塔组成金刚宝座式。三种塔的形式融为一体，实属罕见。

公元6～7世纪的佛教经典能完美保存至今的，可能只有北京房山石经，因此，这些石经不仅是中国的稀世珍宝，而且是世界的文化遗产。甘肃敦煌以经卷、壁画遐迩闻名，北京房山以石刻佛经著称于世，所以石经山被誉为北京的“敦煌”。

唐武德元年（公元618年），高祖李渊建立唐朝。唐改称涿郡为幽州，仍治蓟城（又称幽州城）。

唐朝是中国历史上的一个大帝国，它国力强盛，经济发达，文化昌盛，

云居寺雷音洞

雷音洞内壁石经版

雷音洞内千佛柱

疆域辽阔。唐帝国的版图，东临太平洋，西越巴尔喀什湖，东北至黑龙江以北外兴安岭一带，南及南海诸岛。当时世界上有两大帝国，除唐帝国外，还有阿拉伯帝国。阿拉伯帝国的奠基者穆罕默德（约公元570～632年）创立伊斯兰教，统一阿拉伯各部。穆罕默德死后，其继承人经过征战扩展疆界，东到印度河，西至西班牙，南到北非，北临黑海，建立起一个地跨亚、非、欧三大洲的大帝国。阿拉伯帝国和大唐帝国有着文化交流，中国人发明的造纸术等，都由阿拉伯人传到西方；阿拉伯人的天文学和医学、伊斯兰教等也传到了中国。

南塔塔基上的飞天浮雕

唐朝的首都在长安（今陕西西安），蓟城即幽州城是它的东北重镇。据《太平寰宇记》引《郡国志》和《元和郡县志补志》所载，蓟城南北9里，东西7里，周长32里(约相当于今24里)。它的东城墙在今宣武门大街西侧，南城墙在今白纸坊街至姚家井一带，西城墙在今莲花池东岸，北城墙在今新文化街（旧称石驸马大街）一线稍南，四城共有十门。子城位于大城的西南部。城内街道整齐，纵横交错。西部有管理少数民族事务的机构燕州衙署，地名就叫燕州角。今宣武门外三庙街，就是唐代的檀州街，街道的位置千余年来没有变动，成为北京最古老的街道。唐幽州城像西京长安和东京洛阳一样，在城内划分为坊，如铜马坊、罽宾坊、肃慎坊、军都坊等。每坊围合，开辟坊门，昼开夜闭，按时巡逻，管理严格，秩序安定。

云居寺南塔 辽在寺南侧建塔，习称南塔。其旁埋藏经版10082块，又称其为压经塔。

唐朝幽州城，经济繁兴，寺庙林立，其特色鲜明，为一大都会。

幽州城为唐朝东北商业重邑，运河又已开通，其经济得到发展，出现许多行会。据《房山石经题记汇编》统计，题记中关于行会的资料120余条，31行，即饮食类的米行、白米行、粳米行、大米行、肉行、屠行、油行、五熟行、果子行、椒笋行，衣着类的绢行、新绢行、大绢行、小绢行、丝绵彩绵绢行、丝绢彩帛行、丝绸彩帛行、彩帛行、布行、小彩行、幞头行、靴行、曾（缯）行，生活用品类的磨行、炭行、生铁行、新货行、杂货行、杂行、角行等。幽州城有北市，百货交易，景象繁荣。这从一个侧面反映出唐朝幽州城的经济较前有了新的发展。

幽州城为唐朝东北军事重镇，隋炀帝曾以它为基地进兵辽东，兵败而回，加速了隋的灭亡。唐太宗忘记殷鉴，不听劝阻，率师亲征，以为必胜。唐太宗先派张亮率战船500艘、水兵4万余，又派李勣率步骑兵6万，分水陆两军，自辽东合势并进。贞观十九年（公元645年），唐太宗亲率诸军，自洛阳出发到幽州。他亲自到辽东城

舍利塔塔身浮雕

舍利塔旁的唐塔

云居寺舍利塔 塔建于辽代，高30米。塔上部为覆钵式；中部楼阁式塔身；下面塔基四隅各有唐代小塔一座，与主塔组成金刚宝座式。三种形式融为一体，实不多见。

下督战，张亮与李勣各有战果。唐军百计攻城不下，时天气寒冷，草枯水冻，粮秣将尽，无法久留。唐太宗见兵士死伤惨重，深悔不该出兵，叹道：如果谏议大夫魏征活着，一定不让我走这一趟！唐太宗回师经过幽州城，为追念死亡将士，安抚军心，下诏在幽州城修建佛寺，寺在武则天万岁通天元年(公元696年)建成，赐名悯忠寺。该寺曾几度隳毁和重修，清雍正十二年（公元1734年）修葺时赐名法源寺。

唐幽州城址示意图

法源寺在宣武门外，坐北朝南。朱红色山门兀立寺前，门前蹲坐两只石狮，体魄雄壮，守卫山门。进山门，院内清静幽雅，松桧荫郁，钟楼鼓楼左右峙立。第一层院落的北部，是天王殿，雕梁画栋，端庄凝重。殿内东西两侧塑有四大天王，姿态威武，雄壮神俊。第二层院落的凸字形高台上坐落着大雄宝殿，它东西面阔五间，南北进深三间，彩栋雕梁，华丽辉煌，高大宽敞，宏伟壮观。殿内供奉“华严三圣”：中间是毗卢遮那佛，梵语“毗”意高显、“卢遮那”意广眼，又称大日如来者；两侧是佛的两大菩萨弟子——文殊居左，主司智慧；普贤居右，主司理德。均为明代木胎贴金罩漆塑像，妙相庄严，雕制精美。悯忠台中，嵌有唐、辽、金、清碑刻，其中《无垢净光宝塔颂》和《重藏舍利记》两通唐碑，是北京现存最早的碑刻。《无垢净光宝塔颂》，刻于唐至德二年（公元757年）。史思明在降唐前立此碑，尔后反唐称帝败死，故碑文磨治再刻多处。《重藏舍利记》载，寺僧复严于景福元年(公元892年)将舍利重藏于寺内观音像前，恐谷变陵摧，故刊石为记。这两通唐碑从终南山紫阁寺，几经辗转，移藏于此。堂内还陈列着玄奘法师的译注佛经等。最后一层院落的主要建筑，是藏经楼。它分为上下两层，朱红色的外观，青灰色的楼顶，檐檩饰以精美彩绘，扶廊建筑格外别致。寺内名贵的贝叶经、明泥金字《华严经》和明版《大藏经》等，都具有宗教与文物、历史与艺术的价值。

唐·元和五年铁农具

法源寺是北京市内现存历史最悠久的名刹。北宋末代皇帝宋钦宗被俘后，曾拘留在这座寺庙里。后来金代又在这里设考场，策试女真进士。

悯忠寺（法源寺）的兴建，对百战百胜的唐太宗来说，内心无疑是痛苦的。但他也有过开拓疆宇的喜悦。唐初的北疆，在西北，大败西突厥，版图到漠北；在东北，虽屡动干戈，但措置不当，事与愿违。安禄山从范阳（幽州）起兵反唐，揭开了东北少数民族登上中国政治舞台的序幕。此后，契丹、女真、蒙古、满等民族相继崛兴，并以今北京为其政治重心，影响中国社会的政治与民族、经济与文化长达千年。

唐·右领军铜鱼符

唐代货币

法源寺天王殿

法源寺大雄宝殿内供奉的华严三圣

法源寺青石柱础 大雄宝殿中迤南两青石柱础，作卷叶莲瓣，与寺内残存唐石幢座花纹相似，当为唐初原物。

悯忠台山墙外侧镶嵌的历代碑刻残片

法源寺大雄宝殿内悬挂的“法海真源”匾额

法源寺悯忠台 唐“悯忠高阁，去天一握”，阁已毁。后建悯忠台，又称观音殿。

法源寺卧佛 明代木雕卧佛，长7.4米，原在崇文区东花市斜街卧佛寺内，后移于法源寺内。

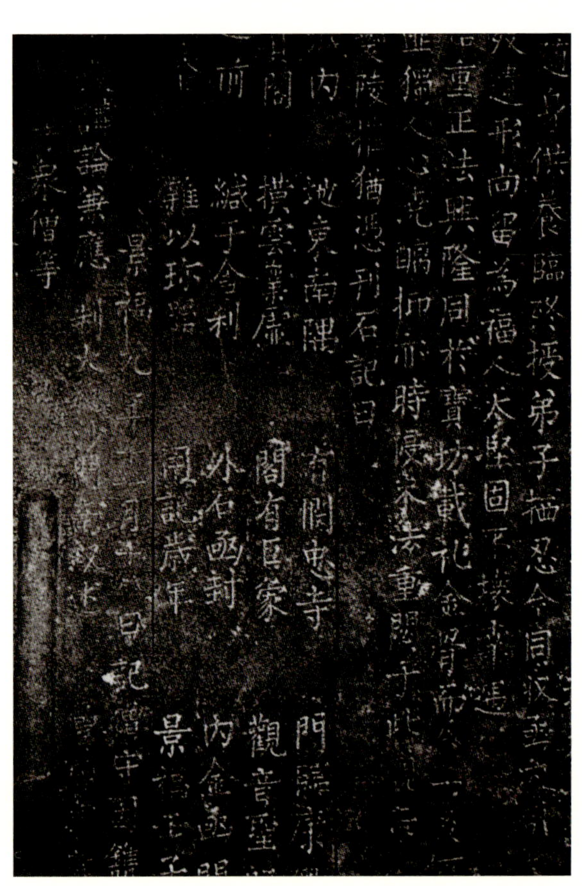

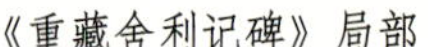

《重藏舍利记碑》局部

《无垢净光宝塔颂碑》拓片

安禄山是胡人，他体大肥胖，腹垂过膝，走路时两人托着他下垂的肚皮行进。初为牙郎，后为小将。安禄山会讨唐玄宗的喜欢。一次唐玄宗指着他的肚子问：“你的肚子里有什么东西，能这样大？”他回答道：“没有别的东西，只有一颗红心！”唐玄宗听了后很高兴。安禄山又会讨唐玄宗贵妃杨玉环的喜欢。杨贵妃命宫人用锦绣为大襁褓，裹着安禄山，抬入宫中，杨贵妃认他为义子。安禄山受到唐玄宗的重用，任范阳（今北京地区）、平卢、河东三镇节度使，黄河以北的军政、民政都归他一人掌握。他在范阳城的北面另筑雄武城，招兵买马，积草囤粮，收集党徒，准备反唐。

天宝十四年（公元755年），安禄山起兵范阳，拥15万众，号称20万，步骑南下，烟尘千里，所过州县，望风瓦解。不久占领东京洛阳。第二年，

法源寺毗卢殿佛像 毗卢殿供奉着一座铜佛像，通高4.58米，共三层：下层千叶莲瓣巨座，每一莲瓣上镂一佛像；中层为东南西北四方佛；上层为毗卢遮那佛。佛像为明代雕铸。

法源寺自在观音像

安禄山自称大燕皇帝，年号圣武，以范阳为大都。这是北京称大都之始。安禄山分兵攻入西京长安，唐玄宗偕杨贵妃仓皇出逃。行至马嵬驿，因军士围驿，众怒难犯，唐玄宗只得忍痛割爱，命内侍在佛堂缢杀了杨贵妃。后安禄山集团内部争夺权力，自相残杀。安禄山次子安庆绪，谋杀安禄山，自立为燕帝。唐军收复长安，东击洛阳。安庆绪兵败，弃守洛阳，后被安禄山部将史思明所杀。史思明自立为大燕皇帝，并以范阳为燕京。史思明夺取洛阳后，又被其长子史朝义所杀。史朝义再自立为燕帝，后兵败退回范阳。广德元年（公元 763 年），史朝义的范阳守将李怀仙等降唐，史朝义败死。历时八年的“安史之乱”的战火，由范阳点燃，又在范阳熄灭。唐平定“安史之乱”后，范阳又改称幽州。此后，唐朝长期陷于藩镇割据的局面。直至唐亡之前，幽州城始终被地方军阀所盘踞。

唐朝盛极而衰。安禄山从范阳（幽州）起兵反唐，是唐朝由盛转衰的重要标志。

北京现存同“安史之乱”有关的文物，除法源寺内的有关石碑外，1966 年在北京丰台区林家坟发掘了史思明墓，出土的玉册中有“帝朝义”字样。同墓还出土了铜牛、嵌金铁马蹬和玉器等珍贵文物。铜牛广鼻前伸，两目明亮，双角斜翘，肩部凸起，体肥硕壮，尾巴下垂，四足劲立，栩栩如生，是一件绝妙的艺术珍品。这头铜牛被赋予中国人的民族性格：淳厚，勤劳，聪明，坚韧。

以“安史之乱”为标志，唐帝国开始由盛转衰。世界上的三个大帝国，即大唐帝国、阿拉伯帝国和查理帝国，先后走向分裂。阿拉伯帝国一析为三：东部的建都巴格达，西部的建都科尔多瓦（在西班牙），南部的建都开罗。查理帝国通过公元 843 年《凡尔登条约》，也一析为三，从而形成了后来西欧的三个主要国家，即意大利、德意志和法兰西。而到了公元 10 世纪前半叶，唐帝国也被撕得粉碎，先后形成十五国，史称“五代十国”。

五代后梁（公元 907 ~ 922 年）初期，曾任原唐幽州卢龙军节度使的刘仁恭，占据北燕，驻军幽州。仁恭

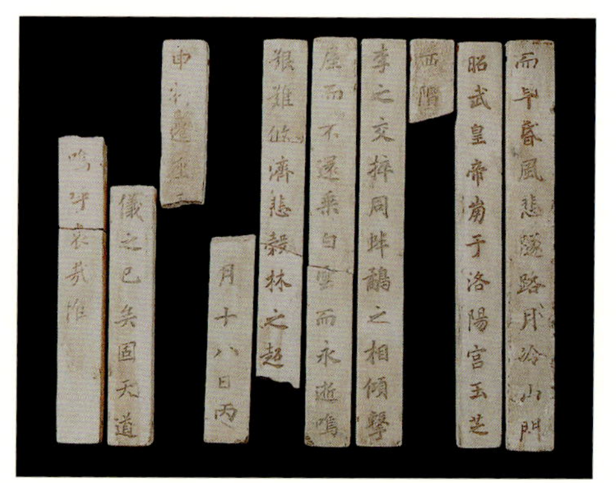
史思明墓出土的玉册

骄侈贪暴，在城西大安山建造宫殿，“盛饰馆宇，僭拟宫掖”，聚集美女艳妇，生活穷奢极侈。又用墐泥做钱，令境内流通；以草叶充茶，出售官民，邀取厚利。仁恭子守光，烝淫父妾，遭到笞责，愤懑不已。刘守光于开平元年（公元907年）率兵夺取幽州，囚父杀兄。刘守光以势力强大，欲称帝，尝言：“今天下四分五裂，大者称帝，小者称王，我以二千里之燕，独不能帝一方乎？”他的意思是，难道我不能称帝吗？其时有直言之臣进行劝阻，他对劝阻其称帝者，命推出斩首，或塞口后碎尸万段。刘守光不听谏言，终于称帝。据《新五代史·刘守光传》记载：乾化元年（公元911年）八月，刘守光自号大燕皇帝，改元应天，以王瞳、齐涉为左、右相，以蓟城为京师。他国祚甚短，三年而亡。但是，刘守光之大燕与安禄山之大燕同名，且各燕均已有称谓，故称刘守光所建之燕为中燕，以示区别。

在五代时期，除上述刘守光所建中燕在蓟城建都三年外，后梁、后唐的幽州政区未变，仍以蓟城为治所。但后晋高祖石敬瑭却将幽州等地割给契丹，从而成为契丹南进称雄中原，建立辽朝的重要条件。

综上所述，从秦始皇灭燕，到石敬瑭割燕，前后一千多年间，蓟城是北方的军事重镇、商业都会和民族融汇之地。每当中原王朝强盛时，常以蓟城为经略东北边民的前进基地；相反，每当东北少数民族崛起时，又常以蓟城为南犯中原地区的进军据点。北京就是在中原与东北、西北的民族融合与民族纷争中，也就是在中华民族的历史发展中，地位日趋重要，逐步上升。而从东晋到五代的五百余年间，北京曾先后三为燕都，这就是北京的地位，由北方军事重镇向北中国政治中心迈进的重要历史信号。

史思明墓出土的陶俑

史思明墓出土的铜坐龙

陶经幢 五代十国时期战乱不断，人们求安之心促使佛教兴盛。这件今北郑村塔出土的五代时期陶经幢，刻有《佛顶尊胜陀罗尼经》等四种经文。

唐·三彩镇墓兽

辽代南京

自唐末以降，住在中国北方的契丹族，崛起于大兴安岭东麓。在杰出领袖耶律阿保机的领导下，契丹人乘中原地区五代十国纷乱之机，于后梁开平元年（公元907年）建立辽朝，初称契丹，势力迅速进入华北。后唐河东节度使石敬瑭举兵叛乱，后唐派兵讨伐。石敬瑭向契丹求援，答应事成后割地称臣。契丹兵南下，灭后唐，立石敬瑭为帝，这就是后晋。天福三年（公元938年），后晋高祖石敬瑭把幽、云等十六州割让给契丹。十六州是华北北部形势险要之地，契丹得到这些地方，特别是得到北方军事重镇蓟城，实力大为加强，并直接威胁着中原地区的政权。

辽·《捺钵出行图》壁画

辽（契丹）太宗耶律德光得幽州之后，于会同元年（公元938年）升幽州为南京，又称燕京，作为陪都。辽朝共设五个京城，这同契丹人的习俗有关。

早先契丹人渔猎为食，皮毛为衣，转徙随时，车马为家。秋冬违寒，春夏避暑，逐水草而居，岁习以为常。辽帝于一年四季各有行营之处，叫作“捺钵”。

春捺钵，辽帝于正月上旬，率领宫眷、官兵，开起牙帐，行六十日至，设帐冰上，凿冰取鱼；晨出暮归，从事弋猎。弋猎时，围骑惊起天鹅，侍从用锥刺天鹅，取其脑喂鹰。皇帝得天鹅，奏乐；群臣把鹅毛插在头上为乐。

夏捺钵，辽帝于四月中旬，开起牙帐，行若干日，占卜吉地，作为纳凉之所。辽帝在平日，同大臣议政；在暇日，带领群臣、官兵进行游猎。这既是游乐休憩，也是练兵习武。

秋捺钵，辽帝于七月中旬，开起牙帐，行到叫伏虎林的地方设帐。皇族和官员等，沿泺水畔分布。等到夜半，鹿出饮水，令猎人吹角，模仿鹿鸣，待群鹿奔集泺水边，遂万矢齐发，围射群鹿。

童子诵经壶 此壶1963年出土于顺义区南关辽代塔基中。器形为静坐稚童，背椅委曲借做壶把，童身为壶腹，发束做成注口，经书翻卷巧成壶流。

辽·褐釉瓷马镫壶

冬捺钵，辽帝于十月中旬，开起牙帐，行到叫广平淀的地方，设帐过冬。皇帝牙帐有省方殿、寿宁殿等，都以毡作盖，锦为帐壁，彩绘木柱，铺设地毯。用契丹兵数千人，每日轮流，传铃巡逻，宿守卫戍。

《辽史·仪卫志》记载：“契丹故俗，便于鞍马。”随水草迁徙，擅长骑射。1956年在北京复兴门外出土

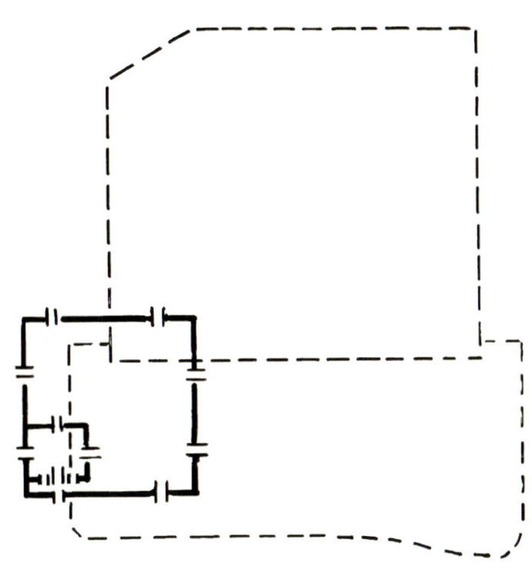

辽南京城址示意图

褐釉瓷马镫壶是突出一例。壶高24厘米，形似马镫，故名马镫壶。褐色凝重，质地坚硬，色泽光亮，造型质朴。壶嘴紧缩，盖圆而实。

辽朝沿袭捺钵的习俗，设立五京：首都上京，在临潢（今内蒙古赤峰巴林左旗林东镇波罗城）；另设陪都中京（今内蒙古宁城大名乡）、东京（今辽宁辽阳）、西京（今山西大同）和南京（今北京）。从规模来说，南京城最大，人口也最多。

辽南京城是在唐幽州城的基础上加以增减修建的。南京城分为外城（即罗城）和子城（即皇城）两重。据《辽史·地理志》记载：南京城周围36里，城墙高3丈、宽1.5丈。城墙外有沟堑三层。城墙上设有敌楼。城门共有八座，城门外设有吊桥。上有敌楼、橹具。大城共八门：东为安东、迎春，南为开阳、丹凤，西为显西、清晋，北为通天、拱辰。皇城在外城内的西南隅，宫殿林立，堂阁栉比。西城高处有凉殿，东北隅有燕角楼。皇城南门外有打马球的球场，东西有接待宋朝使臣和贵族官员宴会的永平馆。皇城六门：南为南端门、左掖门、右掖门，东为宣和门，西为显西门，北为子北门。门上建有楼阁，高敞壮丽。南京城显得更加高大壮丽，其地位也日益重要。至于南京城的周长及四垣，各书记载不一，经考古工作者实地考察，约为27里；其四面墙垣大致为——东城垣在今法源寺东一线，南城垣在今右安门原城墙一线，西城垣在今会城门东一线，北城垣在今复兴门南一线。

南京城内，布局有序，街巷坊市，星井万家。中国在唐代以前，城是城，市是市。城是指城墙以内的范围，市则只占城内的一个小区。到了宋代的东京汴梁（今河南开封），手工业和商业发展，坊墙制度破坏，汉唐以来封闭式的里坊演变为开放式的街道。大街小巷，开设店铺，鳞次栉比，买卖交易，直至三更，繁华异常。辽南京城虽比不上宋东京城的繁荣，但较五代时幽州城有所发展。据《契丹国志》记载：南京“户口三十万，大内壮丽，城北有市，陆海百货，聚于其中。僧居佛寺，冠于北方。锦绣组绮，精绝天下。膏腴蔬蓏、果实稻粱之类，靡不毕出；而桑柘麻麦羊豕雉兔，不问可知。水甘土厚，人多技艺，秀者学读书，次者习骑射……”。辽代南京，数十里间，人烟稠密，宛然如织，回环缭绕，形势灿然，经济繁荣，人才荟萃。

辽·“大康通宝”铜钱

南京城内二十六坊，是居民聚住的地方。坊巷布局，井然有序，百货汇集，经济繁盛。手工业的刻经和印刷，具有很高的水平。刻印的藏经《契丹藏》，彩印的《南无释迦牟尼像》，都是例证。城里的店铺和市集，在六街和北市。特别是六街，节日之夜，灯火如昼，马车击毂，游人如织，辽帝也微服观之。

辽·木桌、木椅 房山天开塔地宫出土

乾统七年四凤铜镜

北市的交换，使用辽之货币。如“大康通宝”，是辽大康（公元1075～1084年）年间铸造的铜钱。据记载，今人见到的辽代钱币有18种，此为其中之一。它的形制同北宋的略同，而工艺次之。

在这里我们看一下“乾统七年四凤铜镜”。铜镜，中原地区早已有之但辽人铸造铜镜比较罕见。这面铜镜铸造于乾统七年（公元1107年），由辽朝官府督造。镜正中为钮，环钮铸四朵祥云、四只凤凰、四条飞龙，外环联珠纹。它直径19厘米，边厚0.9厘米，重650克，镜面光圆，平滑丽整。

辽代钱币、铜镜是当时的工艺水平、生活习俗和经济发展的真实写照。这也是辽南京佛教兴盛的经济与文化的基础。

辽帝倡导信奉佛教，优礼僧徒，兴寺拜佛，南京尤甚。据《全辽文·妙行大师行状碑》所载，秦越大长公主施建大昊天寺，即是一例。秦越大长公主为辽圣宗耶律隆绪之女，兴宗耶律宗真之妹，韩国王萧惠之妻，道宗耶律鸿基懿德皇后之母。她以在燕京所居宅第及稻畦百顷、户口百家，并枣栗蔬园、诸物器用等，奏准施寺。其女懿德皇后又施给寺钱13万贯；道宗皇帝不仅施钱，还为寺御书金榜。大昊天之寺规模宏伟，豪华侈丽，大殿后矗宝塔，相轮横空，高66米有余。寺成后焚毁，再建后又焚毁。辽燕京的名刹多已不存，它留下的四座古寺，成为北京的文物胜迹。

大觉寺 在京西30余公里的旸台山麓。旸台山像一只蹲踞的雄狮，威武雄壮，又称狮山。山腰有泉，下注如带；山坡杏树，闹春花开。有“一色杏花十里红”之誉。辽道宗咸雍四年（公元1068年）在这里建筑寺院，名清水院。先有信士捐钱30万缗，修建僧房；又有信士捐钱50万缗，印《大藏经》，并盖藏经楼。明代加以扩建，改名为大觉寺。清代又加以重修。寺坐西朝东，依据山势，层叠而上，颇为壮观。在全寺的中轴线上，依次为山门、天王殿、大殿、无量寿佛殿和龙王堂等建筑，布局严谨，深幽恢廓。寺内铜塑观音、殿内诸天神像，做工精细，造型精美。无量寿佛殿的观音壁塑，同法海寺的壁画，大慧寺的泥塑，都是北京现存古代艺术的瑰宝。寺内有已故住持迦陵禅师的舍利塔，形状和北海的白塔相似，亭亭玉立，秀丽玲珑。塔下部的浮雕，须弥座的雕刻，线条流畅，刻工细致。

辽·绿釉净水瓶 密云冶仙塔出土，净水瓶是佛教僧人在进行佛事活动时的必用之器。

大觉寺山门

大觉寺舍利塔 为寺内故住持迦陵和尚瘗骨舍利塔，此塔另有一说，迦陵瘗骨舍利在大觉寺南一公里的塔院内。塔为清代所建。

大觉寺泥塑诸天神像

整个大觉寺院内，古树参天，风景清幽，泉水环绕，汇成碧潭。早在一千年前，碑记就记载道：“旸台山者，蓟壤之名峰；清水院者，幽都之胜境。”旸台山和清水院，是京西有名的风景胜地。

戒台寺 在今京西门头沟区的马鞍山麓，距市区 35 公里。早在唐武德五年（公元 622 年），也就是穆罕默德由麦加迁往麦地那、伊斯兰教纪元之年，这里就创建了慧聚寺。到辽代咸雍五年（公元 1069 年），有个叫法均的高僧，在这里建立了戒坛，后来又经过重建和修缮，戒台寺因有中国最大的戒台而得名。

戒台是佛教徒接受佛教戒律时举行仪式的庄严场所。台在殿中，周列诸戒神，戒律有五戒（即不杀生、不偷盗、不淫欲、不妄语、不饮酒），八戒（即五戒之外加不坐眠高广华丽大床、不听视歌舞、不非时食——正午过后不食），十戒（即八戒之外加不涂饰香鬘、不蓄金银财宝）和大戒等区别。大戒是指 7 岁以上、20 岁以下受过十戒的出家男子即沙弥，受持的戒律达 250 条；7 岁以上、20 岁以下受过十戒的出家女子即沙弥尼，受持的戒律达 348 条。沙弥、沙弥尼依戒法之规定，受持此大戒者，即取得正式僧、尼的资格。不同的戒律受戒

戒台殿外景

戒台寺全景

戒台殿内的戒台

仪式各不相同，戒台寺所传的戒是大戒。在戒台寺的戒台大殿里，有三层青铜色山石雕刻的巨大戒台。台顶有释迦牟尼坐像，面容慈祥，合十端坐。像前原有十把雕花木椅，是当年传戒时三师七证法师的座位。在受大戒时，须有三师七证，共十位法师。三师是戒和尚、羯磨师和教授师，七证是七位作证的和尚。三师中戒和尚是传戒的主师；羯磨师负责向僧众告知受戒者出家的要求，然后连问三次，如无异议，就准予授戒为僧尼；教授师则是对受戒者教授威仪的作法。

除戒台殿外，还有天王殿、大雄宝殿等建筑。在塔院内，有辽塔和元塔，既古朴又肃雅。戒台寺的松树，"一松具一态，巧与造物争"。这里有各种形态的古松——抱塔松、卧龙松、自在松、九龙松、活动松，被称为"戒台五松"。其中被清乾隆帝赐名的活动松，只要任意牵动一枝，全树的枝叶便摇动起来，既很奇特，又有兴味。松下有一石碑，刻着乾隆帝御题活动松诗三首。戒台寺岭岫绵亘，林壑纵横。戒台寺在明正统年间改名为万寿禅寺，清屡加修葺后仍称戒台寺。

戒台寺内抱塔松

戒台寺内九龙松

天宁寺 在今广安门外。公元5世纪北魏孝文帝时创建，初名光林寺，后屡改寺名。隋文帝时加以改建，名宏业寺。唐时改名为天王寺。辽代在寺后建高塔，元末寺毁于兵火，高塔独存。后明初重修寺宇，宣德年间改名为天宁寺。天宁寺塔为实心砖塔，平面呈八角形，13层，总高57.8米。塔建在方形平台上，塔的下部是须弥座，座上有三层仰莲花瓣，承托塔身。塔身四面设半圆形券门，门旁饰金刚力士、菩萨、云龙等浮雕。尤其是金刚力士像，双目圆睁，胸部宽广，肌肉凸起，姿势威武，雕法粗犷，造型生动。塔身以上檐部，由下而上，层

戒台寺元代经幢及浮雕

天宁寺塔塔身上的券门及金刚力士

天宁寺塔 辽天庆九年（公元1119年）南京留守耶律淳奉敕修建。

层收缩，顶部饰以宝珠形塔刹。塔檐每椽之首缀一铃，八觚交角之处又缀一大铃。风作时，铃齐鸣。明万历时，在塔下坛八面各安一铁鼎，高丈余，腹按八方画八卦。塔檐上的阳光，檐下的阴影，一明一暗，互相衬托。天宁寺塔造型优美，稳重挺拔，修长俊秀，耸立在红墙绿瓦之上，给辽南京城增添了壮丽的姿色。

灵光寺　位于西郊风景名胜之地的八大处。所谓八大处，包括：长安寺，原名善应寺，又名翠微寺，明弘治十七年（公元1504年）始建，此为一处；灵光寺，又名龙泉寺，此为二处；三山庵，因位于翠微、平坡、卢师三山之间而得名，此为三处；大悲寺，创于元朝，又名隐寂寺，此为四处；龙王堂，清朝建，又名龙泉庵，此为五处；香界寺，唐建，又名大圆通寺，此为六处；宝珠洞，建于清朝，此为七处；证果寺，创建于隋，此为八处。这里主要介绍灵光寺。寺创建于唐代，辽道宗咸雍七年（公元1071年），在此建招仙塔，十层八楼，俗称千佛塔。围绕塔基，有铁灯龛，共16座，颇为壮观。该塔于光绪二十六年（公元1900年）遭毁，现仅存塔基。后清理塔基，发现一石函，函内装一个沉香木匣，匣内有一颗"佛牙"。匣上书写："释迦牟尼佛灵舍利"，落款为："天会七年（公元1129年）四月二十三日"。据记载，释迦牟尼佛祖圆寂火化后，留下四颗牙齿，其中一颗传到中国。经过研究印证，这颗佛牙就是当年被安放在西山招仙塔的基座下地宫里的佛牙舍利。1959年中国佛教协会发起，在灵光寺北院，兴建一座高51米的八角十三层密檐式佛塔，安放这颗佛牙舍利。

上文大觉寺、戒台寺、天宁寺和灵光寺，都是佛教寺院。而伊斯兰教的阿拉伯帝国也同中国有着文化往来。

世界另一大宗教伊斯兰教，因阿拉伯帝国和大唐帝国接壤，早在唐代就开始传入中国。辽王朝与中亚诸国有密切的联系。在辽太祖天赞年间（公元922～925年），就有"大食国来贡"的记载。辽开泰九年（公元1020年），大食国王遣使来辽，为其子册哥请婚，并进大象和方物。第二年，又遣使来辽，为王子请婚。辽圣宗耶律隆绪以王子班郎君胡思里的女儿可老封为公主，许嫁给册哥为妻。当时中国裂分为宋、辽和西夏三国，从大食诸国来的回人和阿訇等，从今新疆的喀什，经莎车、和田，至沙州，然后由这里分道前去三国。伊斯兰教及其建筑艺术亦传入了辽南京。大食商人在辽南京，和当地居民合力建筑寺院，既保持了大食国的建筑风格，又吸收了辽建筑的艺术特点。牛街清真寺是中国建筑风格与大食建筑特点相融合的例子。

牛街清真寺　清真寺，又称礼拜寺，是伊斯兰教信徒进行宗教活动的场所。牛街清真寺坐落在今北京市西城区牛街路东。牛街地区早先石榴树很多，称作榴街。辽初，大食人来到南京，住在榴街。因他们信奉伊斯兰教，吃牛羊肉，后来谐音叫作牛街。相传牛街清真寺是由大食来中国传教的伊斯兰教长阿訇那速鲁定，于辽圣宗统和十三年（公元995年）创建的。这是北京现存规模最大、历史最久的一座清真寺。

全寺建筑集中对称，主要建筑有礼拜殿、梆歌楼、望月楼和碑亭等。礼拜殿为全寺的中心，是伊斯兰教徒做礼拜的殿堂。殿堂有三个殿顶，殿顶接合处装饰了一道垂直半弧形影壁。殿堂的最前面是一座六角攒尖亭式建筑，古称窑殿。窑殿正面的壁龛上，雕满精巧的阿拉伯文和花卉。殿内的普柏枋和天花板，施以礼拜寺常用的博古、花卉等彩绘。殿内西北侧有个木制的宣教台，是聚礼日或节日教长讲经说道的地方。整个大厅可以容纳

灵光寺招仙塔浮雕

牛街清真寺礼拜殿

礼拜殿窑殿正面的壁龛

阿拉伯文墓碑 墓碑在牛街清真寺内。相传辽统和十四年（公元996年），大食人阿哈默德·特洛马尼等前来传教建寺，死后埋在寺内，后树阿拉伯文碑，以示纪念。

上千人同时参做礼拜，显得宽敞、庄重、肃穆、华丽。这座大殿在建筑上采用了中国传统的木结构形式，在装饰上吸取了伊斯兰建筑阿拉伯风格。梆歌楼在礼拜殿的前面，是一座歇山重檐方亭。在做礼拜前，阿訇登上梆歌楼，向教民报告时间，并召唤他们来做礼拜。望月楼在寺前两门之中，是教民开斋前登楼望月用的。碑亭在礼拜殿前的月台两旁，呈方形，相对称。亭内石碑为明弘治九年（公元1496年）所立，碑文用汉文、阿拉伯文两种文字刻成。寺内东南部还有两座古墓，埋葬的是大食人阿哈默德·特洛马尼等，墓前有两块北京最古老的阿拉伯文石碑。

辽代的南京，不仅寺宇伟丽，而且是辽代的文化中心，也是辽与宋、汉族与契丹族文化交流的中心。辽在南京设贡院，行科举，仿照北宋制度，三年一试进士，但赋题带有狩猎民族文化特色，如《一箭贯三鹿》《日射

稱讚大乘功德經一卷 。。。
燕臺聖壽寺慈氏殿主講法華經傳菩薩戒懺悔沙門道譔
曾閱前經備詢故事曰大乘者諸佛至真了義究竟之
説也不思議解脱寧可述矣先聖既至極稱讚末葉宜
激勵流通庶幾報諸佛恩除小乘病㝡極㝡大至微
至妙利國利家濟時濟物無如此經也 道譔遭逢
聖代幸偶遺風敢彫無上之經溥示有緣之衆所願
見聞隨喜者捨小根而趣大機讀誦歸依者得清
凉而除熱惱時統和貳拾壹祀癸卯歲季春月蓂
生五葉記 弘業寺釋迦佛舍利塔主沙門 智雲 書
穆咸寧 趙守俊 李存讓 樊遵 四人共彫

大乘功德经一卷 1974年在山西应县佛宫寺释迦牟尼塑像腹中发现，为辽燕京匠作雕印的经卷。

辽·韩佚墓壁画

南无释迦牟尼佛像 1974年在山西应县佛宫寺释迦牟尼塑像腹中发现，为辽燕京所雕印。

辽·《炽盛光九曜图》

三十六熊赋》等可为证。辽南京行科试，多文人。学者中有俗也有僧。燕京僧人行均撰《龙龛手鉴》，收26433字，以四声为序，反切注音，简释要义。每字之下，详列正字、俗字诸体，并收佛经中的特殊诸字以补六书所缺，共四卷，为文字学家所重。辽南京的绘画，多取材于契丹人的狩猎生活，并有佳作传世。从已发掘十余座辽南京墓壁画可知，当时绘画极为绚丽。如辽北平王赵德钧墓的壁画，左室中一幅绘九人，其中三人身着红袍，头戴展角幞帽，在悠闲地赏画，另六个男女童仆在揉面或托盘供食等情景。另如京西斋堂辽墓的壁画，分画于墓室四壁和顶部，风格粗犷，气势雄浑。辽墓壁画中的宴饮、赏画、出行、花卉、禽鸟以及人物、狩猎等，都既反映了中原汉族文化的礼制，也表现了塞外契丹文化的风格。其时，尽管辽、宋双方处于对峙的状态，但是通过聘使往来及其他途径，辽、宋间的文化交流未曾中断。宋代的王安石、沈括、

苏轼、苏颂等都曾使辽至燕京。燕京馆中壁上题有苏轼的《老人行》。并有“谁题佳句列幽都，逢著胡儿问大苏”之句。宋人文集在燕京雕梓印行，行均《龙龛手鉴》也在北宋东京影抄辽刻。

辽代在圣宗、兴宗、道宗时，崇佛之风，臻于极盛。圣宗大建佛寺，兴宗皈依受戒，道宗通晓梵文，佛教风靡全国。兴修佛寺，广建佛塔，铸造佛像，镌刻佛经，燕京尤甚。佛教的重要经典《大藏经》，在辽朝刻的称《辽藏》，因其时辽为契丹所建，所以又称《契丹藏》。《契丹藏》579帙，均在燕京刊刻。据大觉寺内《旸台山清水院创造藏经记》所载，咸雍四年（公元1068年），舍钱“五十万，及募同志助办，印《大藏经》，凡五百七十九帙，创内外藏而龛措之”。但以往人们只闻其名，未睹其物，云山浩渺，寻求无径。1974年在山西应县佛宫寺释迦牟尼塑像腹中，发现《契丹藏》和辽刻经卷，使八百年的迷雾为之一扫，重见天日。在燕京雕印的《契丹藏》，用汉字书写，字体工整遒劲，印刷装帧精美，反映出辽代燕京高度发达的手工艺水平。同时发现的辽代刻经，有《释摩诃衍论通赞疏科卷下》《释摩诃衍论疏卷第十》《妙法莲花经卷第四》《炽盛光九曜图》等，也都是在燕京雕印的。而《炽盛光九曜图》，纵94.6厘米，横50厘米，系用皮纸，木刻墨印，然后着色，是已知中国古代木刻着色立幅中时间最早、篇幅最大、刻印最精、着色最美的艺术珍品。当时，既有大昊天寺、天王寺、仰山寺、悯忠寺、弘业寺等寺院刻造的经卷，也有“燕京仰山寺前杨家”“檀州显忠坊冯家”等私人匠作雕刻的经卷。

辽南京的节令习俗与体育竞技，都带有契丹的特色。

重五节 就是每年五月五日，举行射柳活动。《日下旧闻考》载述，辽俗于五月五日，在球场插柳两行，参射者以尊卑为序，各以帕巾结扎柳枝为证，在枝离地数寸处，削去树皮，裸露白木。先由一人驰骑为前导，而后射手驰马以无羽的箭镞射柳，既能射断柳枝而又俯身拾取断枝者为上，能射断而不能拾取者次之，射其青处而不能断或不中者为负。竞射之时，场面宏大，观者踊跃，击鼓助威。最后，负者给胜者进酒。

重九节 就是每年九月九日，举行围猎活动。以围猎射虎赌输赢，多者胜，少者负。射罢，设帐，饮菊花酒，兴高采烈，食兔肝和鹿舌酱。

射猎 《辽史·地理志四》记载：每年季春，辽帝率领群臣、武士等，到京东南九十里的延芳淀射猎。延芳淀方数百里，春时鹅鹜所聚，夏秋菱芡繁茂。辽帝春猎，卫士穿墨绿衣，各持连锤、鹰食、刺鹅锥，排列水边，相距六步。在上风头的人击鼓，鹅受惊后，稍离水面。辽帝亲放海东青猎隼，鹘擒飞鹅，鹅坠落地，恐鹘力不胜，在列者以佩锥刺鹅，急取其脑饲鹘。射猎后，得头鹅者，赏赐银绢。

辽·《臂鹰出猎图》壁画

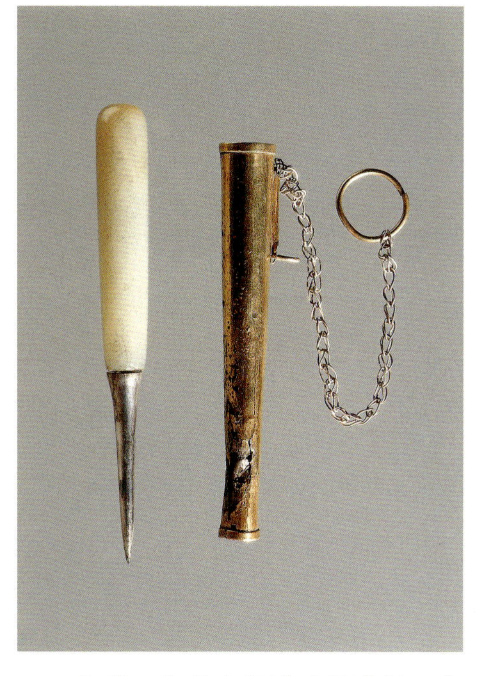
辽·玉柄刺鹅银锥

击球 在燕京皇城球场进行。参赛者分为两队，骑马，持球杖，设两个球门，两队共争一球（球为木制），击入己方球门多者为胜。

以上射柳、围猎、水围和马球等，都是具有契丹族特色的文化活动。

辽南京是辽与宋对峙的前沿重镇。其时，辽与北宋长期对立。宋太宗先为收复幽云十六州，于太平兴国四年（公元979年）亲自领兵北征，迅速打到燕京城下，四面攻城。辽援军赶到，同城内辽军里应外合，内外夹击，宋军大败而回。后宋太宗再次派兵攻打燕京，失利而归。辽统和二十二年（公元1004年），宋、辽订“澶渊之盟”，从此宋、辽有较长时间的和平局面。辽南京的地位愈加重要。

燕京作为辽代陪都达82年；在金陷上京黄龙府后，至陷燕京前，它实际上作为辽代都城，又达3年，共历时85年。燕京随着辽祚的终结而先为北宋燕山府，后为金的中都。

金代中都

正当辽朝统治衰落的时候，中国东北部女真族首领完颜阿骨打，在金收国元年（公元1115年）建立金朝，定都上京（今黑龙江哈尔滨阿城区）。北部的金朝和南部的宋朝结成同盟，联合攻辽。宣和四年（公元1122年），金兵攻辽，夺取燕京。金向宋索取大量的钱米作代价，将燕京移交给宋。宋改燕京为燕山府。宣和七年（公元1125年），金灭辽。同年十二月（公元1126年1月），金军南下攻宋，占领了燕山府。第二年，北宋亡。宋高宗赵构南迁，定都临安（今浙江杭州），因其都城在宋都城汴梁（今河南开封）之南，故称南宋，而原来的宋称之为北宋。中国出现了南宋和金朝两个并存的政权。南宋初年，金统治淮水以北的广大地区，并图继续南进。

金中都城址示意图

金天眷三年（公元1140年），金熙宗到燕京巡视，举行祀孔典礼，在燕京驻留近一年，而后回到上京。金皇统元年即南宋绍兴十一年（公元1141年），南宋秦桧使万俟卨诬陷岳飞，并罢其枢密副使、削夺兵权。宋遣使至金议和。宋金和议成，以淮水为界，南宋并以岁币银25万两、绢25万匹予金。这个和议，因在绍兴年间签订，所以史称“绍兴和议”。和议成，岳飞被害于临安（今浙江杭州）大理寺狱。岳飞已死，和议亦成，金朝要将都城从上京南迁至燕京。金天德三年（公元1151年），金主完颜亮下令迁都，并扩建燕京城，修建皇城、宫城。金贞元元年（公元1153年），金主完颜亮从上京迁都燕京。他以燕为先秦列国之名，不应当作京师名号，遂改称圣都，又改为中都。同时，改中都所在地析津府名为永安府。次年，又改永安府为大兴府。从此，金中都成为北中国的政治中心。

金袭辽制，设置五京——上京会宁府（今黑龙江哈尔滨阿城区）、东京辽阳府（今辽宁辽阳）、西京大同府（今山西大同）、北京大定府（今河北大名）、南京开封府（今河南开封）和中都大兴府（今北京）。燕京位于诸京之中，也是天下之中，故称中都。金帝完颜亮正式迁都燕京后，下令将上京的旧宫城、宫殿和贵族府第平毁，以示永不北迁之决心。

金·“河东南路兵马都总管印”铜印
这枚铸于金大定十二年（公元1172年）的铜印，是金帝皇权的一个象征。

金以燕京为都城，标志着北京正式成为皇都，并成为北中国的政治中心。这是北京发展史上的又一个转折点，即北京由方国都邑、北方重镇、三燕临时都城、辽代陪都而成为正式皇都的转折点。

金的中都，是仿照北宋都城东京（今河南开封）的规制，就辽南京城基础改建而成的。中都城分为大城、皇城和宫城三重。大城除北城墙未动外，其余三面城墙都比辽南京城墙有所拓展，为使宫城居于中央地区，西、南二面外扩较多。大城略呈方形，周长约33里，城墙高约12米，有敌楼910座，挖壕堑三层。大城的四隅：东南城角在今永定门西南，东北城角在今宣武门内翠花街，西北城角在今中国军事博物馆南黄亭子，西南城角在今丰台区凤凰嘴村。大城有13座城门：东为施仁、宣曜、阳春，南为景风、丰宜、端礼，西为丽泽、颢华、彰义，北为会城、通玄、崇智、光泰。南城正中的丰宜门和北城的通玄门遥

金中都西南角城墙遗迹

遥相对,纵贯全城南北中轴线的两端。在修中都城时，由张浩主持、卢彦伦经划、苏保衡分督，役民夫80万、兵40万，工程宏巨，工期急促。筑城墙时，要用城南数十里外涿州的黄土，每人持一筐，一字排开，从涿州到中都,空筐传出,实筐传入,互相交递，苦役众夫。中都13座城门之外，夹道双行植柳，各百里，甚规整。新建成的中都城，规划严整，布局有序，宫殿宏丽，环境幽美，是北京史上第一座美轮美奂的皇都。

皇城在大城的中央偏西。皇城的城墙周长约9里，有四门：东为宣华门，南为宣阳门，西为玉华门，北为拱辰门。宣阳门的南面正对着丰宜门。宣阳门内，东为文楼（钟楼），西为武楼（鼓楼），中为宽广的御道，御道两旁植柳,北端接宫城。南门之内，左有太庙，右有衙署，都是仿照汴京城布局安排的。

宫城在皇城内居中偏东，其前东、西有廊，各200余间，分为三节，每节一门。接近宫城东西，各有廊百余间，为尚书省等衙署。宫城正门为应天门，门阔11间，门楼高约24米。门内有日精门与月华门。入内，过大安门，为大安殿，是为金帝举行大典的殿堂。接着是仁政门，旁为朵殿，上建高楼。仁政门内为仁政殿，是金帝听政之所。再后为昭明宫和隆徽宫，则是金帝、皇后的寝居之所。宫城内有36殿，楼阁倍之。宫城内的西南部，有御园鱼藻池，为金帝与后妃游憩之所。宫城以东华与西华名其东、西两门。

大安殿遗址发掘现场

金中都的大城、皇城、宫城，规划完整，布局周密，金碧翚飞，辉煌壮丽。它的规划布局，上承宋东京，而下启元大都。金中都开创了北京都城建筑布局的先河，元大都有了发展，至明北京而臻于至善。《海陵集》中称赞金中都的城池宫殿，气势雄伟，殿阁宏丽，延亘阡陌，上切霄汉，虽秦阿房宫、汉建章宫不过如是而已。然而，女真族在建中都时，受汉族文化影响很大。中都大城的东、西、南、北城门，各有施仁、彰义、端礼、崇智之名，寓有崇尚仁、义、礼、智之意。宋东京皇城北门名拱辰门，金中都皇城北门亦名拱辰门。中都宫城的东华门与西华门，也照搬东京宫城的相应门名。金还将东京宫殿门窗拆运到中都盖新宫殿所用，又将东京艮岳石运至中都以点缀御园。总之，金中都城是女真渔猎文化同汉族农耕文化相融合的产物。

金中都水关遗址

说到金中都城，它的给排水系统如何？1990年在丰台区右安门外玉林小区凉水河以北的一处工地，发现了金中都南城墙水关遗址。水关是古代城墙下供河水进出的水道建筑。这处水关遗址，全长43.4米，过水涵洞长21.35米、宽7.7米，出水口宽12.8米，入水口宽11.4米，底部过水面距现地表5.6米。水关为木石结构建筑，最下层基础密植木桩，其间用碎石、碎砖瓦和砂土夯实。木桩上放置排列整齐的衬石枋，其上铺设地面石。衬石枋与枋下木桩用榫卯连接，衬石枋之间用铁制银锭榫连接，衬石枋与石板以铁钉相连。相连紧密，合理坚固。这是已发现中国古代都城水关遗址中规模最大的，与宋代《营造法式》的有关记载相印证，是宋金时期城市给排水设施的重要实例。

金帝在中都不仅修建城池宫殿，而且大兴离宫苑囿。规模最大的是金世宗大定十九年（公元1179年），在辽南京瑶屿离宫基址上兴建的太宁宫（今北海公园一带）。金帝役使大批兵士、民夫和工匠，掘土凿池，筑琼华岛。琼华岛的由来，有一个传说：蒙古兴起时,塞外有一座山,形势雄伟。金帝以为这座山有帝王气，于己不利，决定堆筑土山，镇压邪气。这个传说显然出于蒙古人的附会。金人修太宁宫时，蒙古尚未崛起。金帝征调兵夫，挑挖海子，累土成山，栽植花木，营构殿宇，兴建亭阁，作为游幸之所。将汴梁艮岳的假山石运来堆筑琼华岛的小山，小山上面便是著名的广寒殿。广寒殿之名出自一个传说：唐玄宗于某年八月十五日中秋之夜，梦游月

铜辟邪 金中都宫殿遗址出土的幄帐装饰部件。

琉璃鸱吻 金中都宫殿屋脊上的建筑构件。

《散乐图》壁画 出自石景山八角金代墓葬

《侍洗图》壁画 出自石景山八角金代墓葬

金·金盘

金·宝相花金高足杯

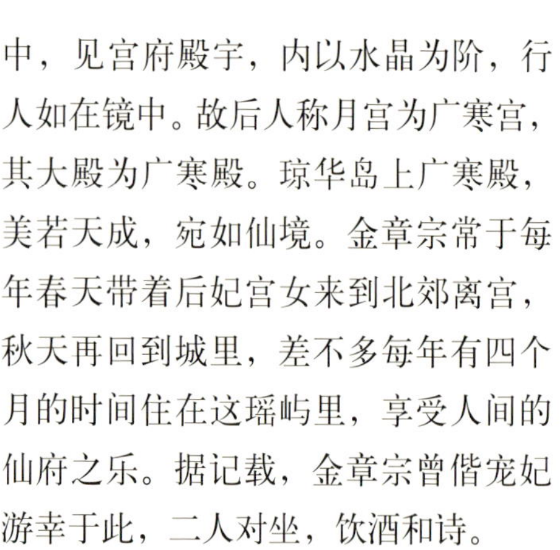

中，见宫府殿宇，内以水晶为阶，行人如在镜中。故后人称月宫为广寒宫，其大殿为广寒殿。琼华岛上广寒殿，美若天成，宛如仙境。金章宗常于每年春天带着后妃宫女来到北郊离宫，秋天再回到城里，差不多每年有四个月的时间住在这瑶屿里，享受人间的仙府之乐。据记载，金章宗曾偕宠妃游幸于此，二人对坐，饮酒和诗。

帝出上联曰“二人土上坐”；

妃对下联曰“一月日边明”。

金中都园林的开发，是北京古代园林史上的开拓期，为后来北京园林的布局和发展奠定了基础。中都皇家园囿的分布，除上述太宁宫外，还有东苑；有南苑，内修建春宫，宫外环水，金章宗曾14次来此游幸；有西苑，金帝曾在园内阅武；有北苑等。金朝女真贵族崇尚骑射，常在苑中骑马击球，弯弓射柳。金沿袭旧俗，每逢重五（五月初五），金帝会聚诸王百官于广乐园，击球、射柳，颁赏胜者，然后赐宴。

金还在中都西北郊建造离宫别馆。在今万寿山、香山和玉泉山，都有金帝的离宫。今钓鱼台国宾馆，曾是金章宗春月钓鱼之地。中都既有美的自然景区，又有新的园林建筑，它更显得景色秀丽、佳胜万千。著名的燕京八景，最初是在金代见称于世的。这就是：太液秋风、琼岛春阴、道陵夕照（后称金台夕照）、蓟门飞雨（后称蓟门烟树）、西山积雪（后称西山晴雪）、玉泉垂虹（后称玉泉趵突）、居庸叠翠和卢沟晓月。卢沟晓月一景，就在卢沟桥头。后在桥东头竖有清乾隆帝御书“卢沟晓月”碑，并建御碑亭。

卢沟桥在当时的中国和世界，都是一座极美丽的桥梁，而它对金的意义又非同小可，这既有政治与经济的因素，更有军事与交通的因素。就政治来说，中都是北中国的政治中心。它的疆域，南界淮河，北跨外兴安岭。为了加强管理，中都需要密切同五京，尤其是同南京（今河南开封）的联系，因都城西南卢沟河（今永定河）的阻隔而不便。就经济来说，金中都皇室贵族、文武官员、戍守军队和平民百姓，每年要用上百万石粮食。但燕京地区粮食不能自给，中都的粮仓在南而不在北，要将淮北和华北平原的粮食运至中都，卢沟渡口成为中都的交通咽喉。就军事来说，金朝前期蒙古尚未勃兴，它的强敌在南宋，宋使往来中都也要通过卢沟渡口。最后，就交通来说，卢沟渡口自古以来便是燕蓟通往南方的关津，原来在这里设有浮桥和木桥。随着中都的发展，交通的频繁，浮桥和木桥已经不能适应需要。

“行宫都提点”铜印 出土于陶然亭，这里当年是金代的一处行宫。

金·铁犁镜 1960年房山焦庄出土。犁镜是组合式铁犁的一部分。女真族本以游牧骑猎为生，占领淮河以北后逐渐转为农耕的生产方式。

"卢沟晓月"碑 "卢沟晓月"为燕京八景之一。"卢沟晓月"四字为清乾隆帝御书。

怎样解决这个难题呢？有两个方案。

第一个方案，开凿运河。因为当时水运粮食只能经潞河至通州，通州至中都城的一段路程无法通航。而陆运所费人力、物力甚巨，所以需要从通州到中都城开凿一条人工河道——运粮的漕河。中都近畿主要有三条水系，即西部的卢沟河（今永定河）、北部的温榆河和东部的潞河。这条漕河需要引西部卢沟河水，下注潞河，以济通州至中都城的漕运。金大定十年（公元1170年），朝议分卢沟河为漕渠，以通京师漕运，第二年动工。这条漕河的西端，从金口（今石景山北）引水东行，经中都北城濠，东达通州，连通潞河。但漕河开成后，因地势西高东低，水流落差太大，水流湍急，河水浑浊，泥沙淤塞，不能行船；又恐雨季水势暴涨，冲毁河堤，殃及京师。因此，下令将金口处河闸填塞，这条新开的金口河，开而未用，就被废止。后来又引京西玉泉山一亩泉水，入北城濠，东流通州，注汇潞河。这条漕河（后称通惠河）或通或塞，没有发挥实际作用，只有以车辆陆运粮食至中都。

第二个方案，建卢沟桥。金口漕渠，竟未见功，朝议加强陆运，往来卢沟河上。卢沟河为南北商旅的津要，以舟济渡，但河水激湍；木桥浮渡，又河水泛滥——都不便于通行。金建中都之初，待河水浅时造小桥以渡；后来在河两岸造浮桥，建龙祠，以通车马。金世宗于大定二十九年（公元1189年）六月，命建卢沟石桥。金章宗明昌三年（公元1192年）三月，费时三年的卢沟石桥终于落成，命名为广利桥，后习称为卢沟桥。元、明、清三代曾加以修葺。

卢沟桥是一座联拱石桥，长266.5米，宽7.5米，下分11个涵孔，工程巨大，雄伟瑰丽，是中国北方最长的古代石拱桥，也是北京现存最古老的联拱石桥。卢沟桥的桥墩像一条平面的船，迎水面似船头，砌分水尖，每个分水尖安置三角铁柱，以保护桥墩；顺水面似船尾，向内收进，以减轻拱券内水流压力。桥的拱券，采用纵联式砌筑法，将13个拱券连成一体，最大跨径为13.42米，以增强抗洪能力。桥身两侧各有白石雕成护栏望柱140根，望柱之间为石栏板，栏板平均高85厘米，内侧刻有花纹。柱顶为方形莲座，莲瓣中间装饰着珠串，柱头上雕有卧伏的大小石狮。

“卢沟桥的石狮子数不清”，几百年来人们一直这样说。但有人不相信，一定要亲自到离城15公里的卢沟桥上去数一数，数着数着，忽漏其一，结果是扫兴而归。大的石狮固然好数，最大的两只石狮子是站在桥东端石栏杆尽头处，用头猛顶望柱。它们各身高90厘米，身长1.73米。然而桥西

卢沟桥石狮

卢沟桥西端的石象

卢沟桥

头顶望柱的是两头石象。它们为使栏杆不致外倾，日夜不息，尽职尽责，经历过几百个寒暑。蹲在望柱上的石狮也不难数，虽然它们千姿百态，神情各异——

有的昂首挺胸，仰望蓝天；
有的俯首侧身，凝视桥面；
有的端庄恭敬，迎送行人；
有的嬉戏耍闹，天真活泼；
有的抚弄幼狮，母子同乐；
有的注目远望，监视水位；
有的歪头闭目，像在养神；
有的蜷伏静卧，若有所思。

最为难数的狮子是那些顽皮淘气的小石狮子，其中最小的只有几厘米。它们三三两两——有伏在大狮子头上的，有爬在大狮子身上的，有戏耍大狮子铃铛的，有捉弄大狮子飘带的，有藏在大狮子身下的，有在大狮子怀里耍的，有只露出半个头来的，还有仅露出一张嘴的。大狮子身上这198只小狮子，各有个性，千姿百态，若隐若现，确实难数。但有人做过科学勘查，卢沟桥的石狮子共有485只。在桥上细数，只有481只，所缺的4只石狮子在什么地方呢？原来它们不在桥上，而是在空中。桥的两端，每端有石制八棱柱华表两座。石柱上端横贯着雕纹云板，柱顶上雕有4只石狮子。这4只石狮子，高高在上，悠然自得，形态各异，凝视远方。卢沟桥的石狮子，是富于想象力的杰出的雕刻艺术品。

“澄城县交道社商酒务记”铜印 “商酒务”是金代征收商税、酒税的机构。

整个卢沟桥建筑宏伟，造型优美，显示了中国古代师匠卓越的建筑艺术。《马可·波罗行纪》一书里说：“这条河上有一座美丽的石桥，老实说，它是世界上最好的独一无二的桥。”

前面提到，宋、金以淮河为界，南北对峙。同北方中都相对立的是南宋都城临安（今浙江杭州）。中国自东晋以降，经济重心逐渐南移，即由黄河流域移向长江流域。临安位置在长江下游和浙江（钱塘江）下游之间最富庶的地区，经济发达，商业兴旺。临安有城南、城中和城北三个商业闹市区。这里诸行百市，样样齐全；大小铺席，处处密布。其他大街小巷，百业店铺，连门比户，十分兴盛。坊墙旧制，早已圮毁，行政与商业，几乎是并重。但仍有高耸的城墙，既作为防御的工事，又作为权力的象征。然而，中都与临安有着很大的区别。中都位置所在的华北平原北端，经济较江南落后；女真经济又较汉族经济后进，虽然他们进入中原地区之后逐渐接受汉族文化，但在经济上中都仍比临安落后。中都是金朝祭祀、军镇与行政三位一体的都城。城内的居民分为62坊，城东部有20坊，城西部有42坊。每坊有墙相隔，并设坊门。中都与临安，除祭祀和军镇有相似之处外，其商业之地位，后者比前者更发达。金中都比辽南京，从陪都升为皇都，经济有发展，社会有进步；金中都是12世纪后半叶北中国最大的一座封建军事城堡。

金·“正隆元宝”铜钱 金代铜钱钱文基本上不用女真文，多用楷书汉字。金朝最初没有铸钱，仍然使用前朝货币。海陵王迁都到中都以后，于正隆三年（公元1158年）始置监铸钱。“正隆元宝”就是金朝最早铸造的铜钱。

金中都是当时北中国的文化中心。早在金太祖时，完颜希尹参照汉字创制女真大字，于天辅三年（公元1119年）颁行；金熙宗时，天眷元年（公元1138年）又制成女真小字并颁行。金熙宗既创制女真小字，又倾慕中原文化，能“赋诗染翰，雅歌儒服，分茶焚香，弈棋象戏”。他称女真旧臣为“无知夷狄”；对北宋遗臣却“备加优礼”。至金章宗时，翻译“四书”“五经”等，列为太学课程。金在中都设国子监，其下为国子学、太学；还设女真国子学。金中都所在的府为大兴府，设大兴府学和女真府学。金实行科举考试，分乡试、府试、会试和殿试四级，最高级的考试在中都举行，殿试的榜首为状元。金在中都还设立司天台，专司天文、历法和气象之事，并招收生员培养科学人才。

在这里，特别介绍《新铸铜人腧穴针灸图经》刻石。先是北宋医官王惟一主持铸造了两个空心的铜铸人体模型。其全身标注559个穴位，

《新铸铜人腧穴针灸图经》刻石

内有两穴一名者107个，所以全身共666个穴位。学生考试时，铜人外层涂蜡，体内装满水，穿上衣服，立于考场。考生根据命题，针刺穴位，针入水出，就算答对。现原物一毁一旧，附图为明代的仿制品。王惟一还编纂《新铸铜人腧穴针灸图经》一书，并将其全文刻于石上。与此相关的是，1971年在北京明代城墙里，发现《新铸铜人腧穴针灸图经》刻石（残件）。残高99厘米，残宽55厘米。据考证，“刻石”系由开封迁到大都。“铜人”“刻石”元代毁于战火，其残碑置于明城墙中。因系在北京发现，且为宋金时文物，故在此介绍。

教育之外，还有文学。金定中都后，皇亲贵胄中不乏能赋诗填词者。金章宗观览近畿风景，作《仰山诗》云：“金色界中兜率景，碧莲花里梵王宫。鹤惊清露三更月，虎啸疏林万壑风。”诗有汉族中原文化骚风，也有女真莽林射猎野趣。他还长于填词，其《蝶恋花·聚骨扇》云：“几股湘江龙骨瘦，巧样翻腾，叠作湘波皱。金缕小钿花草斗，翠条更结同心扣。金殿珠帘闲永昼，一握清风，暂喜怀中透。忽听传宣须急奏，轻轻褪入香罗袖。”这首词细腻、华丽、自然、真挚，表现出很深的汉文化素养。

中都还有繁盛的戏剧。戏曲作家董解元的《西厢记诸宫调》最为有名。这部杰出的讲唱文学作品，主要是写张生和莺莺的恋爱故事。张生是个有情有义的青年，莺莺是个温柔美丽的姑娘。他们两人在月下西厢，依偎钟情，倾心相爱。莺莺敢于背叛封建礼教，违抗母亲严命，自许婚事，与张生同衾共枕。这是划破封建包办婚姻黑暗夜空的一道闪电。金代曾将北宋的“宫本杂剧”发展成为“院本杂剧”，使杂剧从宫廷府第走向瓦肆行院，中都的广大居民成了重要的杂剧观众。金杂剧为元杂剧的发展开拓了新路。

中都的权贵，崇信佛教，兴修寺塔。都城之内，佛教寺庙，星罗棋布，

吕征墓表 墓表的表文由金代著名书法家蔡痃、任询书写，是一件珍贵的金代书法艺术精品。

针灸铜人体模型

铜人头部穴位分布

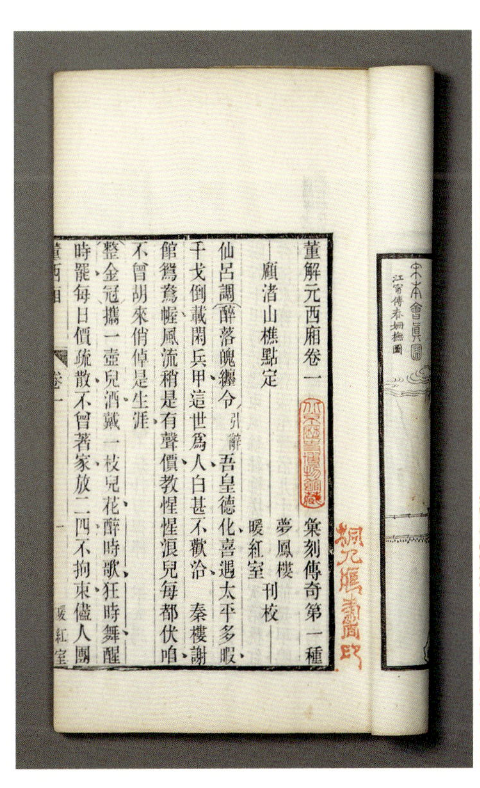

董解元西廂卷一　秉刻傳奇第一種
夢鳳樓　暖紅室　刊校
𤲞渚山樵點定
仙呂調　醉落魄纏令　引辭　吾皇德化喜遇太平多暇
干戈倒載閑兵甲這世爲人白甚不歡洽　秦樓謝
館鴛鴦幄風流稍是有聲價教惺惺浪兒每都伏咱
不曾胡來俏倬是生涯
整金冠攜一壺兒酒戴一枝兒花醉時歌狂時舞醒
時罷每日價疏散不曾著家放二四不拘束儘人團

明刊本《西厢记诸宫调》

数以百计。金帝后出钱数万，营缮大圣安寺，佛誉日隆，学徒万指，轮奂之美，为郡城冠。大永安寺在香山，寺分上下二院：上院依山建高阁，复筑翠华殿，复道相通，亭临泉边，叠石成峰，交植松竹；下院前开三门，中起佛殿，堂舍廊庑，靡不毕兴。全寺旃檀琉璃，万瓦鳞次，如入众香之国。寺成，金帝亲临赐名，赐田2000亩、粟7000株、钱20000贯。

金中都的许多寺宇早已隳毁，但留下的寺塔颇具艺术价值。

万松老人塔 是为纪念万松和尚而修的。位于今市内西城区砖塔胡同东口，胡同由此得名。金末万松和尚，出入宫廷，声势显赫，影响很大。他为元初重臣耶律楚材之师，死后瘗骨于此，后建砖塔。塔为密檐式，八角九层，高10余米，建筑精巧，玲珑别致，是今西四附近的一处街景。

镇岗塔

镇岗塔 坐落在丰台区长辛店云岗村东，为八角形花塔式的砖塔，每边3米，总高18米，共13层。塔座上部用砖雕制出斗拱，在拱眼上雕刻盛开的盆花等。塔身上半部装饰各种繁复的花饰，看去好似一个巨大的花束，故又称花塔。塔上雕刻佛像，有的独举单手，有的高举双手，有的双手合十，排列整齐，神态生动。塔刹上面放置宝珠。这座名塔，通体协调，花饰繁美，是北京地区难得的金代遗物。塔的来历有一个古老的传说：云岗是一条龙脉，内中有龙穴，谁死后葬身在龙穴中，谁的子孙就能荣华富贵，或登大位。富贵人家竞往探索龙穴，但世世代代过去，谁也没有找到龙穴。到了金代，忽然传说土岗子要崩塌，富人们着了慌，便集资在岗上建塔，镇住土岗，使它不致塌毁。“镇岗塔”的名字，一直流传至今。

昊天塔 位于房山区良乡镇的燎石岗上，是一座八角五层楼阁式空心砖塔，高47.5米，底层每边长6米。此塔一说建于辽代，为北京现存唯一楼阁式砖塔。

银山塔林 位于今昌平区海子村西南的银山南麓，人称银山宝塔，是“昌平八景”之一。在辽金时期，相传银山上下有寺院庵堂72处。银山下最大的寺院为延寿寺，又称法华寺，建于金天会三年（公元1125年）。银山塔林就是这一寺院中高僧的墓塔。此处古代塔群，有砖塔7座，除2座元塔外，有5座是金塔。金塔为密檐式砖塔，体量较大，秀丽挺拔，浮雕精细，纹饰生动，繁绮华丽，总体和谐。

以上中都金塔，未沿用唐代方形，而为八角形，其内部结构也有所改进，

良乡多宝佛塔（昊天塔）

银山塔林

对明代京师砖塔有很大的影响。

塔是人类的重要文化遗产。埃及的金字塔，缅甸的大金塔，法国的埃菲尔铁塔，都遐迩闻名。中国本来没有塔，随着佛教传入中国，印度的窣堵坡（即塔）也传到了中国。中国结合传统的建筑形式，才开始有了佛教的建筑物——塔。塔的形式多种多样：按其建筑材料分，有石塔、砖塔、陶塔、木塔、铁塔和琉璃塔等；按其几何形状分，有方塔、多角形塔和圆形塔等；按其高矮层次分，有七级塔、九级塔、十一级塔、十三级塔、十五级塔等；按其建筑形式分，有覆钵式塔、密檐塔、花塔、楼阁式塔、亭阁式塔和金刚宝座塔等；按其塔身虚实分，有空心塔和实心塔；按其外部颜色分，有白塔、黄塔、灰塔和黑塔等；按其数目分，有单塔、双塔、三塔和塔林等；按其建筑年代分，有唐塔、辽塔、金塔、元塔、明塔、清塔等。北京最早的塔，要数云居寺唐金仙公主塔。到了辽、金，佛塔便多起来；但保存下来的却不多，这主要是因为岁月久远、风雨剥蚀、地震摇撼及人为破坏所致。然而兵燹与强人，焚宫室，烧民居，对佛塔则敬畏三分。又因佛塔多为砖石结构，不易焚毁，所以金代建筑遗存多为几座砖塔，如中都金塔及房山金陵。

房山金陵 金陵先在上京，完颜亮迁鼎中都后，决定仿照历代皇陵制度，在中都房山云峰山下营建皇陵。贞元三年（公元 1155 年）三月开始动工兴建，十一月皇陵初步建成。翌年十月，将金太祖、太宗的灵骨迁葬入陵地。同时，完颜亮将他父亲宗干的灵柩也迁来，并追尊为德宗。尔后，金帝 10 位祖辈的灵柩也被迁葬于此，并定了陵号。据《大金集礼》记载，金陵方圆约 60 平方公里，分为三个部分：帝陵、妃陵及诸王兆域，其中帝陵共有 17 座。

金亡后，金陵一直得到保护。明天启年间，后金在与明朝的战争中屡次获胜，明朝官员认为应当破坏金陵的风水进行报复。天启七年（公元 1627 年），明朝对金陵进行了毁灭性的破坏。第二年，在原址修建了多处关帝庙，以此来镇压金人的“王气”。明崇祯二年即清天聪三年（公元 1629 年），皇太极率军攻打北京，并派官到房山祭祀金陵。清入关后，对金陵进行了局部整修，并设置了 50 个守陵户。随着时间变迁，今金陵只剩下一片废墟。20 世纪 80 年代，考古工作者对金陵进行了调查，发现了睿宗景

金仙公主塔 金仙公主是唐睿宗的第九女。她曾为静琬石刻佛经的遗业奏请赐经，捐资镌石，故修塔以志之。

金陵遗址

金陵“睿宗文武简肃皇帝之陵”碑拓片

金陵御道

陵碑。碑高约2米，宽1米，上刻“睿宗文武简肃皇帝之陵”十个填朱涂金大字。碑额四龙吐须，尾托火焰珠，龙形独特。还发现一段保持原貌的御道。御道东西宽约5.4米，南北长约3米，两侧竖立四块两面雕刻牡丹、行龙的汉白玉栏板和望柱，栏板前有两个蹲兽，栏板中间是线刻莲花七级台阶，形象地再现了当年拾级而上、直通主陵的神道。

然而，富丽的中都宫殿却毁于蒙古铁骑。

金大安三年（公元1211年），蒙古军大举向金进攻，矛头指向中都。金军在野狐岭和会河堡两役败北，中都戒严。同年十二月，蒙古游骑至中都城下，烟尘漫天，鼓声震地。金军毁坏桥梁，拆屋为薪，以房做楼，以城相敌。四处援兵齐集中都，蒙古大军被迫撤退。是为中都第一次被蒙古军所围。崇庆元年（公元1212年）十月，蒙古军再抵中都，骑兵攻城。城上发礌木、泼粪水，蒙古兵奋力强攻，破大城，打内城。蒙古军踩积柴、踏插锥登城，遭弩射、被刀砍，登城兵士飞尸而下。时值天寒大雪，蒙古军队撤退。是为中都第二次被蒙古军所围。至宁元年（公元1213年），蒙古军攻居庸关，金以冶铁锢关门、布铁蒺藜百余里御守，但蒙古军避实就虚，

金陵御道石栏板

从树丛间道而入。其时，金中都发生政变，右副元帅、权尚书左丞胡沙虎焚东华门、立梯登城，入宫，自称监国都元帅，杀卫绍王完颜永济，立完颜珣为宣宗。宣宗完颜珣拜胡沙虎为太师、尚书令、都元帅。胡沙虎率军至高梁河抵御蒙古军，反被元帅、右监军术虎高琪所杀。蒙古军已攻下中都外诸城，又值金廷内讧，对中都围而不打。中都被困乏粮，军民饿死者十有四五。金帝完颜珣见城内无粮、官兵厌战，便遣使贡献求和。金以卫绍王完颜永济的女儿岐国公主、童男和童女各500名、彩绣衣3000件、御马3000匹及金银珠玉等物请和。蒙古成吉思汗纳岐国公主为后，允和兵退。是为中都第三次被蒙古军所围。蒙古军虽退，但中都已是一座孤城。贞祐二年（公元1214年），金迁都南京（今河南开封），车驾发中都时，仅府内藏文书与典籍即用3万车。北京作为金代都城62年，至此结束。先是，宋朝使臣范成大见中都宫殿奢华，赋《燕宫》诗云：“他日楚人能一炬，又从焦土说阿房。”果然，霸王项羽焚烧秦宫殿的历史重演，中都宫殿被蒙古骑兵焚毁。此后几十年间，燕京宫阙，一片废墟，荆棘成林，满目荒凉：“可怜一片繁华地，空见春风长绿蒿。”金中都已残破不堪。

北京在金中都之后，是元代大都。

元代大都

蒙古首领铁木真（公元 1162 ~ 1227 年），在公元 13 世纪初崛起，既影响了中国，也影响了亚洲，甚至影响了世界。金大定十一年（公元 1171 年），年方 9 岁的铁木真，由他父亲带着去弘吉剌部求婚，但他父亲在归途中被人毒死。他的母亲诃额伦依靠摘山果、挖野菜等勤俭生活，抚养子女。铁木真逐渐长大，善于骑射，勇于争斗。敌部袭击诃额伦的住地，捕走铁木真，并给他戴上木枷，在部众中游行，横加凌辱。铁木真在夜间乘其不备，逃出敌营。他成年后，联络各部，组织军队，四处征战，势力日强。金泰和六年（公元 1206 年），铁木真在斡难河（鄂嫩河）之源举行的蒙古贵族大会上被推为全蒙古的大汗，号“成吉思汗”，意思是海洋般的大汗，建立蒙古汗国。这时成吉思汗已掌控东起大兴安岭，西迄阿尔泰山，南临金朝，北临贝加尔湖的各部牧地、牧民的广阔地区。

成吉思汗像

成吉思汗创建蒙古帝国后，金朝皇帝完颜璟死，卫绍王完颜永济（原名允济）继位，派使臣到蒙古，带来新皇帝即位的诏旨，要他跪拜接旨。成吉思汗问金使道：“新君是谁？”金使回答：“是卫绍王。”成吉思汗面南唾道：“这么庸弱无能的家伙也配做皇帝吗？拜他做什么！”成吉思汗羞辱金帝的举动，表明蒙古对金朝的轻蔑。金使回奏，永济愤怒，金朝与蒙古的关系断绝。成吉思汗在克鲁伦河畔聚众誓师后，率军攻金。蒙古太祖六年（公元 1211 年），蒙古军攻入居庸关，进抵金中都，获大量马匹而还。蒙古太祖九年（公元 1214 年）三月，成吉思汗率蒙古三军围困金中都，金宣宗完颜珣纳贡求和，并把卫绍王之女岐国公主献给成吉思汗，成为他的第四个妻子，蒙古军撤兵北返。同年，金军撤后，金迁都汴梁（今河南开封）。蒙古太祖十年（公元 1215 年），蒙古军夺取金中都，把府藏大量财宝席卷而去，献给了成吉思汗。蒙古太祖二十二年（公元 1227 年），成吉思汗病死在军营中。他在位 22 年，寿 66 岁。成吉思汗曾经三次派军攻打金中都（前已述及），但均未攻灭金朝。成吉思汗病死后，被尊为元太祖。

成吉思汗第三子窝阔台继位，是为元太宗。窝阔台在位 13 年，崩于行宫，寿 56 岁。之后，由其六皇后乃马真氏执政。后由窝阔台长子贵由登位，是为元定宗。贵由在位三年崩，寿 43 岁。贵由崩后，内部争立，三年未决。后由成吉思汗之孙（拖雷之子）蒙哥继位，后尊为宪宗。拖雷在位九年，寿 52 岁。其皇位由成吉思汗之子拖雷的第四子忽必烈（公元 1215 ~ 1294 年）继承。忽必烈继位不久，做了四件大事：其一，平息其幼弟阿里不哥自立为大汗的势力，权力归一；其二，举兵击败南宋；其三，中统元年（公

忽必烈像

元1260年），忽必烈在开平（今内蒙古锡林郭勒盟正蓝旗上都镇）即汗位，是为元世祖；其四，忽必烈的一项重大举措，就是迁鼎大都。

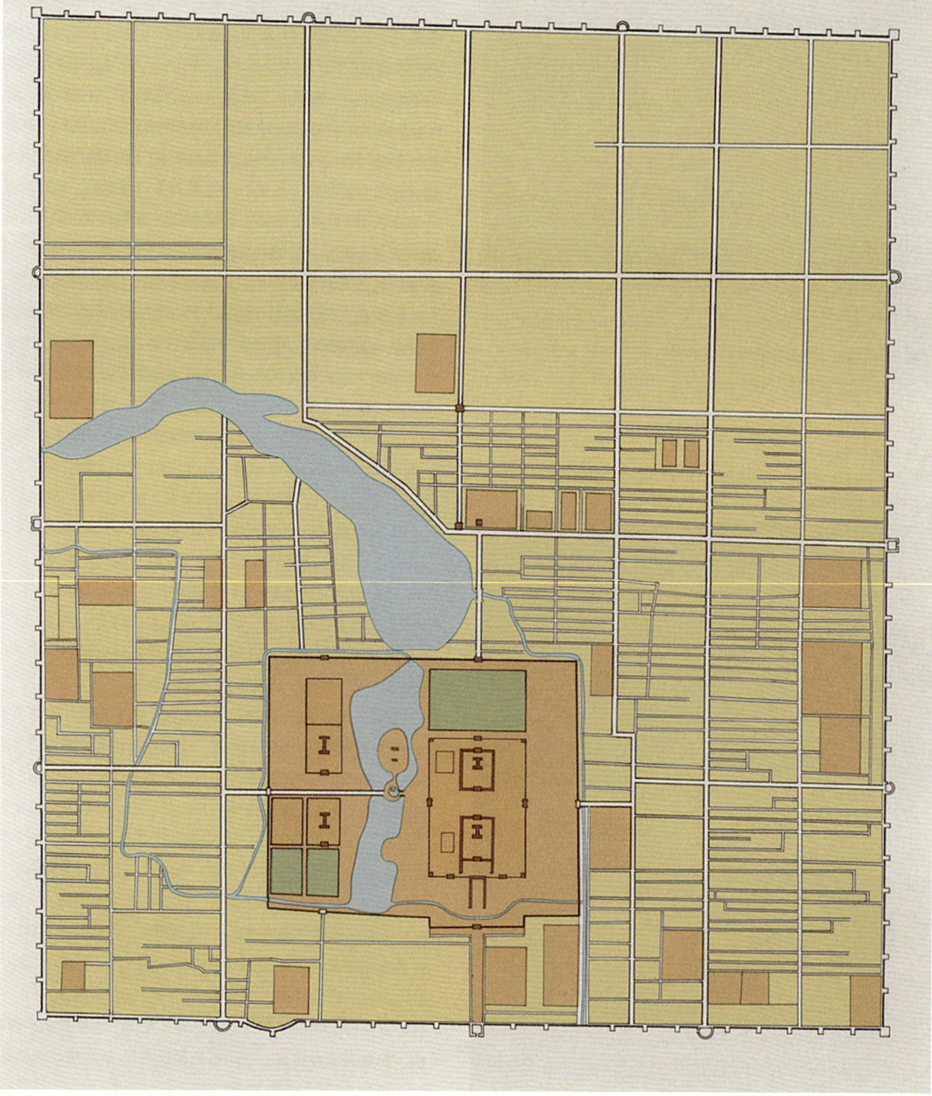

元大都平面图

迁鼎大都

忽必烈于至元元年（公元1264年）八月颁诏以燕京为中都，作为陪都。至元八年（公元1271年），忽必烈定国号为“大元”，是取中国儒家经典《易经》“乾元”之义。这表明他所统治的国家是中原皇朝的继续，而不只是属于蒙古一个民族的政权。忽必烈的都城设在何处？《元史·霸突鲁传》记载后追赠为太师的霸突鲁之建议曰：

> 幽燕之地，龙蟠虎踞，形势雄伟，南控江淮，北连朔漠。且天子必居中以受四方朝觐。大王果欲经营天下，驻跸之所，非燕不可。

次年二月，忽必烈采纳大臣霸突鲁、谋士刘秉忠的建议，以原金中都为大元的首都，改其名为大都，兴建大都城池、宫殿，并从上都开平迁都大都。

忽必烈迁鼎大都，使它成为元朝多民族国家的政治中心。以后明、清两代，也以北京作为国家的首都。元大都的修建，意义重大，影响深远。

至顺三年铜炮

元朝蒙古贵族长于驰骋，善于骑射，而元蒙的火炮也是很先进的。1935年，在今房山区云居寺内，发现至顺三年（公元1332年）铸造的铜炮。炮身长35.3厘米，直径10.5厘米，重6.94千克。炮身比炮口细，炮尾（又称炮銎）又比炮身粗。炮尾内为药室，上有小孔，露出引信。火炮装在炮车上，控制炮口高低，调整发射角度。炮身有纵向阴刻铭文“至顺三年二月十四日，绥边讨寇军，第三百号，马山”。世界上现存最早的铜制火炮，都是中国元代铸造的。本件就是其中之一证。

大都，蒙古语叫作“汗八里”，它的意思是“汗之城”。大都城格局宏大，规划严整，建筑雄伟，经济繁盛，是当时全世界最大的城市，也曾一度是世界的政治中心。

元大都城

大都是元朝的政治中心。元朝是当时世界上最强大的帝国。蒙古军队不仅统一了中国，而且铁蹄不停，四处征战。蒙古军队所向，东至日本，南到爪哇，西南占波斯，西陷莫斯科，进而侵入波兰。作为当时世界上最大帝国元朝政治中心的大都，也是当时世界上最大的都城。

大都城址选择在金中都城东北，太液池琼华岛的周围。这是因为：中都城遭兵燹之难，不易恢复；又临近浑河（永定河），常受洪水泛滥之害；新城址濒临高梁河水系，水源比较丰沛；太液池琼华岛风景秀丽，可为新城宫殿的基础；地势平坦开阔，易于城市规划；作为大元帝国的首都，要建设一个比前代更大的都城。城址选定后，大都城的修建，从至元元年（公元1264年）重修琼华岛，到至元二十二年（公元1285年）旧城居民迁入新城，共历时21年。

土城——大都城墙遗迹

大都作为元朝的政治中心，在这里设置中央官署：中书省，总理全国政事；枢密院，统辖全国军事；御史台，监察官吏政绩；司农司，负责劝课农桑；宣政院，掌管西藏和佛教事务；将作院，管理工匠事宜；通政院，统管全国的站赤（即驿站）。

元代的驿站称作站赤，驿站组织更加完善。《永乐大典·站赤》对元朝驿站制度有详细记载，它东北至奴尔干（黑龙江入海口一带），北方到吉利吉斯部落（今叶尼塞河上游），西南达西藏地区，共设驿站1519处。其中，陆站1095处，分为马站、牛站、狗站与车站、轿站，分别以马、牛、驴、犬与车、轿、雪橇为交通工具；水站有424处，备有船只，游弋往来。这些形成了全国性的交通网络，这个交通网络的中心就是大都。

元朝政治神经中枢——大都，格局宏大，规划严整，建筑壮丽，气势雄伟。大都城分为大城、皇城和宫城三重城。

大城就是外城，从北朝南，呈一个方整的矩形，周围长28600米，南北长7600米，东西宽6700米。它的南城墙约在今北京市东西长安街的南侧；北城墙在今德胜门和安定门外小关一线，仍有土城遗迹保存；东西城墙南段大体与后来明清的城墙基址相合。城墙全部用夯土筑成。为了加固城墙，在夯土中使用了竖柱和横木。城墙基宽、通高和顶宽的比例是3：2：1。城墙顶部设有半圆形瓦管，以便排水。墙皮不镶砌城砖和条石，而是用芦苇编席，自下而上，将土墙遮盖起来，以避风雨剥蚀。城周设11座城门：正南中央为丽正门（今天安门南），右为顺承门（今西单南），左为文明门（今东单南），北面东为安贞门（今安定门小关），西为健德门（今德胜门小关）；东面为光熙门（今和平里东），崇仁门（今东直门），齐化门（今朝阳门）；西面为肃清门（今学院路西），和义门（今西直门），平则门（今阜成门）。城门外筑有增加防

元大都和义门瓮城遗迹

御力量的小城——瓮城。元大都和义门瓮城城门遗址发掘，是1969年在拆除明清内城西直门城楼时进行的。拆除中发现了包在明代西直门城楼内的元大都城和义门瓮城城门，门洞内的题记标明它是至正十八年（公元1358年）建造的。城门残高22米，门洞长9.92米，由砖包砌，雄伟壮观。可见中国巨都——元大都11座雄壮城门之一斑。各城门都有壮丽的门楼。城四隅还建着高大的角楼。环城挖有又宽又深的护城河。

皇城在大城内南部中央地区，它的东墙在今南北河沿西侧，西墙在今西黄城根，北墙在今地安门南一线，南墙在今东、西华门大街以南，周长近10公里。皇城的主要作用是将宫城、

“蓟门烟树”碑 蓟门，有专家考证在今宣武门外大街西侧一带。但明人误认为今德胜门西北土城阜丘为古蓟门遗址。旧有楼馆，旁多树木，轻杨烟霭，蓊翳苍翠。清乾隆帝御书“蓟门烟树”碑立于此，是燕京八景之一。

太液池、兴圣宫和隆福宫包围起来，加筑一道防御的墙垣。皇城南面中门为棂星门，从棂星门到丽正门之间是皇廷广场，左右两侧为千步廊。这里布设一些重要的中央官署。在棂星门内，有金水河穿流，上建石桥，高柳万株，林水交映，气氛森严。

宫城在皇城内南部偏东，因西临太液池而没有居中。宫城为长方形，周围约4公里。宫城有四门，东为东华门，西为西华门，南为崇天门，北为厚载门。崇天门东西长约51米，南北深约16米，高约26米，门11座，门上有楼，左右两观，下开五门。宫城内的主要建筑分为南北两部分，南面以大明殿为主体，北面以延春阁为主体。

大明门内，左为钟楼，右为鼓楼，廊庑相连，正中为大明殿。大明殿是皇帝登极、元旦、庆寿、会朝的正殿。它东西长61.44米，南北深36.85米，高27.64米，规模雄伟，建筑宏丽。殿外台基的丹墀上，忽必烈命种上朔漠的莎草，称“誓俭草”。为什么这样做呢？“却倚阑干望青草，丹墀留与子孙看”，传示他的子孙要永远记着草原。殿内设“七宝云龙御榻”，并设后位，皇帝和皇后并坐临朝（这是蒙古族的传统，中国其他封建皇朝是没有这种制度的）。在御榻前，陈设七宝灯漏。元代科学家郭守敬设计制造的七宝灯漏，高5.22米，以金为架，共分四层，外饰珍珠，内为机械，用十二个木偶人捧十二生肖。每到时辰初刻，两门自开，偶人走出，站在板上，面向御榻，捧辰属生肖报时。它的机械藏在柜里，以水激动机器运转。

延春阁比大明殿更高，通高30.72米，三重檐。大明殿和延春阁的后面都有寝殿，中间有庑廊连接，四周为朱红琐窗，平面如“工”字形，它们分别形成两组小建筑群。元帝曾在延春阁举行盛大的宴会，招待群臣。早在成吉思汗时，就建有斡耳朵宫帐制。据说成吉思汗有妻妾五百人，设正妻、次妻、三妻和四妻共四个斡耳朵，分别统属其余妃妾，财产也分属于四斡耳朵。忽必烈在大都城内修筑宫阙，沿袭成吉思汗旧制，也设四斡耳朵，妃嫔们分别隶属四斡耳朵，贮住各个宫室，以备宠幸。延春高阁，早已不存，幸好1966年出土一件“双凤麒麟纹石刻”，作为佐证。它中心雕刻双凤，欢乐飞舞；下部雕刻双麒麟，衬以沧海波涛。其设计之巧妙，雕工之精细，确是一件艺术珍品。

太液池在宫城的西面，池中盛长芙蓉。它的东、西两岸之间以仪天殿（今团城）为枢纽，殿建在池中圆坻上，重檐圆顶，中设御榻。今团城上玉瓮

元·双凤麒麟纹石刻 这件石刻纵1.05米，横1.2米。从其图案内容和工艺水平来看，它应是皇宫或皇家园林内后妃住所的丹陛石。

元·黄绿釉琉璃瓦滴水 这种构件安装在屋顶下沿，便于流泄雨水，称为滴水。这件滴水的面上模印浮雕龙纹，挂黄釉，应是皇家建筑的构件。

亭内，放着元初制作的大型玉瓮，重约3500千克，是中国现存时代最早、形体最大的传世玉器。元代原配的汉白玉玉瓮座，浮雕各种海兽，现存北京法源寺内。仪天殿东为木长桥，通宫城即大内的夹墙；西为木吊桥，中间缺断，架桥船上，皇帝行幸上都期间，移船断桥，以禁往来。仪天殿之北遥对的是万岁山，金称琼华岛，峰峦掩映，松桧浓郁，奇石突兀，秀若天成。引水至山顶，出螭首口，曲折而流，时隐时现，注入方池。伏流至仁智殿后，从石刻螭龙口喷出，然后分东西流入太液池。元顺帝曾偕妃子月夜乘龙舟在池中嬉游。龙舟长36米，高6米，舟行时龙的首眼口爪尾全动。山东麓

玉瓮座及其浮雕

玉瓮——渎山大玉海 这是一件元代的酒瓮，周身浮雕海浪和海龙、海马、海猪、海鹿、海犀等。造型气势磅礴，形态生动，全部纹饰好似一幅绘画长卷。

玉瓮腹部的海兽纹饰

为灵囿，蓄养奇兽珍禽；山西麓布散亭殿，步移景异，宛转相迭。山巅的广寒殿，藻井彩绘，四面琐窗，中设金龙御榻，前置黑玉酒瓮。缘山之径，萦纡错综，洞府出入，如临仙境。整个万岁山，不仅山绿、水绿、树绿、草绿，而且用碧琉璃石铺盖山体，甚至山顶有的大殿内外皆为绿色。于是，太液池万岁山，山绿、水绿、树绿、草绿、石绿、殿绿，成为一个绿色的世界。显然，这是草原文化在大都宫苑的鲜丽表现。

隆福宫和兴圣宫在太液池之西。隆福宫是皇太后、皇子等的住所，位置靠南，围有砖墙，共开六门，主要建筑为光天殿，重檐藻井，琐窗朱栏。其后为寝殿，外有周庑围绕。兴圣宫主要居住妃嫔，位置靠北，在万岁山的正西，周环砖墙，也开六门，主要建筑为兴圣殿。殿后有延华阁，呈方形，十字脊，东西两殿，互相对应，前有轩间，后为圆亭。元顺帝时，高丽进贡美女，有一奇氏，质丽窕艳，颇受宠幸，被选为第二皇后，生育皇子，就住在兴圣宫里。收藏文物图书、招揽学士才俊的奎章阁，也在兴圣宫内。夹太液池两岸的兴圣宫、隆福宫和大内即宫城，形成鼎立的三组宫殿，成为大都城的核心建筑，构成大都城的中心区域。

大都城的街道整齐，街道分布的基本形式是棋盘形，南北和东西各有几条大街。大街宽24步，小街宽12步。在南北主干大街的两旁有排水沟渠，用石板砌筑。考古发现在石板上还留了“致和元年（公元1328年）五月□日石匠刘三”的题记，是修城内下水道匠人名字的罕见记录。城内居民分为50坊，坊均各有门，门上署坊名。

在这里介绍一下《大驾卤簿图书》。卤簿指的是古代皇宫仪仗队，宋代卤簿分为四等，大驾卤簿列为第一等礼制，专用于郊祀大礼。《大驾卤簿图书》，北宋绘，全卷横1481厘米，纵51.4厘米。为便于官吏将士演练礼仪，宋太宗命人绘制了3幅《卤簿图》，珍藏秘阁。宋仁宗时，宋绶重新制定大驾卤簿礼仪，编写了《图记》10卷。《大驾卤簿图书》就是在宋绶《图记》基础上绘制而成的。图中共绘官兵5481人、车辇61乘、马2873匹、牛36头、象6只、乐器1701件、兵杖1548件，表现了皇帝祭祀天地时的庄严宏大场面。绘制时间应在宋皇祐五年（公元1053年）至治平二年（公元1065年）之间，是研究宋代舆服、仪仗、兵器、乐器等制度的图文史料。为什么在此处展示本图呢？因为本图后来流藏于元大都，元帝的祭祀大典礼仪也参酌此仪而行。

大都城是中国古代都城史上按照《周礼·考工记》都城方正型理念规划与设计的一个典型。这种规制严整的都城方正型理论，是儒家封建大一统思想在都城建设上的体现。在中国历代都城中，符合上述儒家方正型理论的都城，元大都是突出的一例。大都的城墙近于正方。宫城在城内南部，商业区在宫城以北。太庙在宫城之东（齐化门内），社稷坛在宫城之西（平则门内）。城内的街道也和《考工记》九条之数相符。大道宽广平直，“天衢

《大驾卤簿图书》局部

肆宽广，九轨可并驰”。大都城的布局，有一条贯穿全城南北的中轴线，南起丽正门，穿过皇城的棂星门、宫城的崇天门、厚载门，直达大天寿万宁寺的中心阁。这在中国城市建设史上是一个创举。

元大都是当时世界上最为宏伟繁华的城市。马可·波罗在他的行纪中说，大都“城是如此的美丽，布置得如此巧妙，我们竟不能描写它了”！

百货汇聚

大都是元代的商业中心。

大都城中，商业繁盛。城中人口稠密，市集四布，各种市集有30多处。依照皇都“面朝背市”的设计原则，城市的商业闹市区在宫城以北、全城中心钟鼓楼一带。钟鼓楼西的积水潭是繁忙的运河码头，南来的货船都在这里停泊。积水潭附近布满歌楼酒肆，是富商贵族寻欢作乐之地，也是官兵市民会聚买卖货物之所。钟鼓楼地区有缎子市、皮帽市、珠子市、鹅鸭市、铁器市、米面市和沙剌（珊瑚）市等。还有城西的羊角市，这里有羊市、马市、牛市、骆驼市和驴骡市等。

积水潭元代码头遗址

漕运、海运和驿站的畅通，促进了大都商业的繁荣。隋炀帝开凿的大运河，因宋、金长期对峙，早已淤塞不通。且隋代运河以洛阳为中心，迂回转折，水陆联运极为不便。元定鼎大都，开会通河，取直河道，使运河全程缩短400余公里。又开大都至通州的通惠河，疏通由高梁河、海子、通惠河所构成的都城漕运水系。于是，江南的粮食和货物可以经杭州水运直抵大都。京杭大运河的修通，对沟通南北经济、繁荣大都商业都有着巨大的作用。海运与漕运互为补充。海运由长江口刘家港入海放洋，运至直沽交卸。海运官船900余艘，分纲航运，多时年运粮达330余万石，同时带来大量南方货物。海运和漕运之外，还有驿站。驿站有陆站和水站，在东北地区还有狗站，以狗拉爬犁。元代驿站有1500余处，四通八达，密如蛛网。驿站的设立，主要是为着政治和军事的需要，也有经济内涵，而往来的贡使带来大量货物，也买回所需物品。这就促进了大都市场的繁荣。

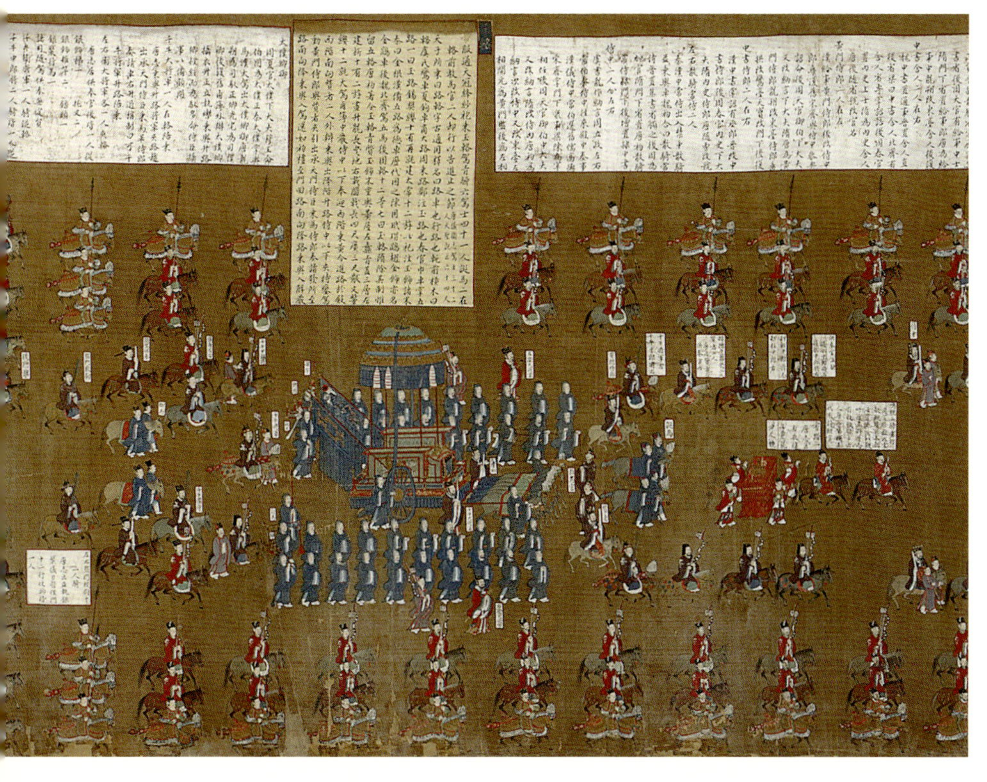

大都不仅是国内商业中心，而且是国际商业市场。此时蒙古的四汗国横跨欧亚大陆，尽管各汗国渐趋独立，但仍加强了东西方的商人往来和商品流通。

大德八年大都路铜权 这是一件秤上用的秤砣。元大都周围区划为“大都路”，此权铸于大德八年（公元1304年），是“大都路”官方铸造的标准衡器部件。

元朝的陆路贸易，以大都为中心，由三道通往西方。第一道，经咸海和黑海以北，穿过钦察草原，到达伏尔加河上的撒莱。由此，或西通东欧各国，或经克里米亚半岛越黑海至君士坦丁堡，或经高加索至小亚细亚。第二道，经撒马尔罕、布哈拉，去呼罗珊（今伊朗境），至小亚细亚。第三道，经和田，越帕米尔高原，经阿富汗，至波斯。许多波斯、阿拉伯等外藩商人往来大都贸易。

元朝的海路贸易相当发达。海上通路，由苏州、杭州、宁波，或由泉州、厦门、广州等，北达高丽、日本，南达爪哇、苏门答腊，西通印度、锡兰、阿拉伯半岛和东非。海外贸易进口的丁香、豆蔻、胡椒、钻石、珠宝、玳瑁、象牙、犀角、珊瑚和药物等，从广州、杭州、苏州等地经驿站、漕运和海运，汇聚至大都。

这些后来被称为“陆上丝绸之路”和“海上丝绸之路”，成为中国

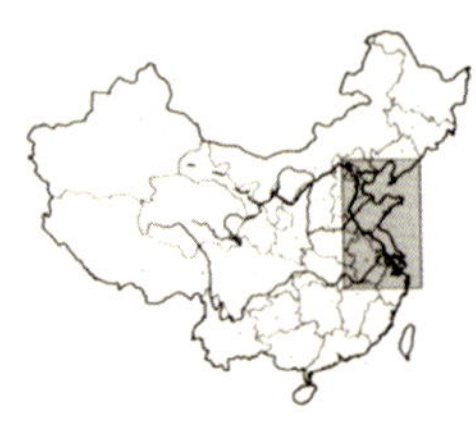

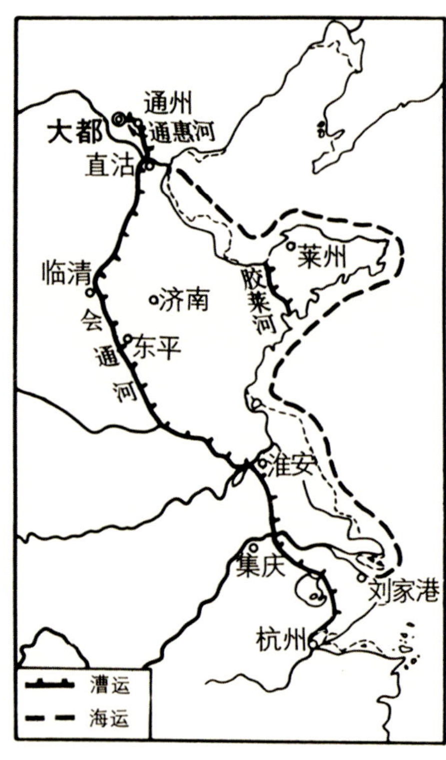

元代海运漕运示意图

同外国经济、文化、外事的交往通道，也是中国和外国的友谊通道。

商品交易需要货币。元大都留下当时贸易货币的三个印记："至大通宝""至正通宝"和"至元通行宝钞"。元代铸造金属圆钱，钱币史专家认为只有两次：一次是至大三年（公元1310年）的"至大通宝"和"大元通宝"，另一次是至正十年（公元1350年）的"至正通宝"，但都很少，所以元代的铸钱显得格外珍贵。发行于元代的纸币"至元通行宝钞"，是1959年在西藏萨迦寺内发现的，纵31厘米，横21.8厘米。这张"至

元·"至大通宝""至正通宝"铜钱 元代铸造金属圆钱只有两次。一次是至大三年（公元1310年），另一次是至正十年（公元1350年），铸钱时间短，数量不多，不足市场流通的需要，于是政府不得不规定"历代铜钱并用"。

元·"至元通行宝钞"纸币 元代币制以纸币为主，称为"交钞""宝钞"。纸币面值较大，从五文至贰贯共11等。这件宝钞面值为贰贯，相当于两千文铜钱。

元·指南针碗 碗内底部绘有⊢⊣图形，碗底圈足内用墨书一个"针"字。该图形为指南浮针，这与"针"字正好对应，说明它是元代水浮法航海指南针所用之碗。

元·《商贾行旅图》 选自《卢沟运筏图》。

元通行宝钞”弥足珍贵。显然，元代大都的金属铸币与通行纸币在当时对促进商品流通、加快经济发展有积极作用。特别是这张“至元通行宝钞”，有极高的历史、文物、艺术和学术价值。

四域富商大贾，八方奇珍异宝，车载舟运，齐集大都。据载，当时举凡“天生地产，鬼宝神爱，人造物化，山奇海怪，不求而自至，不集而自萃”。文明门外满泊着南来的船只，顺承门外聚居着南方的商客，平则门外多留居西方的商人。马可·波罗在他的行纪中说，汗八里城住着许多商人和外国人，这座城像是一座大商场。世界上再没有别的城市能运进这么多的宝货，每天运进的丝就有千车。汗八里城周围各城市的商民都要来到这里买卖货物。他赞叹说：“外国巨价异物及百货之输入此城者，世界诸城，无能与比！”

科技文化

中国的科学技术在元代是居于世界先进行列的。伟大的科学家郭守敬，在天文历法等方面都做出了杰出的贡献。所谓天文历法，一是观测，代表仪象；二是历算，代表历法。观测和历算，要有司天台即天文台。北京早在金代就设置司天台，元政府于至元十六年（公元1279年），在大都设置司天台。后来明、清两代的观象台也都设置在这里。今存观象台为明代所建，台上仪器则为清代所造。

郭守敬 是一位勇于创新、勤奋好学的科学家。他在前人基础上设计制造了测量赤道坐标和地平坐标的简仪，并制造了测量日影长度的圭表等天文仪器。古书记载：“土圭之长，尺有五寸，以夏至之日，立八尺之表，其影适与土圭等，谓之地中。”就是说，圭表用来测量日影长短，所以又叫作量天尺。元代的圭表，圭为石制，表有石制也有铜制。在大都的圭表，据记载表为铜制，圭为石制。表通高50尺，宽2尺4寸，厚1尺2寸，石圭以上表身高36尺，表上端铸有两条蟠龙，龙半身附表侧，半身凌空擎起一根6尺长3寸粗的横梁，自梁心至表上端为4尺，自石圭上面至梁心为40尺。石圭长128尺，宽4尺5寸，厚1尺4寸，座高2尺6寸，圭面中心和两旁均有刻度。按当今1米等于3尺计算，这是中国古代最高大的圭表。在大规模仪器观测

王祯《农书》 这是一部中国古代农业专著，对当时及前代的农业技术做了认真总结。

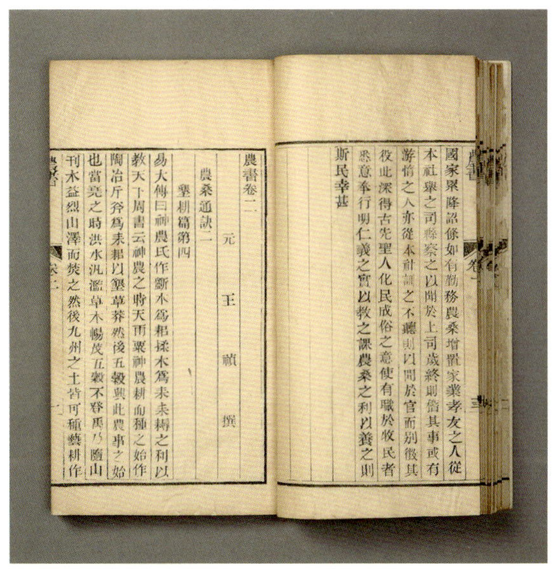

國家累降詔條如有勸務農桑增置家業孝友之人從
本社舉之司縣察之以聞於上司歲終則稽其事或有
游惰之人亦從本社訓之不聽則以聞於官而別徵其
役此深得古先聖人化民成俗之意使有職於牧民者
悉意奉行明仁義之實以教之課農桑之利以養之則
斯民幸甚

農書卷二
元　王禎　撰
農桑通訣二
墾耕篇第四
易大傳曰神農氏作斲木爲耜揉木爲耒耒耨之利以
教天下周書云神農之時天雨粟神農耕而種之始作
陶冶斤斧爲耒耜以墾草莽然後五穀興此農事之始
也當堯之時洪水汎濫草木暢茂五穀不登禹乃隨山
刊木益烈山澤而焚之然後九州之土皆可種藝耕作

铜壶滴漏 这件造于元延祐三年（公元1316年）的计时仪器是中国现存最早的复式漏壶。它由日、月、星、受水壶四壶组成。每壶都有盖，放在阶梯式的座架上。水从日壶中依次下滴，进入受水壶。壶中水位上升，水箭（标尺）随之上升；观其刻度，即知时间。

的基础上，郭守敬主持编制的新历《授时历》，精确度很高，以365.2425天为一年，与地球绕太阳一周的实际时间只差26秒，其准确程度与现行公历相同，但公历的使用要比《授时历》晚300年左右。郭守敬还进行了恒星位置测量工作，测量出前人未命名的恒星1000余颗，使记录的星数从1464颗增加到2500颗，并编制成了星表。

还有，仕于藩府的札马鲁丁制造了“苦来亦阿儿子”等七种天文仪器。“苦来亦阿儿子”的“苦来亦”（kure）意为“球体”，“阿儿子”（arz）意为“地球”，即为早期的地球仪。据《元史 · 天文志》记载：“其制以木为圆球，七分为水，其色绿；三分为土地，其色白。画江河湖海脉络贯穿于其中。画作小方井，以计幅员之广袤、道里之远近。”就是说，在木制的圆球上，七分为绿色的海洋，三分为白色的陆地，并画有江河湖泊。在球面上用经纬线画成许多方格，以便进行幅员宽广远近的计算。这是中国史籍最早记载的地球仪。

此外，元顺帝妥懽帖睦尔曾设计制造过计时宫漏。《元史 · 顺帝纪》载：宫漏“高六七尺，广半之。造木为匮，阴藏诸壶其中，运水上下。匮上设西方三圣殿，匮腰立玉女，捧时刻筹，时至，辄浮水而上。左右列二金甲神人，一悬钟，一悬钲，夜则神人能按更而击，无分毫差。当钟、钲之鸣，狮凤在侧皆翔舞。匮之西东有日月宫，飞仙六人

位于河南登封的观星台 郭守敬曾对旧式的圭表做了重大改进，使阴影的边缘清楚，以便精确地测量影长，这个新式圭表就是登封观星台。它是郭守敬这次天文计时仪器改革和实测的惟一实物例证。

简仪 长4.7米、高3.1米。这是一件郭守敬创制的天文仪器。中国传统的天文观测仪器叫浑仪，郭守敬改革浑仪结构，简化层次，故称简仪。

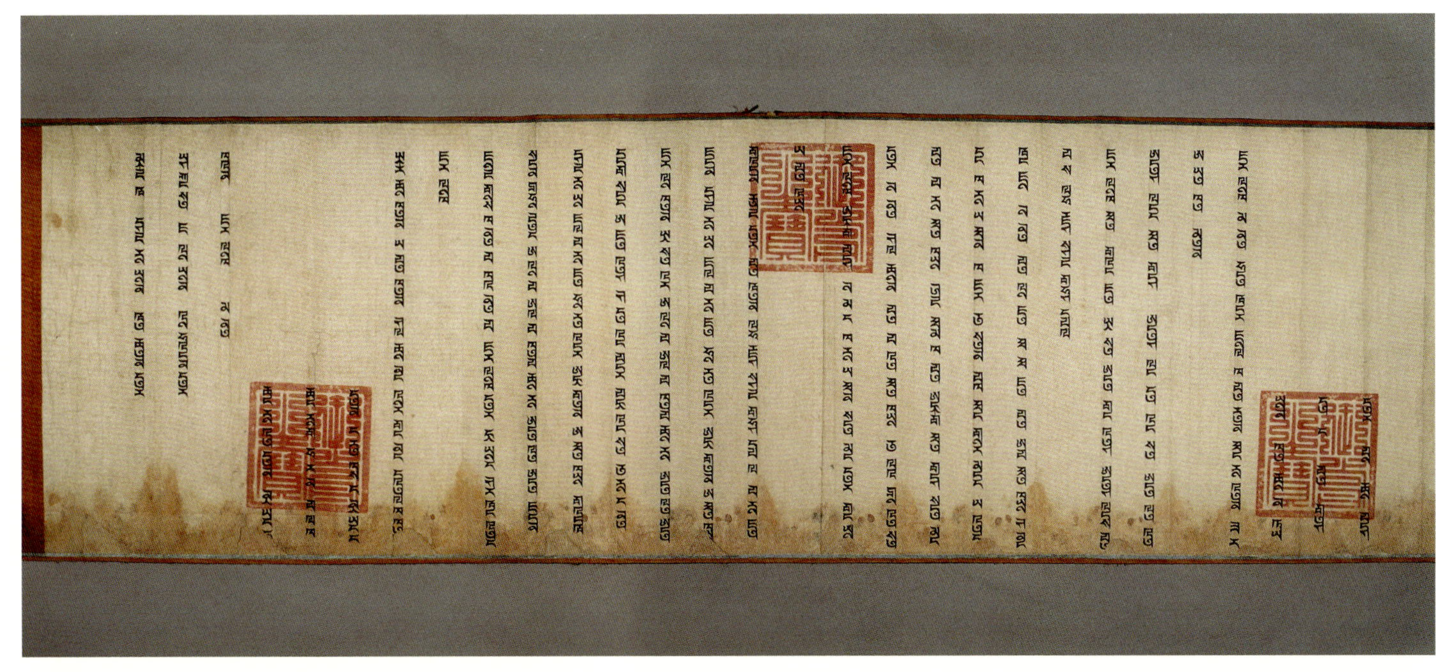

薛禅皇帝颁给拉洁·僧格贝的圣旨 薛禅皇帝就是元世祖忽必烈，拉洁·僧格贝是西藏萨迦地方政权行政长官。忽必烈在圣旨中重申了成吉思汗、窝阔台汗关于免除寺院和僧人一切差役的政策。

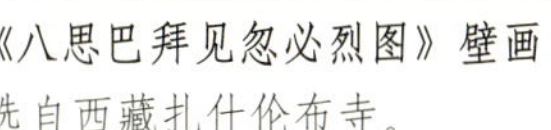

《八思巴拜见忽必烈图》壁画 选自西藏扎什伦布寺。

桑杰贝帝师玉印 桑杰贝（公元1267～1314年）先后任元成宗、武宗和仁宗三朝帝师。公元1314年卒于大都，享年48岁。此印的印文为八思巴字白体。

立宫前。遇子、午时，飞仙自能耦进，渡仙桥，过三圣殿。已而，复退位如前”。这架计时宫漏以水激转匮内的机械，使飞仙神人按更报时，且配以凤翔狮舞，其精巧构思，精绝技术，令人赞叹不已。这位“鲁班天子”会做木匠，但不会做皇帝，他玩物丧志，腐败至极，终被赶下宝座，逃往蒙古大漠。

元朝皇帝崇奉佛教，皇帝、皇后、贵族、官员等不断建造新寺。所以大都寺庙比前代数量更多，规模更大，精严雄伟，雕华壮丽。佛教的高僧，尊为国师，佩以玉印。先是，旧蒙古文识者很少，成吉思汗调发兵马，用结草或刻木记事。忽必烈时，高僧八思巴创制蒙古新字。八思巴为藏传佛教萨迦派的第五代祖师。蒙古宪宗三年（公元1253年），忽必烈闻其名，召置左右，从受佛戒。中统元年（公元1260年），忽必烈尊之为国师，赐玉印。至元六年（公元1269年），八思巴献所制蒙古新字，颁行全国，是为八思巴字。第二年，升其号为“帝师”，进封“大宝法王”。佛教受到特殊的荣宠，就连皇帝、皇后、妃嫔、公主，都因受戒而向他们顶礼膜拜。佛僧享受着特权：民众殴打佛僧者，断其手；詈骂佛僧者，断其舌。而有的佛教僧侣恃势恣睢，气焰熏灼，殴打王妃，作恶多端。

八思巴字蒙古语铁质金字圣牌 正、背两面阳文：“靠长生天的气力，皇帝圣旨，谁若不从，即要问罪。”这是迄今所见惟一的八思巴字蒙古语金字圣牌。

妙应寺白塔 元至元八年（公元1271年）建，坐落在今阜成门内，是尼泊尔工艺家阿尼哥参加设计修建的巨大喇嘛塔。它是现存体量最大的覆钵式佛塔。

妙应寺白塔上的华盖

妙应寺塔院的匾额

大都的佛寺，华严宏大，宝刹林立，僧徒众多，香火繁盛，其中大圣寿万安寺，精严壮丽，坐镇都邑。忽必烈营建大都时，在今阜成门内，敕建宏伟华丽的白塔。建筑这座白塔花了8年的时间，还邀请著名的尼泊尔工艺家阿尼哥参加设计，并通过他把尼泊尔白塔的形制传入了中国。又以白塔为中心，历时10年，敕建一座规模宏大、一如内廷的大圣寿万安寺。元朝皇帝即位和正旦的朝仪，多在寺内演习。元末寺被雷火焚毁，明代重修寺院，改名妙应寺，所以这座白塔称作妙应寺白塔，相沿至今。

妙应寺白塔 是一座砖石结构的喇嘛塔，因塔身通体皆白，俗称白塔。白塔通高50.9米，由塔基、塔身、塔顶三部分组成。塔基的基座面积800余平方米，基高9米，叠起三层方形折角须弥座，上面用24个莲花瓣围成圆形莲座，莲座上有5层迭收的环带，使塔从方形折角基座过渡到圆形塔身，自然而富有装饰性。塔基上面托起一个硕大的覆钵形的塔身主体，直径为18.4米，有7道铁箍环绕，以加固塔身。主体顶上有小须弥座，座上再托起节节拔高的锥体十三相轮——用13重圆环形铁圈迭套的塔刹底部。它的顶部承托一个如伞状之盖，称作华盖。华盖直径9.7米，厚木作底，铜瓦作盖。华盖四周挂着36副铜质透雕的华鬘，每副长2米，各悬小风铃。华盖上竖起一座重4吨的铜鎏金宝顶，也呈塔形。它的顶端有8根铁链，牵固着华鬘。白塔落成后，大都市容为之生辉。元代碑文赞道："非巨丽，无以显尊严；非雄壮，无以威天下！"它巨丽、雄壮、秀拔、威严，其"制作之巧，古今罕有"！

白塔中珍藏着许多宝物，其中一宝是1978年夏，北京市文物部门维修白塔时，在塔顶发现一尊"赤金舍利长寿佛"，佛身嵌有44颗红宝石，手中捧着一颗舍利子，圆润晶莹，光泽夺目，是一件文物珍品。

大都与佛教相关的建筑，有居庸关云台。元代的首都是大都，陪都是上都（今内蒙古锡林郭勒盟正蓝旗上都镇）。大都和上都是元朝的两个政治中心。皇帝每年四月至九月都要到上都去避暑，许多军政要事都在上都处理。大都与上都之间的交通联系，就成为元朝的政治大动脉。居庸关是大都往来上都之路的交通咽喉，元帝几乎每年都要经过居庸关。正如元僧诗中所说："上都避暑频来往，飞鸟犹能识衮龙。"但居庸关一带山险路隘，道路难行，所以元帝曾在这里大兴土木，修建塔寺，以求佛保佑行路平安，并装点山路风光。元至正五年（公元1345年），在居庸关修建云台，上设

居庸关云台

居庸关云台券门浮雕

居庸关云台券洞内壁浮雕

居庸关佛寺遗存的石刻佛像

过街石塔三座，车马行人从塔下券门通过。云台券门上的浮雕象、狮、大龙神、金翅鸟和券洞内壁的浮雕四大天王、侍从等神像造型生动，雕刻精美。券洞内壁石刻梵、藏、八思巴、维吾尔、西夏、汉六种文字的《陀罗尼经咒》，是研究佛教经典和古代文字的宝贵资料。

元朝皇帝不仅崇佛，而且尊儒。国子监是元代的最高学府，主要教授儒学。它建于大德十年（公元1306年），在今安定门内成贤街。入学的监生有蒙古、回、汉、女真等族的学生，还有高丽（今朝鲜）、暹罗（今泰国）、安南（今越南）和日本的留学生。现国子监建筑经明、清两代重修过。

居庸关云台券洞内壁天王像

居庸关云台券洞内壁镌刻的西夏文《陀罗尼经咒》

孔庙大成殿

孔庙大成殿内的祭孔乐器

孔庙大成殿内景 大成殿为孔庙正殿，是元、明、清皇帝祭孔的殿堂。

孔庙 位于国子监的东侧，是祭祀中国儒家学派创始人、大思想家和大教育家孔子的庙堂。成吉思汗起兵之后，攻城略地，掳掠焚杀。早在那时，耶律楚材向蒙古大汗谏言，要尊儒，用儒生，后被采纳，儒学成为国学。孔庙建于元大德六年（公元1302年），明、清时又重修和扩建。孔庙有三进院落，中轴线上的主要建筑为大成门、大成殿、崇圣门和崇圣殿。大成殿面阔九间，进深五间，殿内有祭孔用的礼器、乐器，殿外四周有石护栏。殿后过崇圣门为崇圣祠。它是供奉孔子先人牌位的地方。孔庙院内古柏参天，气氛肃穆。矗立着元、明、清进士题名碑198块，记录着51624名进士的姓名、籍贯和名次，是颇为珍贵的文物。

《雪山应聘图》 图中所绘内容是：丘处机偕弟子尹志平等18人，受成吉思汗之召，前往西域，在雪山下，阿姆河畔营帐里应聘。

耶律楚材墓前的石翁仲 陵墓位于颐和园昆明湖东岸边。耶律楚材（公元1190～1244年）为蒙元成吉思汗、窝阔台汗时的大臣，字晋卿，契丹人，辽皇族子孙。他博学多才，旁通天文、地理、律历、术数、医卜之说。他在任近30年，元代立国规模多由其奠定，对元入主中原后顺应历史，迅速吸收中原地区先进文化，促进社会发展有重大贡献。

元朝皇帝不仅崇佛尊儒，而且重道，道即道教。道教是产生于中国的宗教。道教主要经典《道德经》的作者老子相传姓李，唐朝的皇帝也姓李，唐高宗就以老子为李氏祖先，上“太上玄元皇帝”尊号，令各州县建道观一所。宋徽宗又自称“教主道君皇帝”，一时道教大盛。但中国正统的儒教和古印度传来的佛教势力也很大。所以金代道士王重阳创立以道为主，兼融儒、释的全真道，成为道教的一个重要教派。他的学生丘处机（公元1148～1227年），入穴居住，乞食度日，行携一蓑，精心求道，称长春真人。蒙古太祖十七年（公元1222年），成吉思汗在阿姆河畔营帐里会见了丘处机。成吉思汗和丘处机论道三日，并请他讲授长生不老之术。丘处机针对蒙古军屠杀和焚掠，讲述了治国和养生的观点：

为治之方，以敬天爱民为本；

长生之道，以清心寡欲为要。

成吉思汗深契其言，赐号“神仙”，掌管天下道教。两年后，成吉思汗命丘处机往住燕京道观太极宫，即今北京广安门外的白云观。

白云观 在今北京广安门外，金代为著名的太极宫。成吉思汗将太极宫赐给丘处机，因丘处机称长春真人，而更名为长春宫。丘处机仙逝后，将其遗骨埋葬此处，又改称白云观。正月十九日是丘处机的生日，人们来这里会神仙，祭真人，车马喧嚣，络绎不绝，“或轻裘缓带簇雕鞍，较射锦城濠畔；或凤管鸾箫敲玉版，高歌紫陌村头”。至夕阳落山，才人影散乱。

白云观是北京历史上最为著名的道观，曾经历代多次修葺和扩建。它的建筑布局由数进四合院组成，主要

白云观牌楼 白云观坐落在今广安门外滨河路，是道教全真派的著名道观。现有建筑为清代重建。

殿堂都布置在中轴线上。观前有木牌楼、石狮和山门。进山门依次是灵官殿、供奉总执天道最高之神玉皇大帝的玉皇殿、供奉全真道创始人王重阳及其弟子七位真人的七真殿、供奉丘处机的天祖殿及供奉四位天帝的四御殿。四御殿是二层建筑，上为三清阁。三清阁供奉着高于四位天帝的三清，即居于三清仙境的元始天尊、灵宝天尊、道德天尊。阁旁的藏经楼，珍藏着明代正统十年（公元 1445 年）所刻印的一部道教经典《道藏》，计 5305 卷，分装 480 函。这是今存最早的道教经书总集。道教和佛教有两个共同点，就是崇拜多神与经典庞杂。

前述元帝崇佛、尊儒、重道的政策，它的一个结果是在大都城内留下许多的殿堂、宫观和寺塔。这是元代

白云观玉皇殿内景 据载，玉皇大帝是光严妙乐国的王子，舍弃王位，学道修真，辅国救民，度化群生。为总掌天道最高之神，如人间之皇帝。

丘真人——丘处机像

赵孟頫《闲居赋》

文化的重要成就。元大都的文化，除科学技术、殿寺建筑外，诗文发展、戏剧繁兴、书法崇古、绘画荣盛、雕塑精细、瓷器精丽，均达到新的艺术水平。

大都的诗文，在元初一洗金宋季世之弊而趋于雅正。元代诗文的一些代表人物，如前期的元好问、郝经，中期的赵孟頫、虞集，后期的萨都剌、欧阳玄等，都曾在大都生活过。他们用汉文写下不少描述大都的诗文。在大都留居的文人中，除汉族人外，还有蒙古人、维吾尔人、回回人等，他们用汉文写下许多诗文，具有较高的艺术成就。各兄弟民族之间在大都的诗文交流，众多少数民族文人的涌现，为大都文化增添了光彩。但是，由于元代复杂的社会矛盾，许多文人心怀悲怨，其郁愤之情溢于诗文。赵孟頫在《岳鄂王墓》诗中，对宋代抗金英雄岳飞坟的离离荒草、漠漠西湖，伤感地写道：“莫向西湖歌此曲，水光山色不胜悲！”另一诗人周驰在《送李伯英》诗中，更将心中的苦闷诉诸笔端：“休向蓟门寻古迹，黄金台上草连天。”大都的统治者常对士大夫施以淫威，钳制舆论。时医家用纸开具药方，以蜡丸装地龙散，用酒服下，此方大行。大都人范中为此赋诗云：

嚼蜡谁知滋味长，一杯卯酒地龙汤。

年来纸价长安贵，不重新诗重药方。

大都城的纸不用来写诗而用作写药方，这同崇尚骑射的元世祖忽必烈排斥诗歌的态度是分不开的。他认为：汉人惟务课赋吟诗，何关修身？何益为国？元代皇帝和贵族虽大多贬抑诗文，却普遍爱好戏曲，尤其是杂剧。

大都是元杂剧的摇篮。在通称“元曲四大家”中，关汉卿、王实甫、马致远都是大都人，白朴虽不是大都人，也长期在大都生活和创作。《录鬼簿》一书称关汉卿在大都是“驱梨园领袖，总编修师首，捻杂剧班头”。他一生创作杂剧60余种，但多已散失，仅传世10余种。他的《窦娥冤》《救风尘》《单刀会》等最为脍炙人口。《窦娥冤》是一出悲剧。窦娥3岁丧母，7岁离父。她父亲是个穷书生，把她送到蔡婆婆家当童养媳。10年以后，她的丈夫早死，婆媳二人过着清寡的生活。一日蔡婆婆外出，赛卢医谋财害命，企图勒死她。地痞张驴儿和父亲将蔡婆婆

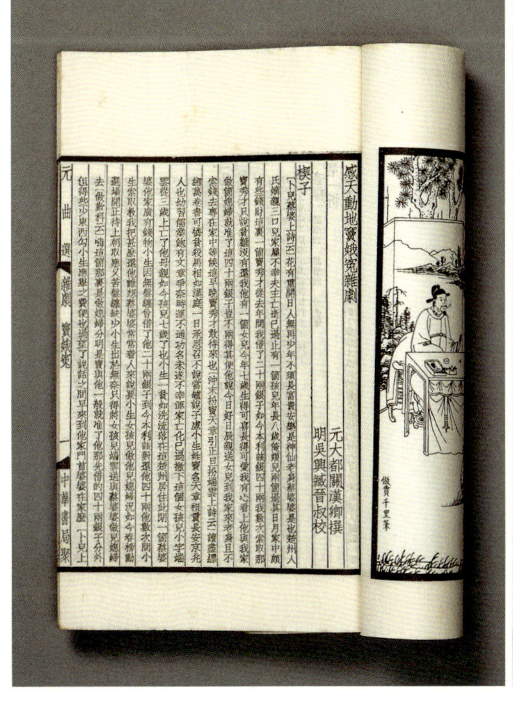

关汉卿《窦娥冤》

救活，遂乘机要挟，搬到蔡家居住，涎贪这两个寡妇。蔡婆婆孤苦懦弱，遭欺辱临身。但窦娥拒绝了张驴儿的无耻要求。张驴儿要毒死蔡婆婆，凌辱窦娥，却毒死了自己的父亲。他转而诬陷窦娥，逼她随顺。窦娥捍卫贞洁，严词以拒。后窦娥在刑逼之下，画供屈招。临刑之前，她嘶喊道：

> 为善的受贫穷更命短，造恶的享富贵又寿延。天地也，做得个怕硬欺软，却原来也这般顺水推船。地也，你不分好歹何为地！天也，你错勘贤愚枉做天。哎，只落得两泪涟涟。

六月天，窦娥被斩后，雪花掩埋了她那纯洁的躯体。三年不雨，草木枯焦。这一切都证明着她的冤枉。关汉卿《窦娥冤》这部现实主义杰作，是对元朝社会邪恶势力的愤怒控诉和强力鞭挞。王实甫的《西厢记》具有强烈的反封建礼教和封建婚姻的色彩，几百年来备受赞誉。大都剧坛人才辈出，光彩夺目。著名女演员有珠帘秀、顺时秀、天然秀、赛帘秀和燕山秀等“五秀”，她们歌声高婉，表演动人，技艺精绝，揭帘倾城，对于丰富大都市民的精神生活和促进杂剧的发展都起了积极的作用。

不仅如此，大都杂剧在北方的影响既广泛又深远。在山西洪洞县广胜寺应王殿内《大行散乐忠都秀在此作场》壁画，高390厘米，宽312厘米，其内容是杂剧名角忠都秀在这里的演出写实。这幅壁画为杂剧提供了生动的画证和史证。

《大行散乐忠都秀在此作场》壁画

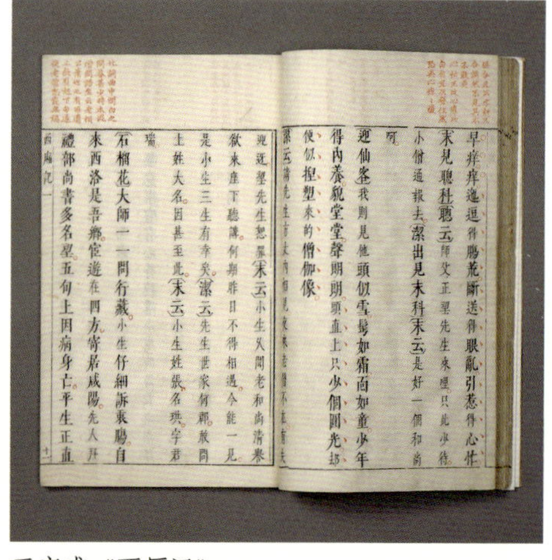
王实甫《西厢记》

大都的书坛人才济济。对中国的书法，宋人欧阳修感叹说：“书之盛，莫盛于唐；书之废，莫废于今。”宋人书法学步，而元人书法崇古。这同元朝为蒙古贵族所建立有密切关系。元朝初年，一部分宋朝的遗臣和文人应召做了新朝的官吏，内心却矛盾、怀旧；另一部分人以隐居表示不与新朝合作，又彷徨、苦闷。自宋以来作为文人雅好的书法，这时就愈加成为他们的精神寄托，从而在书法上形成一股崇古的艺术潮流。这股崇古书法艺术潮流的代表，就是大都书坛盟主赵孟𫖯。赵孟𫖯为宋朝宗室后裔，虽出仕元廷，却萦怀宋室。他工于诗文，擅长绘画，通晓音乐，尤精书法，是一位艺术大师。赵孟𫖯主张书法复古，以古人为师。他于隶、真、行、草，各体皆能，尤以真、行、草见长，又以小楷为上乘。他天资聪颖，又刻苦好学，相传他一天可以写一两万工整的小楷字，这是古往今来书法家所罕见的。他很讲究笔法结构，每一个字，每一笔画，都端丽秀逸，萧爽动人。

赵孟頫《鹊华秋色图》

黄公望《溪山雨意图》

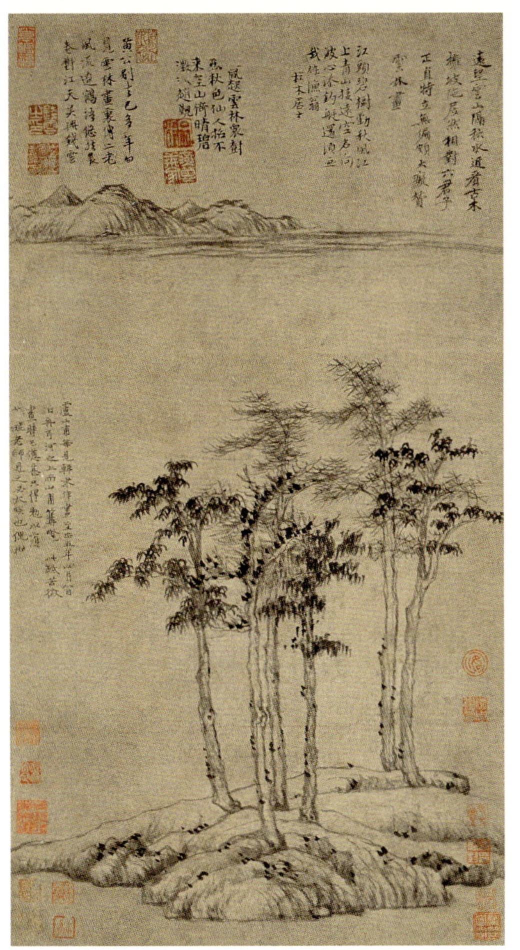

倪瓒《六君子图》

王冕《南枝春早图》

夏永《映水楼台图》

他日书万字，落笔迅捷，功力深厚，风格秀媚，遂以书法名冠当世。书法家虞集云：“书法甚难，有得于天资，有得于学力，天资高而学力到，未有不深奥而神化者也。”赵孟頫的书法可谓天资高，学力深，神融笔畅，婀娜华丽，成为中国书法史上为人景仰的一座高峰。有天竺（古印度）高僧不远万里来求其书，视为国中之宝。赵孟頫的书法对后世影响很大，世称赵体，作为楷模。尤在清朝乾隆年间，皇帝提倡而使赵书风行一时。

大都的画坛呈现出繁荣的局面。中国的绘画，自宋代以来，山水林石，花竹禽鱼，占据画坛，风靡一时。元朝多数当权者都对绘画持提倡的态度，后期的几个皇帝于绘画更为热心。一些蒙古贵族也赏识绘画，附庸风雅。大都的画坛名家辈出，日新月盛。据元末《图画宝鉴》一书著录，知名画家约200人，其中一部分是大都人，还有许多人曾经在大都进行创作。如山水画赵孟頫、黄公望（代表作《富春山居图》）、张彦辅，竹木画李衎、王冕，人物画李肖岩、陈芝田，界画何澄、王振鹏等，代表了中国元代的绘画水平。元代文人身受蒙古贵族的统治，常以笔墨抒发心中的郁结。这或使写意画更趋兴盛，或使界画更臻完善。所谓“元人尚意”，就是不重形似，而求意趣，这是元代画风的一个重要特点。赵孟頫不仅是元代大书法家，也是大都画坛追求意趣的大画家。界画在大都有一定地位。所谓界画，是指中国古代用界笔直尺绘制的建筑设计图画；后来由于绘画艺术的发展，从建筑设计图画中分出一门新的画科，即界画。元代界画家以描绘蓬莱仙境般的映水楼台来抒发追念故宋的情怀。王振鹏的界画《大都池馆图样》已失传，而夏永的界画《映水楼台图》流传至今。这是一幅圆形墨笔白描绢本界画。画面右侧为一幢高大楼阁立于水中石基之上，左侧为一条如虹石桥将楼阁与岸边连接，楼下水中有片片荷叶，楼外远处有座座青山。有诗云：

下临无地上凌空，磅礴精神想象中。
此日未详平乐馆，早年曾写大明宫。

此外，传世的元代界画《卢沟运筏图》，描绘了大都西南卢沟桥一带的秀丽景色，是一件宝贵的艺术珍品。

大都的雕塑为全城增添了光彩。大都殿堂楼阁林立，坛庙寺观栉比，石雕泥塑，美不胜收，整个大都城就是一座琳琅满目的雕塑艺术博物馆。大都的雕塑随着藏传佛教即喇嘛教的传入，在传统内容与技法的基础上又有了新的发展。尼泊尔人阿尼哥不仅是建筑名师，而且是雕塑巧匠。他传入了“西天梵相”，就是将尼泊尔佛像塑造风格传到大都，对元代佛教雕塑艺术产生了很大影响。大都人刘元，原来是个道士，学过雕塑，后从阿尼哥学“西天梵相”，兼取汉族传统工艺和尼泊尔工艺之长，雕塑技艺超群，号称“艺绝”。凡是大都著名寺庙的佛像，多出自刘元之手，时称“天下无与比者”。至今北京还有一条胡同叫“刘蓝塑”，相传就是纪念元代大都雕塑家刘元的。

大都的瓷器汇聚了元代瓷器的精粹。元代瓷器的特点是以青花瓷器为代表作。青花瓷是用钴矿物作蓝料，先在坯件上笔绘青花，然后罩以透明

元·《卢沟运筏图》 卢沟，现名永定河。画面上河的两侧，木材堆积，店铺栉比，筏工、店主、车夫、骑士往来不断，河中木排正顺流而下。元时此河航运颇盛，卢沟桥又是南来者前往大都城的必经之地。此图所绘地理环境及行旅往来的繁忙景象，皆符合当时情况，是一幅难得的写实性画卷。

大悲寺罗汉像 大悲寺，旧名隐寂寺，西山八大处第四处，始建于元代。前殿中的十八罗汉像，形态生动，传为雕塑家刘元之作。

薄釉，经高温（约1300℃）一次烧成的白地蓝花瓷器。元青花瓷的烧造成功，不仅是中国陶瓷史上的一块里程碑，同时使盛产高岭土的景德镇一跃而为“瓷器之都”。在瓷器中，青花瓷是属于淡雅清和的洁净瓷器，刻画趋向于沉静阴柔，因此使其成为佳作颇为不易。元代青花瓷的造型既承袭宋制而有新意，又融入西藏与中亚形制而有创新。青花瓷制作精细，色彩淡丽，釉质光润，明静素雅，是中国瓷器中具有民族特色的珍品。元青花瓷如青花龙纹扁瓶，已发现10余件，大多在印度尼西亚、菲律宾一带出土；但在今北京出土的大都窖藏青花凤头扁壶，却是一件稀世珍品。这件青花凤头扁壶造型别致，图饰典雅，壶嘴为昂起的凤头，壶腹作蓝彩绘画的凤身，壶把是上卷的凤尾，壶身凤羽丰满，表现动态，有一腾则飞之感。

此外，大都的工艺品，如座瓶、三彩炉、红白玛瑙围棋子等，也都是工艺品的杰作。特别是螺钿漆盘，工艺精细，色彩斑斓。螺钿盘用五光十色的贝壳，在漆盘上镶嵌了一幅以神话中的广寒宫为背景的图案。其残片部分有一座两层楼阁，重檐歇山，围有护栏，阁旁有桂树兀立，阁上有云气缭绕。螺钿的光泽，有闪青光的护栏、闪红光的明柱、闪黄光的屋瓦、闪绿光的树叶、闪蓝光的房脊、闪紫光的云气，色彩绚丽，镶缀精细，是一件巧夺天工的艺术品。

元·影青瓷观音 元代青瓷滋润光素，如冰似玉。图示观音像，面阔额广，体形硕壮，具有蒙古民族风格。

元·青花凤头扁壶

元·青花釉里红盖罐

此外还有大都的民间技艺，如杂技、唱词、相扑，以及傀儡戏等。杂技中的爬竿，演出时有鼓笛伴奏，引人入胜，时人诗云：“自取当场戏险家，喧声百万动京华。”爬竿还进入宫廷表演，“当筵一博天颜喜，百尺竿头稳下来”。唱词，就是在大都的街头巷尾，由表演者说唱故事。市民喜欢唱词，听而不厌，盛况空前，“聚集人众，充塞街市”。相扑和傀儡戏，在大都城乡人烟辐辏之处广泛演出，颇为盛行。

元·螺钿漆盘

中外交流

元朝与亚、非、欧三大洲许多国家的文化交流更为发展，谱写出新的历史篇章。外国的科学家、医生和传教士等成批地来到大都，中国的学者、官员和僧侣等也大量地去往世界各地，大都成为当时世界文化交流的一个中心。

在亚洲，高丽（今朝鲜）同元朝的关系密切。元仁宗赠给高丽4300多册宋秘阁珍藏的善本。两国的商人和僧人也各将本国的大批书籍运入对方境内。高丽纸运到大都，很受士大夫的喜爱。高丽还派留学生到大都国子监学习。程朱理学在元初传入高丽。元至元二十六年（公元1289年），高丽人安珦在大都获得《朱子全书》，回国后在太学讲授“朱子学”。后来白颐正从大都带回许多程朱理学著作，也在太学传授。高丽又刊行了中国南宋大理学家朱熹对四部儒家经典（即

《论语》《孟子》《大学》《中庸》）进行注释的著作《四书集注》，理学在高丽开始广泛传播。皇庆元年（公元 1312 年），高丽诗人李希贤来大都长期居住，与赵孟頫等来往甚密。

中国和日本是一衣带水的邻邦，元代中日的文化交往仍很密切。中、日商人和僧人的往来加强了两国经济文化的交流。大都的许多书籍、绘画、书法传入日本，特别是元僧在日本传播程朱理学，后来对日本产生了很大的影响。

中国和东南亚诸国早有友好往来，元代更有发展。交趾（安南）、缅甸、暹罗的使臣来到大都，元朝曾三次遣使往暹罗。南海诸国多遣使至大都纳贡，并进行文化交流。此外，元朝不仅遣使至印度，忽必烈还遣使臣往锡兰（今斯里兰卡）访求佛牙，结果求得佛牙、佛发等奉还大都。

中国和中亚、西亚诸国早有密切往来。到了元代，蒙古军西征后，形成窝阔台（蒙古迤西一带）、察合台（中亚一带）、伊儿（西亚）等汗国，它们虽各自独立，又奉元帝为大汗。这就为东西文化交流提供了空前有利的条件。中国的匠师、医生等到上述地区，把中国人发明的火药及其使用方法传了过去，并经阿拉伯而传入欧洲，对世界文明的发展做出了贡献。前面提到的道教龙门派祖师丘处机和政治家耶律楚材都曾亲历中亚。阿拉伯的医学和天文学等也传入大都。波斯天文学家札马鲁丁来到大都，带来了天文仪器和回回历法。忽必烈曾一度颁行这种历法。札马鲁丁制造了“咱秃哈喇吉”（浑天仪）等七种天文仪器，并担任了管理天文历法的“回回司天台”负责人。在大都的秘书监里，保存有大量的回回书籍，其中多数是阿拉伯人关于天文历法、仪器制造和医学药物等方面的著作。回回医学在大都颇负盛名。元政府在太医院下面设置广惠司，掌管回回医药事务，其创建者是叙利亚人爱薛。著名的《回回药方》，也是从伊斯兰国家传来的。大都不仅有回回司天台，还有回回国子监，培养回回人才。大食人也黑迭儿为大都城的设计和营建做出了重大贡献。

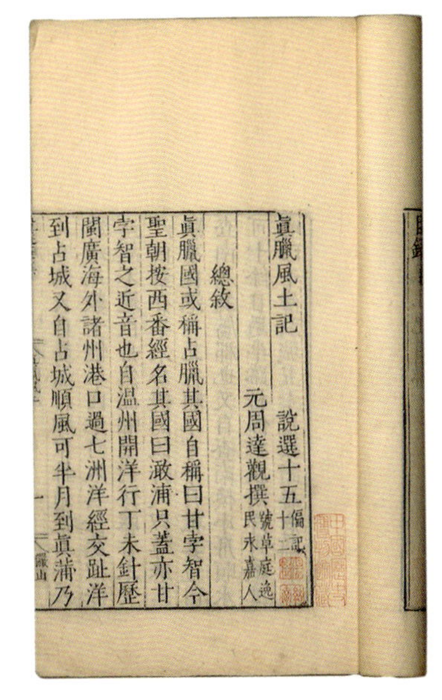

真臘風土記　說選十五

元周達觀撰

總敘

真臘國或稱占臘其國自稱曰甘孛智今聖朝按西番經名其國曰澉浦只蓋亦甘孛智之近音也自溫州開洋行丁未針歷閩廣海外諸州港口過七洲洋經交趾洋到占城又自占城順風可半月到真蒲乃

周达观《真腊风土记》 周达观作为元朝使者出访真腊国（今柬埔寨），此书记载了他的所见所闻及航线的导航针位。

元·阿拉伯数码铁方盘 该盘的数字排列呈一个复合纵横图。这种图式源于阿拉伯，元朝时期传入中国。

汪大渊的《岛夷志略》与《出使波斯国石刻》，一文一物，是为史证。汪大渊乘外贸商船航行，游历地方，记下名胜。所记 100 条，其第一、第二条记“澎湖”“流求”，介绍中国澎湖和台湾的情况。全书记叙所到诸国的风土人情、物产名胜。书中提及地名 200 多个，贸易物品 300 多种。

1953 年在福建泉州出土《出使波斯国石刻》石上文字是：“大元进贡宝货，蒙圣恩赐赉。至于大德三年内，悬带金字海青牌面，奉使火鲁没思田地勾当。蒙哈赞大王，特赐七宝货物，呈献朝廷，再蒙旌赏。自后回归泉州本家居住，不幸于大德八年十……”是说当事者受波斯国王之托，向元朝呈献贡品，他又被委派出使波斯。这是元朝与中亚往来的珉石之证。

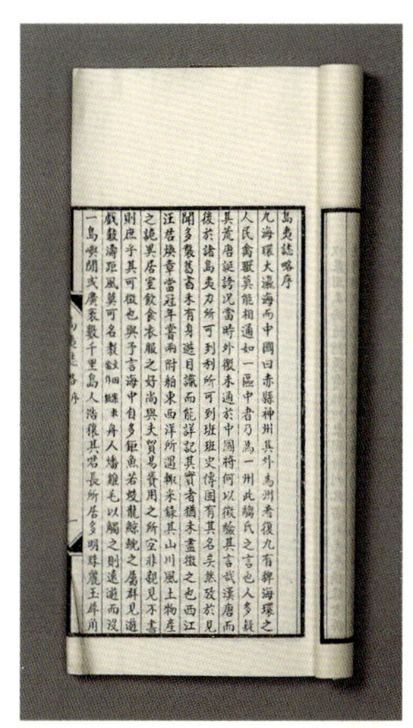

汪大渊《岛夷志略》 汪大渊曾两次乘外贸海船航行，归来之后将游历记录整编成书。全书提到的地名多达 220 多个，介绍可供贸易的货品 347 种。本书所记多是汪氏亲历，内容充实可信，是研究元代海外交通及贸易的重要资料。

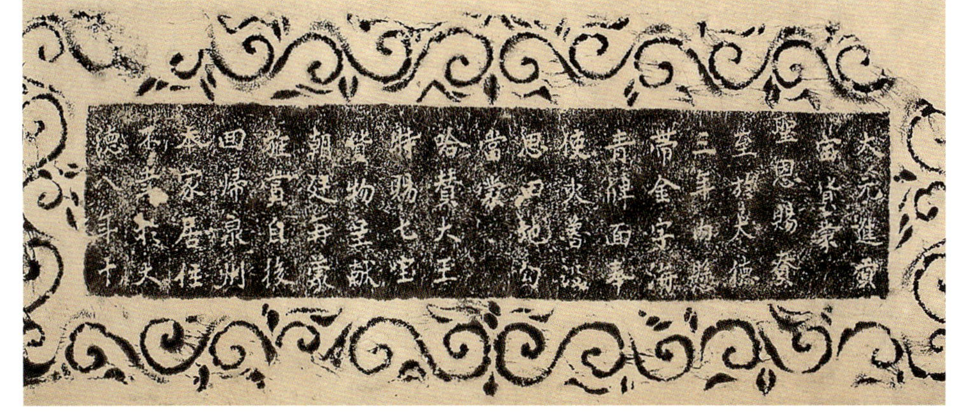

出使波斯国石刻 此石刻记录的是一位泉州籍海商受波斯国之托向元朝呈送贡品的经过。这是元朝以海外贸易商人为临时信使派往外国活动的一例。

由于中西交通发展，元朝同非洲的联系增多。《马可·波罗行纪》载述，忽必烈时，朝中有埃及地方之人，被忽必烈帝派往福州城，授民以制糖的技术。同书还记载，忽必烈曾派使臣至东非马达加斯加岛。使臣回来后，向忽必烈奏报该岛的奇闻。元末到过中国的摩洛哥大旅行家伊本·白图泰，在《美好国家旅行者的欢乐》一书中，对大都做了生动的描述，为中非文化交往留下了珍贵的资料。

蒙古军的几次大规模西征和钦察（南俄、西伯利亚南部）等四大汗国的建立，揭开了中国与欧洲文化交流的新篇章。忽必烈建立元朝后，欧洲的教士、使臣、商人和旅行家抱着各自不同的目的，涌向东方，来到大都。元朝的教士、使臣等也千里跋涉，前往欧洲。元朝初期，据说大都的景教（基督教的一支）徒很多，一说达3万人。大都籍景教长老拉班·骚马，在至元十五年（公元1278年）奉命前往耶路撒冷朝圣。他首抵巴格达，经君士坦丁堡至那不勒斯；又往法兰西，受到国王腓力四世的接见；继往英国，会见英王爱德华；后回抵罗马，受到教皇尼古拉四世的接待。

教皇尼古拉四世派传教士约翰·孟德高维诺来到大都。他在大都居住约30年，建教堂三所，用蒙古文翻译了《新约全书》，曾任大都总主教，先后洗礼了6000人。基督教僧侣还曾出入宫廷，举行宗教仪式。孟德高维诺死后，元顺帝派遣使团往罗马，受到教皇别内迪克十二世的接待。教皇派出一个使团东来，至正二年（公元1342年）七月，使团抵上都，向顺帝献骏马，群臣争献《天马赋》。使团在大都留居3年，然后西归。

意大利人鄂多立克东游抵扬州，循运河北上，来到大都，在大都寓居3年，然后返回威尼斯。他在游记中对大都的万岁山和太液池等都做了记述。当然，鄂多立克的同乡马可·波罗及其行纪更是蜚声中外。意大利威尼斯人马可·波罗，15岁随他的父亲和叔父东来，经历长途艰辛来到大都，在元朝留居17年，深得忽必烈的信任。至元二十八年（公元1291年），忽必烈应伊儿汗国请求，将阔阔真公主嫁给阿鲁浑汗。马可·波罗随同阿鲁浑汗的使臣护送公主，护送任务完成后，返抵威尼斯。根据他口述整理的《马可·波罗行纪》，记载他在旅途中和在元朝留居期间的见闻，特别对大都的雄伟壮丽和繁华富庶倍加赞扬。马可·波罗东来和“行纪”的传播，加强了欧洲人对中国和对北京的了解。

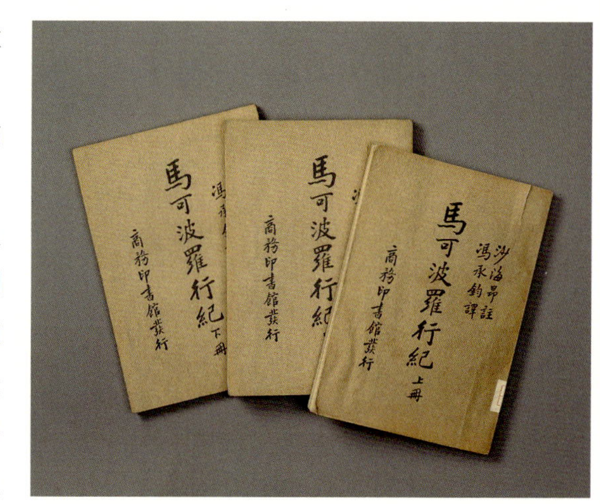

《马可·波罗行纪》

然而，雄伟繁华的大都经常演出一幕幕的民族与宗教、政治与宫廷的流血悲剧。随着岁月的流逝，元朝统治日趋腐败，财政竭绌，灾疫频仍，大都城内外一片凄凉景象。元末，大都地区瘟疫严重。至正十四年（公元1354年），《元史·顺帝纪》记载：“京师大饥，加以疫疠，民有父子相食者。”至正十八年（公元1358年），《元史·朴不花传》记载：“京师大饥疫。”大都城此次瘟疫广为流行，十分严重，患者遍街巷，死者相枕藉。《元史·后妃传》记载：顺帝皇后奇氏出资命官员“葬死者遗骼十余万”。《元史·朴不花传》也记载，仅宦官朴不花请示朝廷批准，允许买地埋葬饥疫死者尸体，“前后瘗者二十万”。上述两个数字可能夸张一些，但说明死亡人数相当惊人。天灾人祸，元朝危机。至正二十八年（公元1368年）正月，朱元璋（公元1328～1398年）凭借农民起义军的力量建立明朝。不久，朱元璋派大将军徐达领兵北伐。元顺帝妥懽帖睦尔见大势已去，带着后妃、太子等人从健德门仓皇出走，逃向上都。八月二日，徐达率明军进入大都，元朝灭亡，北京的历史揭开了新的一页。

马可·波罗像

明代北京

明太祖朱元璋于洪武元年（公元1368年），在应天（今江苏南京）称帝，定应天为南京，改大都路为北平府。后朱元璋封第四子朱棣为燕王，燕王的住地在北平府。洪武三十一年（公元1398年），朱元璋病死，由他的孙子允炆继承皇位，这就是建文帝。建文元年（公元1399年），燕王朱棣在北平起兵，历时四年，攻占南京，夺取帝位。朱棣以北平势踞形胜，为

明永乐帝朱棣像

“龙兴之地”，便于控制北方，决定迁都北平。永乐元年（公元1403年）升北平为北京，今北京的名称就是从这时开始的。改北平府为顺天府。朱棣是中国历史上第一个将北京建为全国政治中心的汉族皇帝。明代北京上承元大都，下启清京师，北京作为全中国的政治中心长达588年。

永乐四年（公元1406年），朱棣下诏营建北京。第二年五月，开始营建北京的宫殿、坛庙。他派遣大臣督工伐木采石，烧制砖瓦，开窑烧灰，办置颜料，疏通运河，征集夫匠，进行施工准备。

伐木——用量大，规格严，要到山中进行采伐，“入山一千，出山五百”的谚语，说明采伐与运输的艰难。木材运京后，储在大木仓（今北京西单大木仓胡同就是由此而得名）。大木仓有仓房3600间，至宫殿完工后仍库存木材38万余根。

采石——宫城中殿宇的基座和殿前御道都用巨型石板，万斤以上的达1万余块。

烧砖——宫城庭院地面要墁砖三至七层，全部庭院约用砖2000万块。城墙与宫墙约用砖8000万块。仅紫禁城即用砖达1亿余块。

制瓦——所需青瓦、琉璃瓦和金属瓦，数量大、规格多、配件杂、要求严。如琉璃瓦从制坯、塑花、烧坯至挂釉，需很长时间。还要根据建筑尺寸、屋顶形式和瓦样号数，提出瓦样清单，进行烧制。

烧灰——需要大量石灰做建筑材料，派夫进山，千锤万击，开山取石，建窑烧灰，和灰成浆，以备使用。

颜料——粉刷宫墙用的红土子，粉刷殿堂内壁用的包金土，以及檐、柱、斗拱、藻井彩绘，所需颜料数量大、品类多、质量严。

这些建筑材料多出自南方，为了解决运输，需要疏通运河。

北京城池

明北京城是在元大都城的基址上，吸收历代都城规划的优长，并参酌明中都城（今安徽凤阳）和南京城

北平行都指挥使司夜巡铜牌
这是明北平行都司大宁卫士兵夜间巡逻佩戴的证件。

紫禁城城垣

规制营建的。从永乐四年（公元1406年）诏建，永乐十五年（公元1417年）营建工程全面展开，至十八年（公元1420年）完工。十九年（公元1421年）正月，正式迁都北京，以北京为京师，南京为陪都。

明北京城分为宫城、皇城、内城和外城四重。

宫城（今故宫）是皇帝理政和居住的地方，也是北京城的核心。北京宫殿规制较大都宫殿布局作了许多改动，形成六个突出的特征。

第一，宫殿居于主位。元大都宫殿布局是以太液池为中心，大内、隆福、兴圣三组宫殿夹湖而呈“品”字形，形成太液为主、宫殿为客的布局。明北京规划则将宫城集中在太液池东岸，形成宫殿为主、太液为客的布局。从而改变元大都宫殿分散的格局，使帝后的正衙和寝宫、太后妃嫔和太子宫室都集中布置在宫城之内。

第二，宫前气势雄伟。元大都大内正门崇天门至丽正门距离较近，局面紧迫；而北宋汴京宫前天街漫长宽广，雄伟深邃。明北京城规划汲取汴京天街布局的优长，将皇城南墙向前拓展，形成从正阳门到午门的笔直轴线，增添了宫城宏伟深邃的气魄。

第三，宫后堆山屏障。元大都大内宫后御苑没有山。明初中都城后面和南京宫城后面皆有山做屏障。明北京城规划汲取明中都和明南京均有后山的格局，并运用风水理论，将宫城护城河中挖出的黄土堆筑到宫后御苑，形成高49米的万岁山（又称煤山，清改称景山）。清乾隆十六年（公元1751年），在景山五峰上建五亭——中为万春，左为观妙、周赏，右为辑芳、富览。这给宫城后面山屏增添了秀丽的景色。

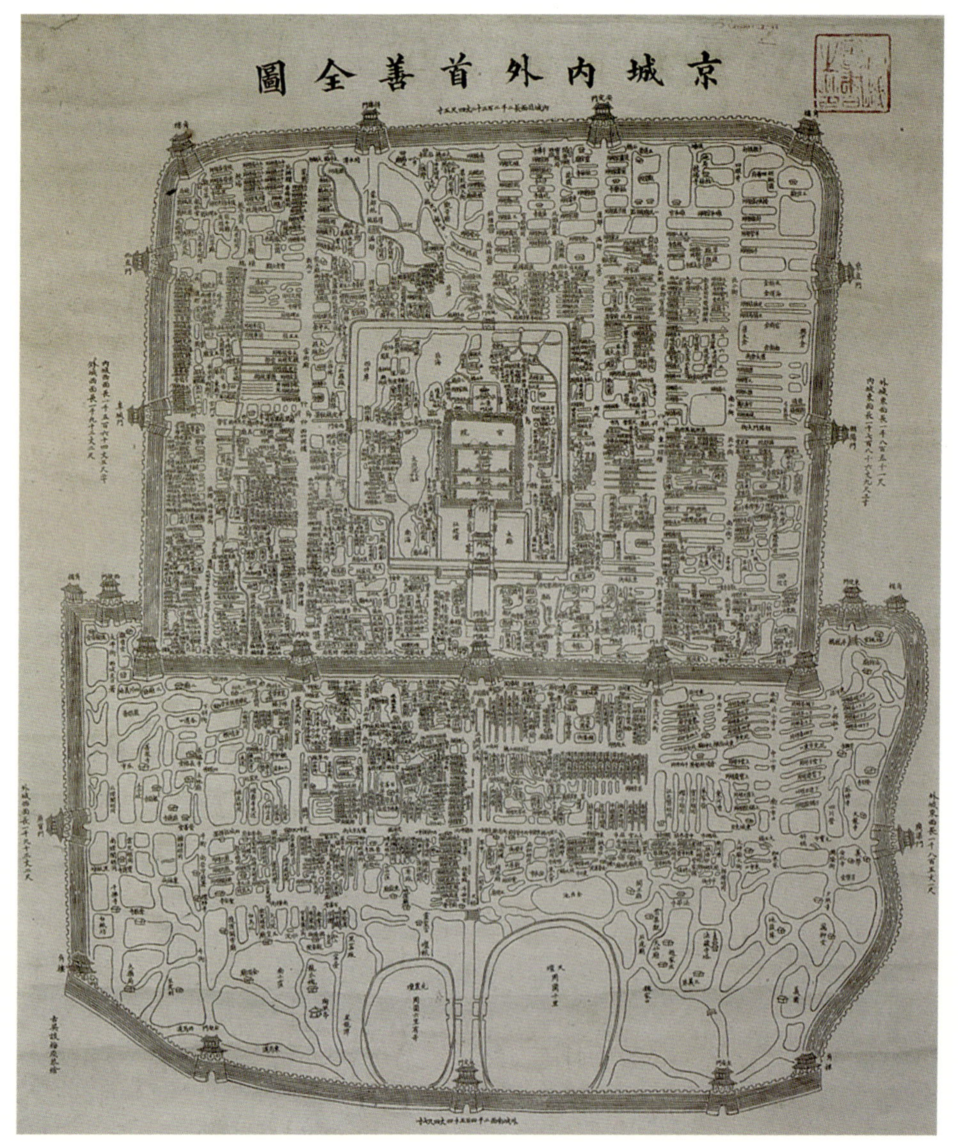

清·《京城内外首善全图》
此图为墨色纸质石印本，图中详细标注了城门、胡同，还有六部等衙署及坛、庙、司、局、监、衙、库、院等官署。

第四，宫城位置居中。辽南京的皇城在外城内的西南隅，金中都的宫城在外城中略偏西，元大都的大内虽东西居中但偏南，都不在全城的中心位置。明北京城规划则既汲取元大都大内居中之长，又将外城北墙南移以弃其偏南之短，而使宫城略居全城之中。

第五，子午线贯南北。北京城由一条长达8公里的子午线纵贯南北，作为全城布局的依据。这条子午线，南起永定门，中经内城、皇城和宫城，北至钟鼓楼。北京的奉天殿（后改名为皇极殿、清改名为太和殿）正中的金銮宝座，就在这条子午线上。其他建筑分列子午线两侧，对称展开。

第六，祖社紧连皇宫。元大都祭祖的太庙在东城齐化门(今朝阳门)内，祭祀土地和五谷之神的社稷坛在西城和义门（今西直门）内，都远离皇宫。明北京城规划则在承天门（清改称天安门）内东西朝房两旁，布置了“左祖右社”的太庙（今北京市劳动人民文化宫）和社稷坛（今中山公园），使太庙和社稷坛紧连着皇宫。

太庙　就是皇帝供奉和祭祀祖先的庙堂。明朝修建，清朝沿用。总面积139650平方米，分隔成三道围墙，每道墙都是红墙黄琉璃瓦。第一道围墙内，松柏参天，肃穆静谧。第二道围墙内，有神库、神厨等附属建筑。第三道围墙戟门内，主要有三座殿堂。前殿，是举行祭祀的场所。祭祀时，将神主请到前殿，举行祭祀大礼。中殿，也称“寝宫”，就是平日摆放神主的地方。后殿，是供奉远祖（明太祖朱元璋、清太祖努尔哈赤以前）牌位的地方。每年三大节（正旦、冬至、万寿）和四月、七月、十月的初一，以及皇帝忌辰等，都要进行祭祖。国有大事，告祭太庙。清入关后，将明朝皇帝的牌位从太庙请出，奉迁到历代帝王庙。所以，历代帝王庙是供奉和祭祀先朝帝王的庙宇。

社稷坛 明朝修建，清朝沿用。书载：“社为九土之尊，稷为五谷之长。”社是土地神，稷是五谷神。田地生五谷，二者不可分，社与稷两坛，合建在一处。国以农为本，民以食为天。对皇帝来说，重要的两件事：一件是祭祀祖先，维系血缘繁衍；另一件是祭祀社稷，维持生命之源。社稷坛建筑在皇宫的右前方，同太庙遥相对应。社稷坛里最重要的建筑有两处，其一，社稷坛。礼制：“社稷之祀，坛而不屋。”所以社稷坛是露天的。社稷坛的正中叫“五色土”——中央是黄色土，东面为青色土，南面为红色土，西面为白色土，北面为黑色土。过去把这五色土解释为“五行”，实际上是中国各方土地颜色的表征。现在交通发达，人们见多识广，一见可知，一想即明。但是，为什么西方是白土呢？多年以来，让人困惑。1994 年我到新疆伊犁察布查尔考察，见到伊犁河畔土地的颜色确为白色。其二，拜殿。为什么建拜殿？社稷坛上没有屋子，祭祀时天下雨怎么办？明太祖朱元璋要翰林院“议创屋，备风雨”。但学士陶安不同意，他说：“天子、太社必受风雨霜露。亡国之社则屋之，不受天阳也。建屋非宜。”但他提出一个折中办法，就是在社稷坛附近建一座斋宫，可以避风

太庙戟门 太庙位于天安门东侧，是明、清两代皇帝祖庙，创建于永乐十八年（公元 1420 年）。

《太社图》 选自《农书》插图，此图表现帝王亲临祭祀社神的情景。

社稷坛棂星门 社稷坛中央原有一方形石柱，名“社主石”，表示江山永固。每年春秋仲月上戊日清晨皇帝亲临致祭。

雨。陶安的意见被采纳。这就出现“拜殿”，也叫“祭殿”。

皇城 在宫城的外面，周围约9公里。它有六个城门：正南为大明门（清改称大清门），其东转为长安左门，西转为长安右门，东为东安门，西为西安门，北为北安门（清改称地安门）。承天门（清改称天安门）前有一条宽阔的御道，两旁有连檐通脊的千步廊，组成巨大的宫前广场。广场两侧宫墙外面，左文右武，对称地布列着中央政府的官署。这样，宫前的“左祖右社”和中央官署，宫后的御苑（今景山公园），宫左的南宫和皇史宬，宫右的西苑（今中南海和北海），以及众多为宫廷服务的局监司寺，都围在皇城之内。皇城的城墙用砖包砌，涂以红色，上面盖着黄色琉璃瓦。宫城以外，

清·乾隆《北京城图》

正阳门楼

皇城以内，列为禁地，民间百姓未经特许不得进入。

内城　又在皇城的外面，周长约22.5公里，城墙高12米，城墙内外全部用砖包砌。共有九座城门：南面，中为正阳门，东为崇文门，西为宣武门；东面，南为朝阳门，北为东直门；西面，南为阜成门，北为西直门；北面，东为安定门，西为德胜门。明北京内城北墙较元大都城北墙南移2.5公里。正统四年（公元1439年），修成内城九门城楼。正阳门正楼一，月城（附于大城门外的小城）中左右楼各一；其他八门，正楼各一，月城各一。正阳门楼共有三重：它的前面，有护卫城门的前沿堡垒箭楼；左与右各有小城门楼拱立；当中为正阳门楼。箭楼屹立在城台之上，前楼后厦，平面呈“凸”字形，墙壁上开有箭窗，今共94孔，以便御守。箭楼护卫的正阳门楼，坐落在高大的城台上，朱红明柱，光彩夺目。柱上三层檐，歇山顶，楼阁巍峨，雄伟壮丽。九门之外，各立牌楼；城墙四隅建有角楼。城墙外面，环绕

正阳门箭楼　位于正阳门南面的箭楼，三面墙壁开有射窗。正面墙壁有52个，侧面各有21个，共有94个射窗。

德胜门箭楼 明正统四年(公元1439年)建，是明清北京城防的重要设施。

北京城东南角楼 明代建成，双重檐，平面呈矩形。

钟楼内悬挂的铜钟 这口铸有永乐年题款的铜钟，通高3.5米，壁厚达27厘米。

钟楼与鼓楼 建于明永乐十八年(公元1420年)，后经重修。二楼均建在高大城台之上。钟楼内悬大钟，鼓楼内有巨鼓，为明、清时向全城鸣钟、击鼓报时之处。

着既深又宽的护城河。城门外筑石桥，桥下设闸。真是关城森严，固若金汤。内城九门楼，崇楼峻阁，崔嵬宏丽，堤坚水清，焕然一新。

正阳等门，各设水关，分为三重，设置铁闸。九门进出的习俗，官员上下朝多走正阳门。崇文门设税关，商人多出入崇文门。宣武门设会馆，文人多出入宣武门。军队出征走德胜门，象征作战旗开得胜；回师进安定门，象征国家太平安定。朝阳门内设粮仓，从南方漕运的粮食，在这一带贮存，运粮车出入朝阳门。阜成门外通门头沟煤矿，运煤车出入阜成门。西直门外直通玉泉山，宫廷用玉泉山水，运水车走西直门。还有，正阳门是京城正门，死人之出殡，禁走正阳门。就是皇帝驾崩出殡，也只能出朝阳门。

外城在内城的南面，转包东南与西南角楼。外城增筑较晚。嘉靖二十九年（公元 1550 年），蒙古骑兵攻至北京城下，京师九门，白昼戒严。蒙古军撤后，群臣议请仿“城必有郭，城以卫君，郭以卫民”之制，增修外城。三十二年（公元 1553 年）始筑外城。原议修外城 60 公里，将内城四面围住。但因工程浩大，财力不足，至四十三年（公元 1564 年），只修了环包南郊的外城。外城长 14 公里，城墙全部用砖包砌，也挖了护城河。外城七门：南面，永定门、左安门、右安门；东面，广渠门、东便门；西面，广宁门（清避道光帝旻宁名讳，改称广安门）、西便门。各城门有城楼和月城，设水关，装铁栅。

明北京城的建设，《明太宗实录》记载：“初营建北京，凡庙社、郊祀、坛场、宫殿、门阙，规制悉如南京，而高敞壮丽过之。”北京的营建，既参酌南京的规制，又有所创新。

北京城平面呈“凸”字图形。以宫城为中心的北京城的建成，反映出公元 15 世纪初的中国，国家强大统一，财力丰实雄厚，人民聪明勤劳，建筑水平高超。北京的外城、内城、皇城和宫城，都以子午线为基线而对称展开，形成完整和谐的举世无双的宏大建筑群。这是中国古代都城史上最辉煌的杰作，也是世界都城史上最宏丽的篇章。

紫禁宫殿

紫禁城又称宫城，就是皇宫。紫禁城名称的由来，是按照中国古代对太空星球的认识和幻想，紫微星垣（即北极星）高居中天，永恒不移，众星环绕，是天帝之所居，叫作紫宫。皇帝是天帝之子，便用紫宫来象征世上皇帝的居所；而皇帝所居的宫城属于禁地，戒备森严，神圣壮丽，因此明清宫城就有紫禁城之名。这个名称，给皇宫抹上了浓重而神秘的色彩。

清·《皇城宫殿衙署图》 此图由宫廷内务府主持，经实地测量，于康熙中期绘制而成。

中国历史上曾有很多著名的宫殿，秦代阿房宫、汉代未央宫、唐代大明宫等，今天已是“惟见典籍载宫阙，更觅荆棘卧铜驼”，只能从文献记载或到遗址发掘中去领略它们的梗概。然而，明清紫禁城宫殿却完整保存，巍峨屹立在北京城中。紫禁城宫殿既是中国现存规模最大的木结构建筑群，也是世界上现存最大的古代宫殿建筑

紫禁城与护城河

群。在紫禁城宫殿里，先后有明代 14 个皇帝和清代 10 个皇帝，凡 491 年，君临天下，发号施令，这不仅对中国历史进程，而且对世界历史发展，都发生过重大影响。

紫禁城的城墙，内外用澄浆砖包砌。澄浆砖在制坯前，先将泥土入池浸泡，经过沉淀，澄出细泥，做坯晾

紫禁城角楼

干，入窑烧制。每块城砖长 48 厘米，宽 24 厘米，厚 12 厘米，重 24 千克。紫禁城城墙共用砖约 1200 万块，经磨砖对缝，砌成高 7.9 米，底宽 8.62 米，顶宽 6.66 米，周长 3428 米的城垣。城垣内面积达 723600 余平方米。城垣的外围，有宽 52 米、深 6 米的护城河环绕，河岸全用条石垒砌，排列整齐，坚固美观。城墙顶部外侧，筑有雉堞，以为御守。城垣四隅，各矗立一座角楼。角楼为三开间方形亭楼，平面呈曲尺形，下部为朱柱琐窗，屋顶为三重檐结构。上层檐由四角攒尖顶和歇山顶组成，四面亮山，正脊交叉，上置镀金宝顶。中层檐采用抱厦与亮山相连的歇山顶。下层檐则用多角相连的屋顶。角楼的屋顶，有三层檐，72 条脊，上下重叠，纵横交错，设计巧妙，造型奇特，玲珑秀美，色彩艳丽，是中国古代建筑艺术的佳作。

紫禁城的城门，东为东华门，西为西华门，北为玄武门（清改称神武门），南为午门。实际上南面有三重门——第一重为承天门（清改称天安门），第二重为端门，第三重为午门。宫前矗立三座大门，使宫殿更为深邃、肃穆、森严、神圣。

承天门是紫禁城的前门。门楼建在 13 米高的砖台上，台中开五个券形门洞。台上的城楼，是重檐歇山庑殿顶，覆以黄色琉璃瓦。后城楼东西宽九间，南北进深五间。南向有 10 根明柱，36 扇窗门，窗门上部是菱花窗格，下部是雕花裙板，均涂红漆，色彩鲜艳。城台上四周饰有汉白玉栏杆。承天门前有金水河，河上架起长虹玉桥七座，称外金水桥。桥前装饰着石狮

天安门前华表

天安门前石狮

和华表。华表在承天门的前后各有一对，上面各雕有一只叫“犼”的石兽。这有一个古老的传说。当皇帝外出游幸日久不归时，门前的两只石犼就说：“国君呀，你不要长期在外面游逛，快回来亲理国家政务吧！我们盼你归来把两眼都望穿了。”所以人们给它们取名叫“望君归”。当皇帝深居简出日夜淫乐时，门后的两只石犼就说：“国君呀，你不要长期待在宫廷里，快出来察看百姓苦难吧！我们盼你出

明·《北京宫城图》 这是明早期所绘的北京紫禁城图。图中承天门（今天安门）下站立者，据研究是承天门的设计者蒯祥。蒯祥，苏州吴县人，原为木工，永乐时期参加北京宫城的建筑与设计，后官至工部左侍郎，终年 84 岁。

午门

长随奉御出入宫禁牙牌 明朝在内官十一监设长随奉御，官阶正六品，牙牌是官员出入宫禁的通行牌。此牌用象牙刻制，使用时系于腰间，备出入宫禁查验。

来把两眼都望穿了。”所以人们给它们取名叫“望君出”。这个传说反映了百姓期待明君理政的善良愿望。皇帝的金凤颁诏之礼，就在承天门上举行。皇帝颁诏时，将诏书放入龙亭内，由御仗导引，抬到城楼上。宣礼官在城门楼上宣读诏书，在外金水桥南序立的文武百官，行三跪九叩礼。然后礼官用木制金漆的“金凤”将诏书衔下，落在礼官跪接的云盘上，再把诏书放入龙亭内，送到礼部刻版印刷，颁布天下。这就叫作“金凤颁诏”，以显示皇权至尊，神权至上。

承天门之后有一个门叫端门。端门的“端”，书载：“昔孔子受端门之命，制《春秋》之义。”端门为宫城南面承天门与午门之间的一道正门。端门后面是午门。午门才是紫禁城的正门。午门楼坐落在高台上，平面呈“凹”字形，中为九间重檐正楼，两侧各有两座阙阁相连接，建成五座楼阁，形如凤翅，俗称五凤楼。午门共有五个门洞，当中的正门，通常只有皇帝才能出入。皇后在大婚入宫时可以走一次。殿试考中的状元、榜眼、探花三人出来时也可以走一次。其他官员只能走两掖门。两掖门平时不开，只有在大朝的日子，文东武西，分别由掖门出入。清朝出征凯旋，皇帝在午门上举行受俘典礼。还规定每月初五、十五和二十五三天，是皇帝常朝的日子。这一天，如果皇帝不御殿或不在京，王公以下官员都要在午门前御道两旁序立。事毕，纠仪官查过班后，即可散去。明代的廷杖，也在午门前举行。

行杖时，受杖者穿囚服，缚两腕，牵至午门杖所。一声令下，一人用麻布兜将受杖者加以网束，一人缚其两足，四面牵曳，只露股部，头面触地，尘土满口。喝打，旗校挥棍，每五杖换一人，真是声不忍闻，状不忍睹，鲜血淋漓，或伤重而死。行杖的地点在午门前御路东侧举行。如正德十四年（公元 1519 年），大臣舒芬等因谏止南巡，146 人受杖，死 11 人。嘉靖三年（公元 1524 年），群臣争大礼，聚哭于左顺门。嘉靖帝朱厚熜大怒，命杖五品以下丰熙等 134 人，死 17 人。其时裹疮吮血，填满狴犴。隆庆二年（公元 1568 年），给事中石星因条奏忤旨，隆庆帝朱载垕御五凤楼，潜察石星受杖。后到清朝，取消了对大臣廷杖的非刑与酷刑。

进了午门，就是紫禁城中三大殿的前引——奉天门，后改皇极门，清改太和门。皇极门面阔九间，进深四间，是紫禁城中最雄伟壮丽的一座宫门。明初规定，文武官员每天早晨到这里早朝，皇帝也亲自来处理政事。但明朝后期皇帝贪婪酒色，怠于政事，这个制度几同虚设。皇极门和午门之间，是一个宽阔的广场，面积为 26000 平方米。广场中部有一条清澈的金水河自西蜿蜒而东，河上架设五座飞虹拱桥，称内金水桥，桥侧与河畔砌有

午门与太和门之间的广场

汉白玉栏杆，给人以恢宏、肃穆、恬静、清爽的感觉。人们站在皇极门前庭院中，朱色的门柱，赭色的宫墙，金黄的瓦顶，蔚蓝的天空，碧绿的河水，雪白的栏杆，青色的墁地，仿佛置身于一幅色彩斑斓的立体图画之中。

宫城分为外朝、内廷和御园三大部分。

外朝，以奉天殿（皇极殿、太和殿）、华盖殿（中极殿、中和殿）、谨身殿（建极殿、保和殿）三大殿为主体，文华殿和武英殿为两翼，是皇帝举行重大典礼和从事政治活动的殿堂。外朝的三大殿，占据了紫禁城最主要的空间，面积达85000平方米。三大殿依次布置在高达8米的台基上，台

太和门与内金水桥

太和殿

太和殿内景 殿内正中的皇帝御座，落点在北京城的中轴线上。

基分上、中、下三层，每层都为须弥座形式，四周围着汉白玉栏杆。每根望柱上部雕有精美纹饰，下部雕有华美螭首——口内凿孔以便排水。大雨滂沱时，千龙吐水，层层迭落，胜似泉涌，蔚为壮观；阳光普照时，千龙之影，排排迭退，黑白相间，宛如图案。三大殿在建筑设计和艺术构思上，以其气势威严，规模雄伟，装修华丽，色彩神秘，成为紫禁宫殿中最辉煌壮丽的建筑群。

皇极殿（太和殿）是宫城中建筑最高、体量最大的宫殿，通高35.5米，面宽60.1米，进深33.33米。它是皇权的象征，皇帝登极、大婚、册立皇后、命将出师和每年的正旦、冬至、万寿（皇帝生日）三大节等重大典礼，皇帝都要在这里举行仪典，接受群臣的朝贺。殿内设金龙宝座，而宝座正压在子午线上。宝座两侧有六根蟠龙金柱，宝座上方是金漆蟠龙戏珠藻井，天花板上饰以贴金彩画，整个华贵大殿，光彩夺目，金碧辉煌。大殿的建筑、陈设、装饰和色彩，都为着显示：皇位至高，君权至上。

在这个宝座上坐过的，明朝有14位皇帝，清朝有10位皇帝。其中在位时间最长的是清康熙帝，凡61年；在位时间最短的是明泰昌帝，仅1个月。寿数最长的是清乾隆帝，享年89岁；寿数最短的是清同治帝，只活了19岁。登极时年龄最大的是明洪熙帝，时年47岁；年龄最小的是清宣统帝溥仪，当时他只有3岁。

在皇极殿举行大朝会时，场面壮观，庄严隆重。一般说来，早上击一鼓，文武百官集齐在午门外，排班站立，肃静等候。击二鼓，由礼官导引百官进入皇极殿前广场，按九品正从，分为18行，北向排队站定。这时皇帝至中极殿（中和殿）稍憩。击三鼓，皇帝在礼乐声中进入皇极殿，升宝座。皇帝高坐，香烟缭绕，仪仗整肃，气氛森然。随之有数米长的大鞭，在陛下连鸣三响，宣示信号，并壮威仪。然后，高奏《万岁乐》，群臣礼拜。乐毕，依制进行朝会的内容。最后，文武百官在礼乐声中礼拜，山呼“万岁，万岁，万万岁”之声响彻上空。皇帝回宫，典礼告毕。举行大朝会时的仪仗队多至3000人，礼器琳琅，序列殿前，威仪庄重，异常壮观。这种繁缛的形式、庄严的气氛，旨在表明：苍天之下，惟予一人；神州之内，惟予臣民。

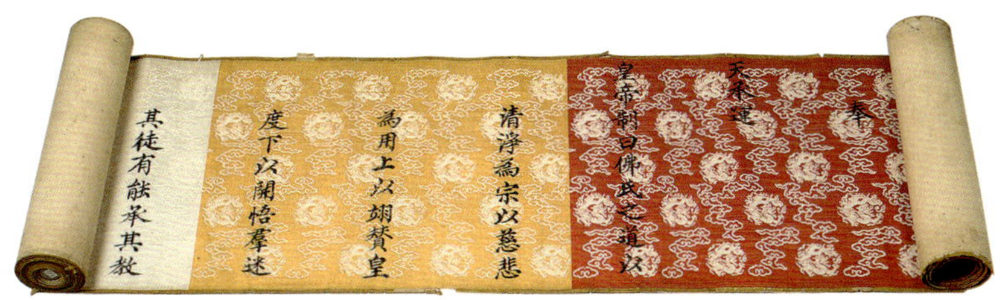

明·成化帝封诰

明朝迁都北京后，北京成为全国政治的中枢。明在北京设立中央的行政、司法、监察、教育和军事等机构，还在北京聚集了40余万军队。明廷从北京向全国各地颁布政令和军令，以加强中央集权制。

明初罢丞相不设，集权于皇帝一人。后来虽设内阁，也多是照皇帝谕旨批答奏章、传宣旨意。皇帝主要通过定期朝会、议商要事、发布谕旨、接见臣工、任免官吏、批阅奏章对国家进行管理。朝会有大朝，也有常朝。大朝主要是正旦、冬至、万寿等节日，借以显示皇帝的威严，并不处理政事。常朝主要是理政，汉制五日一朝，唐制每日一朝，明初为早朝，后改为午朝，又改为每逢三六九日视朝。但实际上后来并没有真正实施这一制度。百官除朝参、讲读外，难得一见“天颜”。如从成化七年（公元1471年）到弘治十年（公元1497年），凡26年之久，先后在位的两个皇帝，都没有同廷臣见过面。嘉靖帝在位45年，他登极三年后即疏远大臣，40余年间仅召见过大臣一次。廷臣的意见不能上达，便聚集跪诉。一次自尚书金献民以下290位官员，俱跪伏紫禁城左顺门外。嘉靖帝命太监传旨谕退，不听。官员们直跪了3个时辰，甚且撼门大哭，声震阙庭。他们得到的回答是：遭逮捕，受惩罚。其后万历帝10岁登极，在位48年。在他17岁以后，即深居简出，淡漠政事，后期更甚，二十几年不上朝，也不见大臣。内阁会议更是虚应故事，会而不议，敷衍塞责，轮书题稿，再揖而退。有的大臣奏疏不报，求见不成，去职时只上一封辞疏，不管准与不准，就挂印而去。后来内阁只一人，杜门三月不出；六部只一尚书，都察院八年无正官。边事告警，尚书赵焕率廷臣诣文华门，跪请万历帝临朝视政，至暮始由太监传旨谕退。赵焕上书说：“他日敌人叩打宫门，上还能高枕深宫，以称疾谢却之吗？”疏入，仍不报。有人统计，自成化帝至天启帝，凡8帝，160余年，

日晷 太和殿前设置日晷与嘉量，取日晷测影计时和嘉量标准量器之意，象征时光与丰年。

铜龟 太和殿前左、右设铜龟与铜鹤，相传龟、鹤有千年之寿，象征江山千秋万岁。

太和、中和、保和三大殿

中和殿与保和殿

其间除特例之外，多是帘远堂高，君门万里。明帝不理政事，大权旁落，宦官专权，党争不息，内困外扰，终至灭亡。

中极殿（中和殿）在皇极殿后，是一座四角攒尖、有鎏金宝顶的方形殿堂，朱红廊柱，金扉琐窗，造型凝重，建筑奇特。殿内设宝座，雕刻金龙，金色璀璨，四列宝器。皇帝在举行重大典礼前，先在这里接受内阁大臣等重要官员的朝拜，然后再出御皇极殿。

建极殿（保和殿）在中极殿之后，面阔九间，屋顶为重檐歇山，内设宝座。殿内红色巨柱，黄色屏风，绿色香炉，青色金砖，显得殿堂清幽典雅，华丽富贵。所谓金砖，是指质地细腻、坚固耐磨、敲之铿然、声若金钟的方砖，皇宫主要宫殿内都是用这种金砖墁地。建极殿是皇帝举行盛宴和科举殿试的地方。

保和殿内景

中和殿内景

在建极殿居中向后为云台门，其两旁向后为云台左门、云台右门，又称平台。许多历史事件曾在这里发生。明崇祯二年（公元1629年），后金（后改称清）汗皇太极，从沈阳发兵，绕道入关，围攻北京。明兵部尚书、蓟辽督师袁崇焕闻警后，亲率骑兵，千里入援，士不传餐，马不再秣，疾驰三昼夜，至北京广渠门外。后金骑兵被袁军打得大败。皇太极恼羞成怒，布设下一个袁崇焕秘密通敌的反间计。崇祯帝误中其计，以召见袁崇焕议军饷为名，在平台突然将他逮捕下狱，后处以凌迟之刑。后人为了纪念袁崇焕的精神与业绩，在今北京东花市斜街建有“明袁大将军墓”，在今龙潭湖公园内建袁督师庙。当北京被围之时，四川女帅秦良玉率师北行千里，入援京城。秦良玉有胆智，善骑射，统驭部将，戎伍整肃，兼通词翰，仪表娴雅。崇祯帝在平台召见秦良玉，赐酒慰劳，并赐诗一首：“蜀锦征袍手制成，桃花马上请长缨。世间不少奇男子，谁肯沙场万里行？”后失地收复，秦良玉南归。

在建极殿的后面，向北的石阶中道上，有一块巨大的云龙雕石。这是紫禁城中最大的一块雕石。它长16.57米，宽3.07米，厚1.7米，重约250吨。这块巨大的艾叶青石雕，石质柔韧光润，色泽洁雅清白。石雕周边是作卷草纹，下面是海水江涯，两侧是狮马图案，中间是九条蟠龙在云流中翻腾。这块云龙石雕，其用材

保和殿后云龙石雕

之巨，构图之佳，雕凿之精，艺术之美，堪称中国石雕艺术的瑰宝。这巨石是怎样从产地房山运到北京的呢？冬季，沿途每隔约500米，打一眼井，汲水泼路成冰，拽石在冰上滑行。自房山到北京50余公里，动用民夫2万人，运行28天，耗银11万两！紫禁城中各型石雕，难以计数，这里是一座宏大的中国古代石雕艺术博物馆。

紫禁城的三大殿，殿体高大，易遭雷火。三大殿遭到雷火焚毁，严重的有三次：第一次，永乐十九年（公元1421年）正月元旦，奉天殿、华盖殿、谨身殿三大殿建成正式启用，四月初八日，初建后百天，“奉天、华盖、谨身三殿灾”，三大殿遭雷火焚毁。正统六年（公元1441年）九月，三大殿重修告成。第二次，嘉靖三十六年（公元1557年）四月，雷雨大作，火光突起，奉天、华盖、谨身三大殿又遭雷火焚毁。嘉靖四十一年（公元1562年）九月，三大殿再建成后，命建雷神庙，并更名奉天殿为皇极殿、华盖殿为中极殿、谨身殿为建极殿。第三次，万历二十五年（公元1597年）六月，皇极殿等再遭雷火焚毁。天启七年（公元1627年）八月，皇极殿、中极殿、建极殿三大殿工程告竣。

文华殿和武英殿在三大殿的左右两翼。文华殿前为文华门，后为主敬殿，东西各有配殿，是一组相对独立的宫殿建筑群。明正统帝把全国文武官员的姓名书写在殿内，以便考察其政绩优劣，决定其升迁降免。但明正统帝并不会用人，他宠信宦官王振，受其怂恿，亲自带兵出京作战，兵败被俘。殿内的围屏上，还画着舆图。文华殿旁的慈庆宫，曾演出过宫廷斗争的悲剧。万历帝太子朱常洛住在慈庆宫，一男子持棍打伤守门太监闯入宫内，这就是“梃击案”。太子即位不久患病，吃了李可灼进献的红药丸后死去，这就是“红丸案”。天启帝新立，郑贵妃与李选侍（西李）谋同居乾清宫垂帘听政，于是廷臣迫其移宫，这就是“移宫案”。梃击、红丸、移宫三案是晚明著名的三幕宫廷斗争闹剧。

在文华殿之南有内阁大库，贮藏内阁档案和重要文献。内阁大库面积约有1295平方米，为砖木结构，外包砖石，不露木植，库顶盖以黄瓦，是砖城式建筑。它的建筑，明、清略有不同，但其用途是一致的。内阁大库在明代，主要贮藏《实录》、诰敕、题稿和册籍等；在清代，主要贮藏盛京旧档，即《无圈点老档》（又称《旧满洲档》《满文原档》《满文老档》）、《实录》、题本、敕书、文件和书籍等。保存至今的明清两朝500余年中央机关和地方机关的档案，共分74个全宗，1000余万件，其中包括大量满文档案。这是中国历代珍存下来数量最大、价值最高的历史档案。

武英殿在三大殿的右翼，前为武英门，后为敬思殿，东西各有配殿，是一组与文华殿相对称的宫殿建筑群。皇后生日的朝贺典礼，有时在武英殿举行。明末李自成率领农民军攻入北京，进入紫禁城，曾在这里即皇帝位。清初摄政王多尔衮率领清军占领北京，也在这里临殿理政。它的后面有座仁智殿，俗称老虎殿，是明代皇帝死后停灵的地方。这里还常有画家作画，如山水画家吴伟，曾被明成化帝召至殿内。一次他喝得大醉，蓬首垢面，靸着破鞋，跄踉而至。成化帝见后大笑，命他作《松泉图》。吴伟跪翻墨汁，信手涂抹，神韵惊异。成化帝见他傲视君王，要杀他；大臣劝解说：要是杀了他，则皇上得了恶名而他得了善名，不如放了他。吴伟出入宫廷，傲视权贵，后被放归乡，称为“画状元”。武英殿的南面还有一座三间小殿，叫作南薰殿。这座小殿构造平凡，因里面存放中国历代帝王画像而出名。

外朝三大殿之后就是内廷。内廷，以乾清、交泰、坤宁后三宫为主体，东六宫和西六宫为两翼，是皇帝及其家属居住的地方。内廷的主要建筑乾清宫、交泰殿、坤宁宫，布置在紫禁城的中轴线上，同外朝的三大殿并称为“三殿三宫”，形成紫禁城的核心。内廷的建筑，布局紧凑，分区严格，

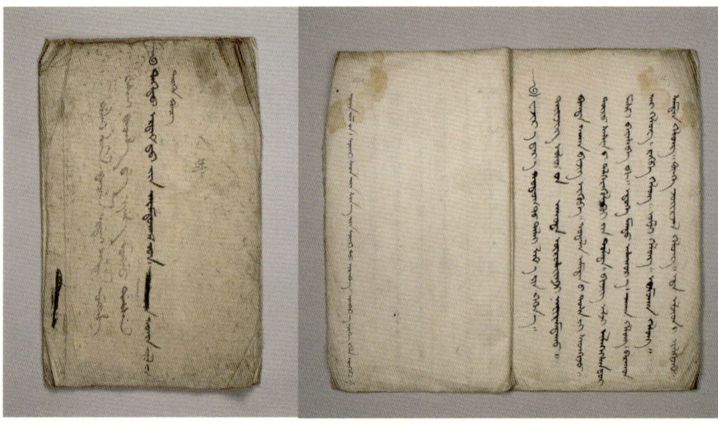

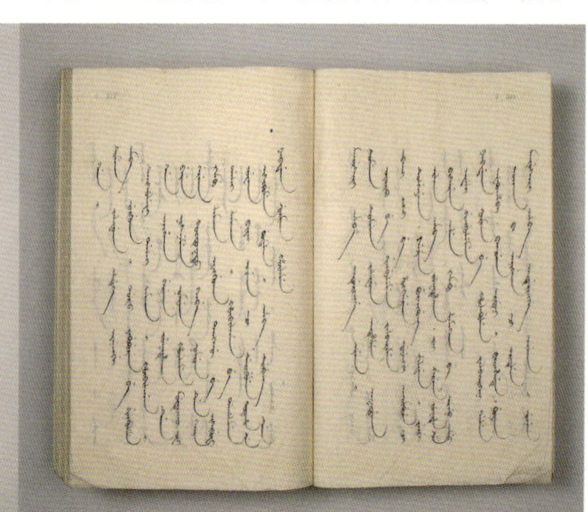

满文档案

殿阁连属，堂皇富丽。每座庭院除有院墙廊庑环绕外，又用高大宫墙围成更为严谨的内部宫廷禁区，所以称作内廷。

后三宫的命名是富于哲理的，它来源于中国古代儒家经典《易经》。按照这部儒家经典的说法：皇帝居住的乾清宫，“乾”，象征天，代表男；皇后居住的坤宁宫，“坤”，象征地，代表女；位于乾清宫与坤宁宫之间的交泰殿，则取“天地交，泰”，泰为通畅、平安的意思。乾清（清为清正），坤宁（宁为宁静），交泰（交为相爱，泰为平安），表达了历代皇帝美好的愿望。所以这三座宫殿的名称始终没有改动过。

乾清宫

乾清宫殿檐

乾清宫内的宝座与屏风

乾清宫在明代和清初，是皇帝的寝宫。这是一座阔九间深五间的重檐宫殿，也是内廷中最大的宫殿。它几遭火灾，又屡经重建。明正德帝是个昏庸荒淫的皇帝，猥女色，乐嬉游，昵群小，乱朝纲。他于每岁新春，在宫中张灯为乐。正德九年（公元1514年）正月，宁王朱宸濠献奇巧宫灯，在乾清宫中悬挂，宫里设毡帐贮火药，不慎起火，大火弥漫。当时正德帝正往豹房去游乐，回头见宫中火光烛天，笑着说道：“是好一棚大烟火也！”乾清宫化为灰烬。同年他命用兵夫10万人，加全国田赋银100万两，重建乾清宫。正德帝无子，死后由他的堂弟继承皇位，这就是嘉靖帝。嘉靖帝大兴土木，有书记载：乾清宫暖阁9间，每间分上、下两层，各设3床，共27张床，皇帝随意居寝，以防不测。但嘉靖帝虐待宫女，险遭杀害。

在乾清宫的正中，摆设着华贵的宝座。宝座后的五扇屏风，木质珍贵，端庄凝重，雕刻精细，群龙飞腾。每扇屏风正中，都刻着哲理格言：“功

乾清宫内景

锦衣卫木印 锦衣卫是明代内廷侍卫侦查机关，专门从事侍卫缉捕刑狱之事，是皇帝的侍卫与耳目，与明朝相伴始终。

崇惟志，业广惟勤”；“知人则哲，安民则惠”。整个乾清宫的陈设和装饰有两个显著的特点：一是颜色尚黄，二是图案尚龙。这两个特点虽然在紫禁城各宫殿中都有体现，但以外朝的皇极殿与内廷的乾清宫最为突出。以尚黄来说，世界不同的国家和中国不同的朝代，所崇尚的颜色是不一样的。世界上有的国家崇尚蓝色，也有的国家崇尚绿色，它们分别以蓝色或绿色为最高尚的颜色。然而在中国，殷人尚白，周人尚红，秦人尚黑，它们分别以白色、红色、黑色为最高尚的颜色。至于尚黄，则要晚一些。尚黄色有一个理论根据，这就是中国儒家经典《尚书·甘誓》中的五行说。五行是指五类物质——水、火、木、金、土，土呈黄色，乃万物之本。金黄颜色象征富贵，所以皇帝的宫殿装饰多用金黄色，乾清宫当为佳例。乾清宫内的匾额楷书、楹额蟠龙、金柱对联、五扇屏风、皇帝宝座、台阶地毯、露台护栏、宝鼎台座等都用金黄色，坐在宝座上的皇帝穿着黄色龙袍，整个乾清宫内一片金黄，威严端庄，气派非凡。另以尚龙来说，龙是中国远古祖先的图腾崇拜之物，后来传说它为神异动物，身体很长，有须、有角、有鳞、有爪，能走、能飞、能潜水、能腾云。龙就成为中华民族的象征。不过，在中国帝制时代，龙和帝是同义词，皇帝是真龙天子，所以皇帝的宫殿图案多用蟠龙，乾清宫又为佳例。乾清宫内的匾下纹饰，屏风雕琢，宝座的靠背、扶手、底座、四腿，地毯图案，护栏望柱雕花，香炉台座雕刻，全部雕饰图案都是龙，坐在宝座上的皇帝又身着龙袍，整个乾清宫内万条蟠龙，气宇非凡。乾清宫内以金黄的颜色和蟠龙的图案，从艺术上烘托出一个主题——皇帝庄严神圣，至高无上。

交泰殿

交泰殿在乾清宫与坤宁宫之间，是一座方形、单檐、四角攒尖、鎏金宝顶的宫殿。它在明朝曾经做过皇后的居所。皇后生日的千秋节，官员、内眷在这里举行庆典。

坤宁宫在交泰殿的后面，与乾清宫、交泰殿同建在“工”字形的台基上。坤宁宫是阔九间深五间的重檐宫殿，形制与乾清宫相同，但建筑规模略小一些。坤宁宫在明代是皇后的正宫。

东六宫和西六宫，分布在后三宫的左右两翼，是妃嫔的宫室。每座宫室为一个庭院，由前殿、寝殿和配殿组成。各庭院之间，以纵横的街巷联系，街巷的两端设宫门和警卫值房。每座庭院除有宫门外，还有东西巷门、南北街门，规划整齐，井然有序。

养心殿和西六宫在后三宫的右翼。养心殿在西六宫的前面，是一座呈“工”字形的宫殿。它前殿后殿相连，周围廊庑环绕，前殿理政，后殿寝居，布局紧凑，环境幽静。清朝皇帝的寝

养心殿

宫原在乾清宫。雍正帝的父亲康熙帝死后，曾在乾清宫停灵。相传雍正帝害父、夺位，他不愿再在乾清宫居住，便搬到养心殿。雍正帝以后，相沿成习，清帝都以养心殿作为理政和住居之所。养心殿的前殿，正中设宝座，上面饰藻井，两侧陈列图书，是皇帝召见大臣、日常理政的地方。两侧为东暖阁和西暖阁。

西六宫在养心殿的后面，是妃嫔居住之所。西六宫是：东面，南为永寿宫，中为翊坤宫，北为储秀宫；西面，南为启祥宫（后改称太极殿），中为长春宫，北为咸福宫。

尽管宫中房子很多，但当时还是颇为拥挤的。明初，朱元璋以唐朝宫中设立六局二十四司，官 190 人，女史 50 余人，共 240 余人为多，曾定制：设立六局一司，官 75 人，女史 18 人，共 93 人，比唐朝减 100 余人。但这只是规定，实际远非如此。据康熙帝询问故明太监之后所说，明朝宫女 9000 人，内监 10 万人，饮食不能遍给，日有饿死者。这个数字或有张饰，但反映出明朝的宫女和太监是多得惊人的。太监是皇宫中专用的一种男人，他们多因幼时家境贫寒，受阉割而步入此途。太监大多数是终生苦役，最后悲惨地死去；只有极少数受到皇帝宠信，成为权势显赫的人物。宫女多为 10 岁左右被迫入宫，做一些服侍后妃的劳动。如嘉靖帝仅四次选宫女即达 1080 人。有的宫女进宫时年龄很小，如成化帝万贵妃 4 岁入宫，天启帝张裕妃 7 岁入宫，泰昌帝李庄妃 10 岁入宫。宫女在宫中的生活极为悲惨，皇

长春宫内景

养心殿前殿

帝和后妃稍不如意，宫女就要受训斥，遭鞭笞，甚至被打死，有的不堪折磨而自杀。如嘉靖帝笞楚宫女，曾打死200余人。也有的宫女被皇帝看中，晋封为妃嫔，像嘉靖帝时宫女尚美人，13岁更衣受宠，贵幸天下。但大多数宫女被幽深宫，虚掷韶华。陈悰《宫词》云：

六宫深锁万娇娆，多半韶华怨里消。

灯影狮龙娱永夜，君王何暇伴纤腰。

即使宫女有幸升为妃嫔，有的下场也很惨。天启帝的裕妃张氏，虽有身孕，因遭天启帝的乳媪客氏和太监魏忠贤的恚恨，被幽禁于别宫，并断绝饮食。她饿了十余日后，赶上天下雨，勉强爬到屋檐下喝雨水数口，死于门外。皇帝死后，妃嫔还有殉葬。明太祖朱元璋死，妃嫔14人俱身殉从葬。明洪熙帝仅在位1年，死后有4妃从葬。明宣德帝在位10年，死时有10妃从葬。妃嫔殉葬最为残酷的是永乐帝死后，据朝鲜《李朝世宗大王实录》记载：

及帝之崩，宫人殉葬者三十余人。当死之日，皆饷之于庭。饷辍，俱引升堂，哭声震殿阁。堂上置木小床，使立其上，挂绳围于其上，以头纳其中，遂去其床，皆雉经而死。韩氏临死，顾谓金黑（丽妃韩氏乳母）曰："娘吾去！娘吾去！"语未竟，旁有宦者去床，乃与崔氏俱死。

这是一幅惨绝人寰的生人殉葬的黑暗图画。明初的宫人殉葬，前五朝除建文帝不得其死外，其余四朝如上所述，皆有宫人殉葬。至第六朝明英宗，始遗诏废除宫人殉葬之制。清朝后妃与明朝不同，后文另有叙述。

永寿宫是西六宫中东面最南的一座宫殿。在这座宫殿里，上演过一出皇妃争宠的宫廷历史剧。

明成化帝朱见深，有一个宠妃万氏。万氏4岁被选入宫中，做孙太后（朱见深的祖母）的宫女。长大后，侍奉太子朱见深于东宫，日夜厮磨，感深情密。朱见深18岁即皇位，这就是成化帝。时万氏已经35岁，但她长得丰满艳丽，为人机警，善于迎合帝意，早已博得成化帝的宠爱。皇后吴氏曾抓住万氏早先与见深有越礼的过错，打棍子处罚了她。但是，成化帝竟把吴后废掉，另立王氏为后。万氏愈益

紫禁城西二长街

明·《宪宗元宵行乐图卷》
明宪宗朱见深是明朝第八位皇帝，年号成化（公元1465～1487年）。成化帝治国平庸，生活奢靡，但酷爱绘画。这幅写实性画卷，描绘他正月十五在皇宫里庆赏元宵节游玩的各种情景。

明·《宪宗调禽图》

明·《后妃图》

专宠，六宫鲜得进御。成化帝每次游幸，万氏均戎服前驱。成化帝登极的第二年，万氏生下皇第一子，帝大喜，遂封万氏为贵妃。但皇子未满周岁死去，万氏从此以后不再有孕。万贵妃宠冠后宫，日益骄横，为了使自己不失宠，发现哪个妃嫔御幸怀孕，就令人以治病为名，为其打胎，饮药堕胎者甚多，纪氏就是万贵妃企图用药堕其胎的一个。

纪氏本是广西贺县少数民族土官之女，成化中出兵西南，被俘入宫。纪氏有容色，通文字，做看管内库的女史。纪氏偶被成化帝看中，宠幸后，有身孕。万贵妃知道纪氏怀孕后，命宫女把胎儿钩下来。宫女假报是痞块，没有打胎。于是，纪氏被贬到安乐堂去养病。后来生下一个男孩，纪氏让守门太监张敏将孩儿溺死。敏思："帝未有子，怎能弃之？"便用粉饵蜂蜜偷着哺育。时吴后废居西宫，密知其事，往来哺养。一天，成化帝召太监张敏梳发，照镜叹道："老将至而无子！"张敏伏地奏道："死罪，万岁已有子了！"帝惊愕，问所以。张敏奏道："皇子偷着抚养在西宫，今已六岁，匿不敢报。"成化帝派人将皇子抬至阶下，皇子长发披地，投入帝怀。成化帝立皇子朱祐樘为太子，颁诏天下，封纪氏为妃，并移居永寿宫。万贵妃知道这事后，日夜哭泣，骂道："这群小子骗了我！"但万贵妃并不死心。不久，纪妃暴死，史载是万贵妃谋害的。万贵妃请太子吃饭。周太后嘱咐道："孙儿去，不要吃！"万贵妃向太子赐食，太子说："已

慈宁宫

吃饱！”进羹，又说：“疑有毒！”万贵妃计不得逞，因恚成疾，后来病死。

慈宁宫在西六宫的西面，有一区三组宫殿——慈宁宫、寿康宫、寿安宫，是皇太后、皇太妃居住的地方。按照规定，皇后在当朝皇帝死后，就成为太后，从所居的东西六宫迁到这里。先朝的妃、嫔，称太妃、太嫔，随皇太后同居，同嗣皇帝都要各年过五十，才能开始相见。每年只有元旦、冬至、万寿、圣寿（太后生日）等节日，皇帝照例到太后宫中行礼时，母子才得相见，此外则很少有机会见面。慈宁宫建于明代，明万历帝死后，曾贵幸一时的郑贵妃就居住在这里。她们都是老皇帝的遗孀，平日里黑夜接着白天，花开花落，年复一年，幽居深宫，无颜欢笑，所以这一片宫殿被称为寡妇世界。

寡妇宫院佛堂多。寿安宫北的英华殿，在明代就是皇太后的佛堂，清代仍把它作为皇太后礼佛的殿堂。在慈宁宫内，清代又把北边的二层大殿改为大佛堂，里面设有金漆雕花大佛龛，供奉着高大精美的三世佛。在寿康宫和寿安宫里都安设佛堂，就连清幽典雅、宁静肃穆的慈宁宫花园，也把亭馆楼阁改成佛堂，使它显出一种脱离尘世的境界。园中的主体建筑咸若馆，馆东边宝相楼，西边吉云楼，后边慈荫楼，以及园中的临溪亭等，都被用来供佛。这里常年焚香诵经，几乎是佛的世界。佛堂里香烟缭绕，经声朗朗，佛堂外草木疏寂，磬声咚咚。太后和太妃们在百无聊赖的守寡期间，只有从那虚幻的佛界中寻求精神安慰，祈求来世幸福，挨过她们的风烛残年。

奉先殿和东六宫在后三宫的左翼。奉先殿在东六宫的前面，与养心殿相对称。奉先殿为一独立院落，前殿后殿各为七间，清初建立，为清帝奉祀祖先的殿堂，每月朔（初一）、望（十五），岁时节礼，出征凯旋，册封大典，都遣官至奉先殿告祭。

东六宫在奉先殿的后面，也是妃嫔居住之所。东六宫是：东面，南为延禧宫，中为永和宫，北为景阳宫；西面，南为景仁宫，中为承乾宫，北为钟粹宫。东六宫的名称和西六宫一样，屡有改动，略不详述。清制规定：皇后1名，居中宫；皇贵妃1名，贵妃2名，妃4名，嫔6名，贵人、常在、答应没有定数，分居东、西六宫。但实际上往往不按照规定办。康熙帝有名号的后、妃、嫔共有31名，另有贵人8名，常在、答应尚未包括在内。到了晚清，同治帝只有后妃4名，光绪帝也只有1后2贵妃。至于宣统帝3岁登极，6岁被推翻，他的1后1妃，不过是退位后聊以自娱的虚应故事罢了。

钟粹宫是东六宫西面的一座宫殿。明代钟粹宫曾是皇太子的居所。它的前殿叫兴龙殿，后殿叫圣哲殿，

慈宁宫咸若馆佛堂

慈宁宫咸若馆佛堂一角

其后小院称龙德斋。封建帝王自称真龙天子，太子是潜龙，所以如此来给太子居所命名。

佛日楼和梵华楼在景福宫之北，紧依宫墙。两楼各自成院，相互毗邻，第二层有檐廊相通，中间有一座共同的楼梯，楼梯东为梵华楼，西为佛日楼。佛日楼是一幢二层小楼，有三进小院，由一条南北贯穿的轴线控制，整个建筑颇有特色。梵华楼也是一幢二层小楼，面阔七间，前出廊，楼顶敷黄琉璃瓦。梵华楼和佛日楼并不是以其别具一格的建筑而闻名，恰恰相反，朴素的建筑和偏隅的位置，使它免遭庚子（公元1900年）的劫难，以所珍藏的佛塔和佛像众多而著称于世。以梵华楼来说，二层楼的内壁，全部布满佛龛，一间连着一间，一层接着一层，每个佛龛之内，都有一尊佛像，千姿百态，面容安详。同时还有藏传佛教格鲁派创始人宗喀巴大师的塑像，神态庄重，形象逼真。整个楼上，供奉着藏传佛教主要各佛的塑像，配以10900尊小佛像，金光四射，满壁生辉。楼下陈设着六座高大的珐琅佛塔，制作精细，工艺复杂，是艺术瑰宝。

梵华楼内壁画

明朝北京宫殿，是个什么样子？多年以来，未见图解。明朝《北京城宫殿之图》，以古代缩绘方法，绘制北京的宫殿、城墙、庙宇、衙署、坊巷等，是现存最早的北京城地图。图约绘制于嘉靖年间，刻印于万历年间。全图纵99.5厘米，横49.5厘米。现藏日本宫城县东北大学图书馆。在图名下、舆图上有文字30行，每行9字，如“鸡声三唱晓星高，万岁山呼贺圣朝。御驾将军擎月斧，锦衣校卫捧金刀。丹墀拥立文官贵，玉阶列排武士豪。静鞭三下珠帘卷，大明皇帝正当朝”云云。然后叙述明朝自洪武、永乐、洪熙、宣德、正统、景泰、天顺、成化、弘治、正德、嘉靖至万历十二朝的历史。判定此图绘制于嘉靖年间的主要根据是，图中绘制了紫禁城三大殿——奉天殿、华盖殿、谨身殿。三大殿自嘉靖三十八年（公元1559年）十月十日兴工，至四十一年（公元1562年）九月初三日告成，三大殿的殿名做了更改：“更名奉天殿曰皇极，华盖殿曰中极，谨身殿曰建极。”是知该图绘于嘉靖四十一年九月之前。判定此图刻印于万历年间的主要根据是，图中题诗有“万历当今福寿正，四海无虞天下静”，文中“万历当今”明

明·《北京城宫殿之图》

确标出时间。图中标明：自“端门至午门，直八十丈长，横六十四丈”。这是重要的历史数据。图中标明坊巷，在正阳门两侧，其东为“东江米巷”，其西为“西江米巷”。图中的西安门外“南城殿”旁，特别标明“景太（泰）在此养病”。说明“夺门之变”后，被废的景泰帝居住在西安门外的南城殿。

永乐帝登极后，做出既气度宏伟又勇敢坚定，既意义重大又影响深远的三项重大决策：其一，决定迁都北京城；其二，派郑和下西洋；其三，派亦失哈下奴儿干。前一件，上文已经叙述；后两件——从永乐到宣德期间，太监郑和七下西洋、太监亦失哈七下奴儿干，是明朝南北相互媲美的两件大事。

郑和七下西洋。永乐三年（公元1405年）至宣德八年（公元1433年），永乐帝、宣德帝派郑和先后率领庞大船队七次下西洋。郑和下西洋比葡萄牙人迪亚士发现非洲南端好望角早82年，比哥伦布发现美洲早87年，比麦哲伦环球航行早114年。郑和等一行，从今江苏太仓浏家港起航，在“洪浪接天，巨浪如山”的浩瀚海洋上，云帆高扬，昼夜兼航，经东南亚、印度洋，航经30多个国家和地区，最远到达红海和非洲东海岸。他们成为传播中华文明的使者。郑和船队所经东南亚一些国家，至今仍保留和收藏着郑和下西洋的遗迹和文物。郑和以德为邻，后往薄来，下西洋时所带的物品有瓷器、丝绸等，沿途许多地方都发现了明代瓷器的遗存，马欢《瀛涯胜览》、费信《星槎胜览》和巩珍的《西洋番国志》，都记载船队将丝绸带到那里，受到当地人的喜爱。当地以不同的方式，纪念郑和这位中华文化使者。从越南的占城到柬埔寨的真腊，从泰国的大城府到马来西亚的马六甲，从印度尼西亚的三宝垅到印度的古里，从印度洋的锡兰到非洲东岸的肯尼亚、坦桑尼亚，特别是在泰国曼谷、马来西亚马六甲、印度尼西亚的三宝垅，都建有纪念郑和的庙宇。郑和所乘的一号宝船，长125.65米，宽50.94米，深12米，有9桅12帆，装载1000余人，排水量14800吨，而哥伦布航行的那艘海船的排水量为250吨。从宝船复原模型，窥其可见一斑。宝船的锚残高2.68米，残重758.3千克，舵干长11.07米，这充分显示了明初政治、经济、文化、科技的实力。

亦失哈七下奴儿干。奴儿干在今黑龙江入海口附近，后称庙街，今俄国尼古拉耶夫斯克附近。永乐元年（公元1403年），永乐帝派官前往诏谕奴儿干诸部居民。翌年，该地居民头目来朝，设立奴儿干卫。这比俄国哈巴罗夫到达黑龙江流域早247年。永乐七年（公元1409年），明朝设立奴儿

《锤锚图》 选自明《天工开物》。明代海船所用铁锚多为四齿，由熟铁煅烧锤打而成。较大铁锚是用多块熟铁依次锻打，先成四爪，再接续新铁打造其他部位。若锚体过重，则需安装支架，多人在架上按需拉动铁链以调整锚体。

干都司（相当于省级军政单位）。后派太监亦失哈等先后七下奴儿干都司。在这一地区设立370个卫、20个所，并留下《敕修奴儿干永宁寺碑记》和《重建永宁寺记》两通石碑。奴儿干诸部民首领多次到北京宫廷朝贡。

明朝北京不仅皇廷宫殿雄伟壮丽，而且皇家御苑幽美秀丽。

明·《郑和航海图》 选自明《武备志》，全图以南京为起点，最远处直达非洲东海岸。图中绘有地文标志、航道，注有航程、航向，指南针位及天体星象。全图记载了500多个地名，其中外国地名约300个。它是中国现存最早的一份记载亚、非两洲的海图。

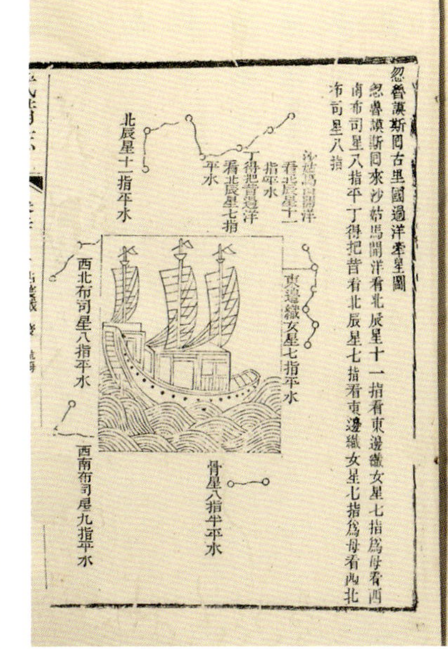

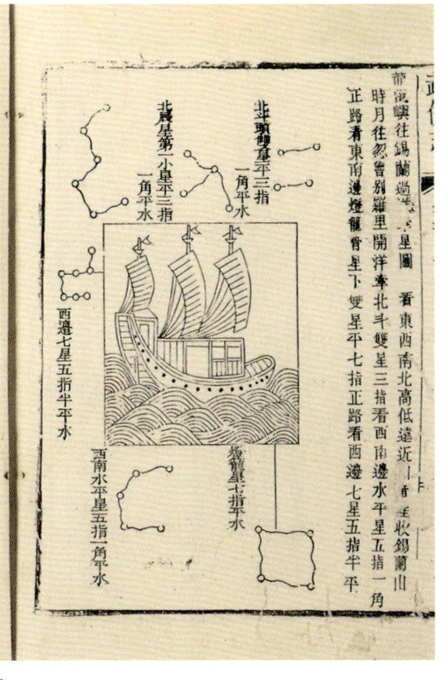

明·《郑和航海图·过洋牵星图》 选自明《武备志》，是郑和船队往来于忽鲁谟斯、锡兰、古里、苏门答腊等处所用的过洋牵星图。图正中绘一帆船，四周绘相关星座，并以文字注明在正确航线位置观测星座的水平角度，称为“指”。此图是天文导航的必备对照物。

郑和大铜钟 宣德六年（公元1431年），郑和第七次奉命远航西洋，二月抵达福建长乐等候冬季季风，五月沿闽江而上抵达南平镇，铸此钟布施寺庙，祈求出海航行平安。同年十一月离长乐出海远航。钟腹铸有铭文“永远长生供养，祈保西洋往回平安，吉祥如意者，大明宣德六年辛亥仲夏吉日，太监郑和、王影弘等同官军人等，发心铸造铜钟一口”。

郑和一号宝船（模型） 文献记载：郑和所乘帅船长四十四丈四尺，阔一十八丈。按1明尺为0.283米折算，船身总长125.65米，总宽50.94米，排水量14800吨，载重量7000吨。

皇家御苑

紫禁城内的御园，今人能够看到的，是以坤宁宫后的御花园为主体，宁寿宫花园和慈宁宫花园为两翼，以及清建福宫花园为后苑，组成宫城中的内廷园林。园中的亭台轩馆，是为帝后妃嫔休憩游赏而建，众多的殿堂楼阁，是供其敬神、礼佛、藏书、颐养而设，从而成为独具一格的皇家御苑。

御花园 在坤宁宫之后，明代称作宫后苑，始建于明永乐十五年（公元1417年），以后不断增修，但仍保持初创时的格局。园中不少殿宇和树石，都是15世纪明代遗物。全园南北深90米，东西宽约140米，占地12000多平方米。园内的主体建筑为钦安殿，坐落在紫禁城中轴线的北端。殿坐北朝南，面阔五间，进深三间，重檐黄琉璃瓦顶，屋顶中央设一鎏金宝顶。殿基为汉白玉石的须弥座，前出月台，四周环以望柱栏板，建筑造型别致，石雕尤为精细。殿有垣墙，形成园中独立院落。钦安殿后西北为延晖阁，东北为御景亭，亭阁峙立，相互对称。延晖阁背倚宫墙而建，站在红墙高阁之上，在雪后晴朗的日子，能饱览西山积雪的景色。正所谓“紫林高阁枕红墙”，“雪朗西山送寒色”。与延晖阁对应的堆秀山，是一座人工叠山，山体堆叠凸凹起伏，山势明暗虚实多变。山侧有迂回而上的“之”字形磴道，山腰巧筑玲珑山穹，山顶矗立御景亭。亭方形四柱，琉璃瓦顶，四面安隔扇门，正中设宝座。这里是帝后在九月九重阳节登高的地方。在亭中俯视，北望景山，葱茏秀丽；南瞰园庭，松柏成行。如后来人所云：“北户景山秀堪辑，南墀古柏俨成行。”

御花园内铜香炉

御花园石子路

御景亭

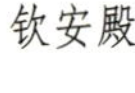

钦安殿

钦安殿内景 钦安殿在御花园正中天一门内，殿中祀玄天上帝。每年立春、立夏、立秋、立冬之日，皇帝前来拈香行礼。每逢年节，殿内设道场，道官道众设醮称表。

园中除御景亭外，有八座亭子都是左右对称地布置在中轴线东西两侧，四周有山水掩映，花木衬托，显得端庄富丽，景胜优美。凝香亭与玉翠亭在园内东北角和西北角，建于明嘉靖十五年（公元1536年）。两亭结构雷同，都是方形四柱，攒尖顶，上覆黄、蓝、绿三色琉璃瓦，如同棋格，别具特色。往南，浮碧亭与澄瑞亭，建于明万历十一年（公元1583年），各立在一座平桥上，四面开放，前出抱厦。桥下各有长方形水池，池中金鱼嬉游，匆聚匆散，金鳞隐现，景色旖旎。再南，万春亭与千秋亭，建于明嘉靖十二年（公元1533年），两亭构造相同，重檐，上圆下方，抱厦四出，上层为伞状圆顶，掩映在松涛之中，挺拔秀美，绚丽多姿。园内南部还有两座井亭，东西对称，亭方形四柱，琉璃瓦顶，围以栏板，小巧精致。此外，园内树林和花卉，泉池和轩斋，布局得当，运用巧妙，更为御花园增添了清幽爽静、景物宜人的情趣。园内甬路，石子铺砌，色彩变幻，花纹巧妙，图案美丽，游人如行走在华丽的石制地毯上。

宁寿宫花园 在宁寿宫后面。宁寿宫是清乾隆帝为退位颐养天年而建。但他退位之后，并没有住在宁寿宫，

御花园万春亭

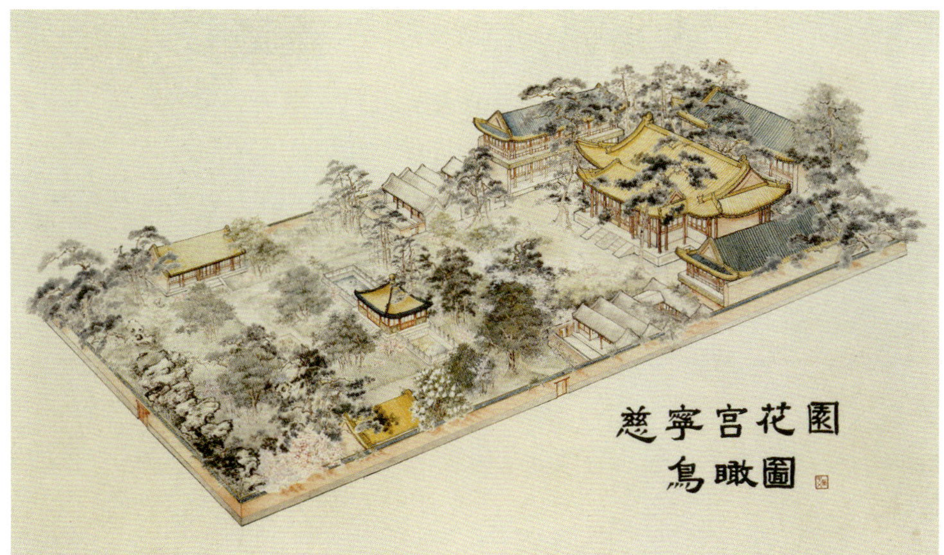

《慈宁宫花园鸟瞰图》

而是照旧住在养心殿。宁寿宫后的花园设计新颖，布局巧妙，步步出新，景景奇异。是今见紫禁城里最具有特色的宫廷花园。人们观赏之后，无不跷指赞叹。详细介绍，留待下章。

慈宁宫花园 比宁寿宫花园略大些，占地6800平方米。全园仅有馆楼亭台等建筑物11座，多为礼佛之所，前文已经述及。风景区在园的南半部，地面平坦，甬道平直，没有过多的起伏山石、通幽曲径。这是为着同太后、太妃灰冷的心境和衰老的体力相适应。在园的南部有叠山凿池，构亭筑台，饱含着深厚的山林野趣。园中栽植的松柏、丁香也显得格外清淡素雅。

建福宫花园 虽为清乾隆时所建，但附此一提为便。建福宫花园于乾隆七年（公元1742年）始建，历时八年建成。园内建筑以延春阁为中心，北有敬胜斋、吉云楼，西有碧琳馆、妙莲华室、凝晖堂，西南有静室，南有略呈月牙形堆山、玉翠亭，东北有静怡轩等。全园占地约4000平方米，集宫、殿、楼、阁、斋、堂、亭、轩于一体。乾隆时将珍奇文物收藏于此，嘉庆时曾下令将其封存。民国十二年（公元1923年）起火，整组花园建筑连同所藏珍宝化为灰烬。近年重建。

紫禁城内的花园，虽然都是宫廷花园，但因其主人的欣赏趣味不同而各具特色。御花园是帝后游憩的地方，它布置规整，左右呼应，博大典雅，雍容华贵。宁寿宫花园是乾隆帝当太上皇时游赏的地方，它布局新颖，变幻称奇，精工雕琢，装点妍丽。慈宁宫花园是太后、太妃消时解闷的地方，它格局疏阔，佛堂林立，清平淡雅，气氛肃寂。建福宫花园布局紧凑，风格独特。紫禁城的御园，是中国古典园林艺术的精品。

在紫禁城的北面，有一座后山，

景山

明代称万岁山，相传皇宫曾在山下堆存过煤，俗称煤山。清顺治十二年（公元 1655 年）改名为景山。山的东麓，宽阔多树，林木蓊郁，绿草如茵，鹤鹿成群，是明代射箭的场所。这里有观德殿，是皇帝观射的殿堂。明末崇祯帝曾在观德殿召见大臣。山的北麓，有一片果园，称北果园。园中多种奇果，又称百果园。在茂密森林和荫翳果树中，掩映着一座殿宇，这就是寿皇殿。清乾隆十四年（公元 1749 年），将殿移建，恰对景山中峰。寿皇殿仿太庙形式建造，正殿九间，有左右配殿，还有神厨、神库、碑亭、井亭等。它是供奉清帝祖先影像（画像）的殿堂。山的西麓，松柏郁葱，花卉成片。

《榜葛剌进麒麟图》 榜葛剌（今孟加拉）与明朝往来密切。该国国王分别于永乐十二年（公元 1414 年）、正统三年（公元 1438 年）两次派使臣来中国贡献麒麟（即长颈鹿），当时著名书画家将这一盛况用绘画的方式记录了下来。

万岁山为堆土而成，山上有磴道。每逢九月九日重阳节，皇帝常登山赏景。明成化帝时，国子监生员虎臣听说要在万岁山架设棕棚，准备皇帝登山远眺，便上疏谏止。成化帝对虎臣的谏疏很器重，但国子监祭酒费訚并不知底细。他怕虎臣闯祸，就鸣鼓召集全体生员历数其罪，并用镣铐锁之。不久太监宣旨拆卸棕棚，并封虎臣为县官，费訚羞惭不已。明末刚愎自用、喜谀恶咈的崇祯帝，就在万岁山下演出了一场旷世悲剧。崇祯十七年（公元 1644 年）三月十八日，李自成率农民军攻破外城。崇祯帝出紫禁城，登万岁山，见烽火弥天，徘徊许久方回宫。当夜，崇祯帝心绪烦乱，饮酒十余杯，令周皇后自尽，用剑砍伤长平公主，说“汝何故生我家”！又砍昭仁公主及妃嫔数人。翌晨，崇祯帝得知内城失陷消息后，鸣钟召集百官，竟无一人前来，已成孤家寡人。他见大势已去，走投无路，在万岁山东麓的一棵槐树下，免冠跣足，蓬发覆面，自缢身死。

在紫禁城的西面，有西苑，又称太液池，就是南海、中海和北海。这是明清两代皇城以内最重要的皇家园林。

在紫禁城的西北，有皇家动物园。明代的皇家动物园，以太液池西北的虎城和豹房比较著名，规模也大。虎城养虎，虎在阱里，外面围有铁栅。明正德帝喜欢看虎，有“红粉别依回鹘队，君王新自虎城来”之句。虎城西北有豹房；正北有百兽房，畜养犀牛、象、海豹、猞猁狲等。在紫光阁旁有百鸟房，畜养珍禽异鸟，如孔雀、

《献狮图》 选自《皇都积胜图》卷。明朝与西洋各国交往密切，互相派遣使臣访问，互赠礼物。忽鲁谟斯曾向中国赠送狮子、大西马，木骨都束赠送花福禄狮子等。

清·《乾隆帝猎鹿图》

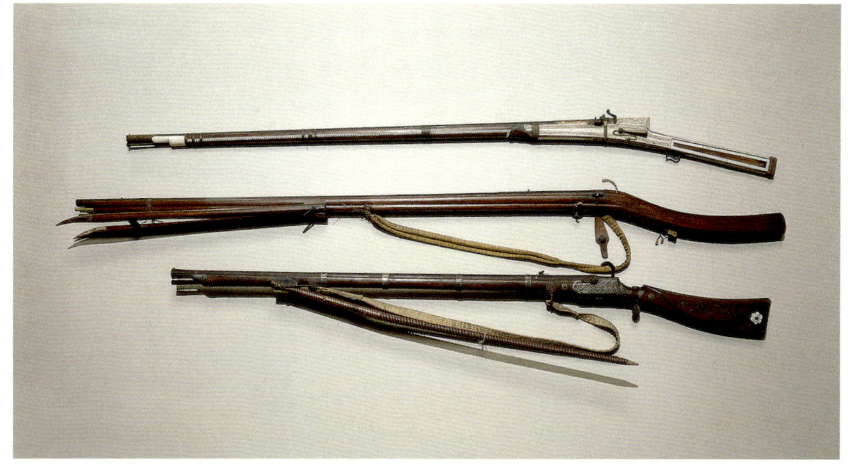

清代火枪

金钱鸡、五色鹦鹉、白鹤、文雉。明朝对这些动物的管理，虎、豹、犀牛、大象等，各有职秩，有品科，如虎食将军俸禄，象食指挥使俸禄等。

在紫禁城南面，出永定门外10公里有南苑，又称南海子，元时称飞放泊，是北京最大的天然园林猎场。蒙古族是游牧民族，崇尚骑射。忽必烈迁都大都后，将郊外许多民田变作牧场，后经汉官疏谏，逐渐退牧还田。但飞放泊被保留下来，忽必烈常到这里狩猎，又将南苑拓展，周围60公里，绕以墙垣，开有四门。后来的明帝多厚文薄武，沉湎酒色，南苑逐渐衰落。清朝满族以弓马为本，行猎演武，南苑又得以恢复和发展，并增为九门。苑内有94泉，又有凉水河与团河，泉涌水清，林木茂密，獐鹿雉兔，不可胜计。每年春蒐冬狩，行围习武。行围时，海户驱兽合围，骑士驰射其中。殪虎是狩猎者最大的乐趣。虎为兽中之王，猎虎能考验一个人的勇敢和智慧、体能与技艺，所以清代有作为的皇帝多喜欢射猎老虎。康熙帝和乾隆帝就是佳例。清还设立600人的虎枪营，在南苑春蒐时，随驾巡狩，猎殪猛虎。

苑中有晾鹰台（元称虞仁院，明称按鹰台），台临潴水五海子，筑72桥济渡。晾鹰台高19.2米，周径38.4米。大阅之典礼，在晾鹰台举行。大阅时，皇帝御晾鹰台，八旗分列左右，内大臣、都统等各率旗属，画角先鸣，呐喊前进。阅操礼毕，皇帝回圆幄，释甲胄，颁赏，赐宴。每旗摆筵50桌，凡24旗，列宴千席，规模壮观。乾隆帝曾接见哈萨克、布鲁特、安集延、塔什干等使臣，并放烟火。清初定制，大阅三岁一举，在南苑晾鹰台。后来时间不以三年为限，地点也不尽在南苑。康熙中期以后，辟建木兰围场和避暑山庄，临幸南苑渐少。但乾隆四十三年（公元1778年），疏浚团河，在南苑西南门——黄村门内三公里处，始建团河行宫，遗址至今尚存。

坛庙寺宇

国之大事，在祀与戎。焚香祈祷神灵，挥戈保卫疆土，是帝国也是帝王的两件大事。中世纪的中国同欧洲各国一样，神权至高，皇权至上。但也有所不同，罗马教皇立奥三世于公元800年（唐德宗贞元十六年）圣诞节，在罗马圣彼得大教堂为查理大帝加冕；中国皇帝的登极，则只是告祭神祇，毋须其干预。神权与皇权，相互依援，主客难定。中国在中世纪，从哲理上讲，神权为主，皇权为客，所以皇帝才称为天子；但从现实上讲，皇权为主，神权为客，所以皇帝才敢于灭佛毁经。中国皇权一元，但神权多元。语云：

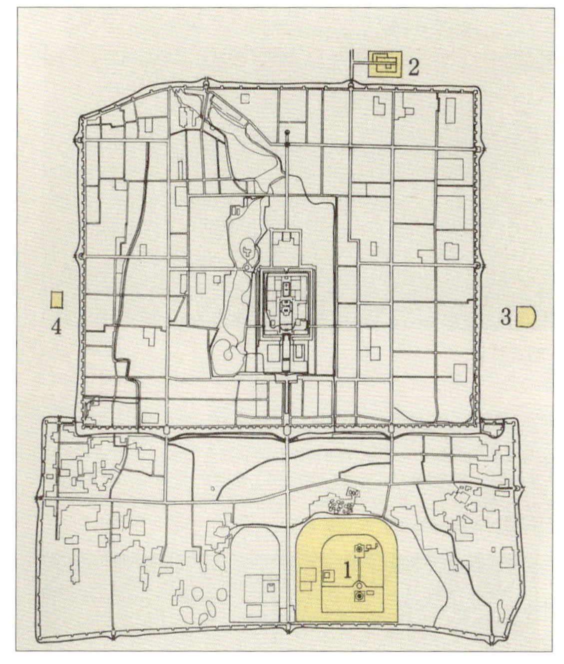

天、地、日、月四坛位置示意图 1.天坛 2.地坛 3.日坛 4.月坛

天坛圜丘坛

圜丘坛坛面

"天生英物，必有神主之。"天下万物，神以百计。

明清所祀之神，有天神——日月星辰，风云雷雨；有地神——五岳（泰山、衡山、嵩山、华山、恒山），五镇（沂山、会稽山、霍山、吴山、医巫闾山），四裔名山；有水神——江河湖海，泉潭川泽；有农业神——农蚕五谷，蝗虫大雩（旱神）；有军事神——旗马舰炮，铳枪弩石；有社会神——历代帝王，功臣良将；有宗教神——佛祖道尊；有文化神——孔子，文昌；有市民神——门户灶井等，祭祀之神，数以百计。同人间有等级一样，受祀之神也分等级。祀分三等：大祀者，为天地、宗庙、社稷、孔子；中祀者，为朝日、夕月、先农、先蚕等；群祀者，为先医、火神、城隍、玉泉等。大祀，皇帝亲祭；中祀，或亲祭，或遣官；群祀，则皆遣官。祭祀诸神的场所，为坛庙寺宇。

北京坛庙的布置讲求对称。天坛在南，地坛居北，日坛在东，月坛居西。在天、地、日、月、先农五坛中，以天坛建筑最为气势磅礴，宏伟壮丽。

天坛 是明清皇帝祭天和祈谷的坛庙，位于永定门内子午线东侧，占地约 270 万平方米，约相当于紫禁城面积的 4 倍，为中国现存最大的古代祭祀建筑群。天坛的坛墙有两重，分为内坛和外坛。坛墙南方北圆，象征天圆地方。天坛的主要建筑有圜丘坛、皇穹宇和祈年殿。这三组建筑之间，有一条高出地面 2.5 米，长 360 米的丹陛桥（又称神道），将三者连接成一体。

圜丘坛在天坛南部，是皇帝祭天的地方。明初天地坛合祀，嘉靖九年（公元 1530 年）改为天地分祀，建圜丘坛以祭天。坛面及护栏都由青色琉璃砖

天坛圜丘坛棂星门

祭天乐器 祭天用《中和韶乐》，乐器有钟、镈、鼓、篪、箫、笛、琴、磬等。

砌成。清乾隆十二年（公元1747年）改建，坛面换成艾叶青石，栏板望柱改用汉白玉。坛呈圆形，共为三重，坛面离地约5米，直径约23米。每层栏板望柱及台阶数目均用阳数（即奇数）。坛面中心是块圆石，外围各圈均由扇形石板砌成环状，共九圈。第一圈有石板九块，依次按九的倍数递增，第九圈为九九八十一块，其数目也都是阳数。整个圜丘坛是由反射性能良好的石料砌成的。当人站在台面中心圆石上叫一声时，他听到的声音比平常听到的声音响亮深沉，这是由于声波被汉白玉栏杆反射到台面，再从台面反射入其耳的缘故。这也是站在中心圆石上的人似乎觉得声音是从地下而来的原因。坛外的四面，各有汉白玉四柱三门的棂星门一座。坛的西南有望灯台，台上安插高20余米独木灯杆，杆上挂着长2.55米的灯笼，蜡烛有1.28米长，称为天灯。皇帝祭天，礼仪威严，极为庄重。有时皇帝也到天坛祈雨，如清康熙十七年（公元1678年）夏季大旱，康熙帝曾步祷天坛祈雨。第二年七月二十八日（9月2日），京师发生八级大地震。天坛里搭起帐篷，成为皇帝和贵族避震的场所。

皇穹宇在圜丘坛的北面，是存放圜丘祭祀诸神牌位的殿宇。建于明嘉靖九年（公元1530年），清乾隆十七年（公元1752年）改建。皇穹宇为深蓝色琉璃瓦的单檐圆殿，远看像一把蓝色宝石大伞。它高19.5米，直径15.06米，屋顶由八柱环转支托，并有三层天花藻井，层层上收。宇外有圆形围墙，高约6米，直径约64米。

皇穹宇内“皇天上帝”牌位 殿内正中供奉“皇天上帝”牌位，清代则用汉文与满文合璧书写。在祭天的前一日先到此殿上香，举行祭祀的当日，由此殿将神牌用轿抬至圜丘坛幄帐中，祭祀完毕仍藏于殿中原处。

天坛皇穹宇

皇穹宇藻井

天坛斋宫 这是皇帝行祭礼时斋戒的住宿处，宫东向，正殿五间，为砖石结构，俗称“无梁殿”。

祭天仪式用的礼器

天坛回音壁

整个围墙砌得整齐光滑，是一个优良的声音反射体，所以叫作回音壁。一个人站在墙的一端低声细语，站在另一端的人能够听到清晰的声音。

皇穹宇南面路上第三块石板，正处在围墙的中央，站在这块石板上，击一掌或喊一声，可以听到三声回响，所以叫作“三音石”。这是因为掌声或喊声等距离地传到围墙以后，被围墙同时反射回中央，于是人们听到了第一次回音；接着第一次回音又等距离地传到围墙，再被反射回来，人们听到了第二次回音；这样往返三次后，声能在传播和反射过程中被墙壁和空气吸收而再听不到回音。这种具有良好声学效果的古代建筑物是世界上罕见的。

祈年殿在天坛皇穹宇的北部，是皇帝祈祷五谷丰登的殿堂。国以农为本，民以食为天。庄稼收成好坏，不仅影响人民的生活，而且关系国赋的收入。中国的元帝国和明帝国，都是在连年灾荒之后，被揭竿而起的农民所埋葬的。明承元鉴，清又承明鉴，都祈求有个五谷丰登之年。皇帝在每年的正月，要亲自至殿祈谷，以求国泰民安。明永乐帝在兴建北京宫殿的同时，就建筑了平面为矩形的大祀殿。

祈年殿内象征季节的朱漆楠木巨柱

祈年殿内藻井 藻井是殿宇天花板正中的装饰建筑结构，因其华彩如藻，形状似井，故称藻井。

祈年殿内设置的宝座、屏风和神案

明嘉靖二十四年（公元1545年）重建时，为合于天圆之说，改作鎏金宝顶三层檐攒尖式屋顶的圆形大殿。三层檐琉璃瓦的颜色，上层为蓝色，中层为黄色，下层为绿色。清乾隆十六年（公元1751年）改名为祈年殿，次年将三层檐全部换成蓝色琉璃瓦，与天一色，蔚为壮观。祈年殿高38米，直径30米，有三层圆形屋檐，每层都覆盖蓝色琉璃瓦，从下至上，递层缩小，最上层的中央冠以鎏金宝顶。殿基三层，每层都以金砖墁地，围以雕花汉白玉栏杆。整个大殿全用木材结构，仅凭木榫交结、斗拱支架而成，表现了中国古代建筑的独特风格。全殿用28根朱

祈年殿的附属建筑——皇乾殿

天坛祈年殿

漆楠木巨柱支持。中间的四根最粗，有描金卷枝莲彩绘，象征一年春夏秋冬四季。周围的24根，分为内外两圈，内圈12根象征一年12个月，外圈12根象征一天12个时辰，合为24根则象征一年24个节气。殿内上有华丽的藻井，中设宝座、屏风和祀神牌位。

整个天坛布局恢宏，设计精巧，建筑雄伟，色彩奇丽，造型卓异，工艺奇巧，是中华古代建筑的瑰宝，也是世界古代建筑的奇观，至今仍深深地吸引着人们，让人叹为观止。已被列为世界文化遗产。

地坛 是明清皇帝祭祀皇地祇神的坛庙，又称方泽坛，在安定门外。明嘉靖九年（公元1530年）建，清代屡经重修。坛呈方形，象征地方，汉白玉筑二层方台。坛面用黄琉璃，以象征大地。上层面积约6平方丈，下层面积十余平方丈。下层一边列五岳（东岳泰山、南岳衡山、西岳华山、北岳恒山、中岳嵩山）等山石座，镂刻山形；另一边列四渎（长江、黄河、淮河、济水）等水石座，镂刻水形。外围内壝（矮围墙）。坛北向，正北面白石棂星门三门，竖立六柱，东、西、南各一门，门有二柱。坛南有皇祇室，供奉皇地祇神牌位。每年夏至日出时行祭地之礼。天坛在南，地坛在北；天坛呈圆形，地坛呈方形——乾坤相对，特点鲜明。

日坛 是明清皇帝祭祀大明之神——太阳的坛庙，又称朝日坛，在朝阳门外。明嘉靖九年建，清代屡经重修。坛为白石砌成，一层方台。坛面为红琉璃，以象征红日——太阳。坛四周有墙壝。坛西向，正西有白石棂星门三门，竖立六柱，东、南、北各一门，门有二柱。每年春分日出时行祭日之礼。

月坛 是明清皇帝祭祀夜明之神——月亮的坛庙，又称夕月坛，在阜成门外。明嘉靖九年建，清代屡经重修。坛为白石砌成，一层方台。坛面为白琉璃，以象征白月——月亮。坛四周有墙。坛东向，正东面有白石棂星门三门，竖立六柱，南、西、北各一门，门有二柱。每年秋分夜行祭月之礼。日坛在东，月坛在西；日坛面用红琉璃，月坛坛面用白琉璃——日月相对，各具特色。

北京坛庙的布置，讲求对称。太庙在左，社稷居右；天、地、日、月四坛，天坛在南，地坛居北，日坛在东，月坛居西。天坛呈圆形，地坛呈方形，

日坛

地坛 图示左面高台为方泽坛，六柱三门为棂星门，矮墙所围为坛，右面石座象征五岳等山，镂刻呈山形。

月坛钟楼

天坛的坛面为艾叶青石，地坛的坛面为黄琉璃——乾坤相对，特点鲜明。祖社和四坛配置左右、南北、东西，而宫城居于中心。这是皇权为主、神权为客在坛庙布局上的表现。

太庙 是祭祀皇帝祖先的庙宇，明初建，在阙左。嘉靖时，撤故庙，建九庙。庙成后，雷火焚八庙。又重建太庙，为同堂异室之制。前正殿九间，内储诸帝后冕旒冠带，祭时陈列。其前为两庑，东西燎炉，南为戟门。后寝殿九间，安放先帝后神主。又有祧庙五间，藏祧主。四时祭祀，岁除祫祀。其两庑，东庑侑享诸王，西庑侑享功臣。清朝将明神主移祀历代帝王庙，而换成清帝祖先。

社稷坛 是祭祀土地和五谷之神的坛庙，明初建，在阙右。坛为方形，坛制二层，四面有石阶，各三级。坛中用五色土按五方筑成。四面有棂星门，有坛，外设天门四座。西门外建神库、神厨、宰牲亭，北面有拜殿。中国古代以农立国，国以民为本，民以食为天，食之五谷赖土地而生，所以历代都以社稷为大祀。

先农坛 永乐帝迁都北京后，沿袭明南京礼仪规制，于永乐十八年（公元1420年）在天坛的对面建先农等坛，祭祀先农（农神）、太岁（岁神）、神祇（山川等自然神）等神。明嘉靖时规范，清乾隆朝重修。先农坛由外坛墙及坛门、内坛墙及坛门、太岁殿、先农神坛、天神地祇坛、行耤田礼坛、神仓、庆成宫等组群建筑及耕地等组成。占地约2000亩，呈北圆南方状。每年二月的某日，皇帝按规定要亲到先农坛祭先农神，他穿着祭服，登上祭坛，官员陪同，奏乐，行礼。然后，行亲耕耤田礼，象征皇帝带头在试验田上耕地种田。先农坛虽经400多年沧桑

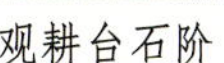
观耕台石阶

《耤田图》选自《农书》插图。此图表现帝王亲临祭祀先农神，并耕地种田的情景。

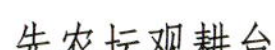
先农坛观耕台

变幻，但至今整体布局基本完整，建筑特色及艺术风格也基本保留了明代特征（除外坛墙已无存）。

明代北京的七大坛庙，已如前述；而七大寺宇，略如下述。

真觉寺 俗称五塔寺，坐落在今西直门外长河北岸。寺创建于永乐年间，时因印度高僧来北京，贡进五尊金佛和金刚宝座塔规式，而为其建寺以居。成化九年（公元 1473 年），建金刚宝座塔。塔建在金刚宝座上，座

佛足石 在金刚宝座塔中塔的塔身上。相传释迦牟尼涅槃前踩在此石上，向弟子嘱咐："吾今最后留此足迹，将入寂灭。"佛足石典源于此。

真觉寺内的银杏树 寺内金刚宝座塔前，左右各一棵银杏树，围可两人合抱，虽已有五百余年树龄，仍然枝叶茂盛异常。乾隆年间此寺香火极盛，乾隆帝曾召喇嘛、和尚一千多名在这里唪经为皇太后祝寿。

真觉寺金刚宝座塔 塔仿照中印度佛陀迦耶精舍建造，为内部砌砖、外表甃石的砖石结构。下部是宝座，座前后是券门，内有石阶梯，盘旋而上通向宝座顶部。座顶中部一塔，四角各一塔，前方有一琉璃罩亭，塔身及金刚宝座上雕有佛像、梵文及佛教法器神兽图案。

觉生寺大钟殿

分五层，每层均挑檐，设佛龛，藏佛像。座顶周绕石护栏，前方筑建罩亭。座上建五塔，中央大塔十三层密檐，四角各建一小塔。后寺毁塔存。此塔以印度造型与中国结构相结合，且为中国现存金刚宝座塔中建造时间最早之一座。

觉生寺 俗称大钟寺，寺以大钟而闻名。大钟铸于永乐（公元1403～1424年）年间，它通高6.94米，外径3.3米，钟唇厚18.5厘米，重约46.5吨。钟身内外铸有汉文及梵文经咒，总计经文23万多字，字体工整，遒劲古朴。钟声轻击圆润深沉，重击浑厚洪亮，声音悠长，播及远方。《长安客话》记载：“昼夜撞击，声闻数十里，时远时近，有异他钟。”此钟在现存诸钟之中为最大最重，故被誉为“钟王”。它原藏德胜门汉经厂，后移至万寿寺，又移至觉生寺即今大钟寺。

满铸经文的钟纽

大钟的纪年铭文

大钟外壁满铸的佛教经咒 据传，这些经文是明代大书法家沈度奉永乐帝御旨以楷书所写的。

《冶铸图》 选自明《天工开物》。到了明代，中国的冶铸技术和工艺达到前所未有的高峰，不但能够铸造大型钟、鼎、锚，还能生产出一系列空前绝后的金属工艺品。永乐金铜佛、宣德铜炉即其典型之例。

觉生寺永乐大钟

大慧寺塑像 寺在今海淀区大柳树村，建于明正德八年（公元1513年）。寺内有28尊诸天泥塑神像。

智化寺 坐落在今东城禄米仓胡同。寺由明英宗司礼监太监王振，于正统八年（公元1443年）兴建，翌年建成。寺由山门、智化门（天王殿）、智化殿、万佛阁等建筑组成，殿阁顶覆黑琉璃瓦。智化寺的建筑艺术精品——藻井，被寺僧盗卖，现陈列于美国费城艺术博物馆。智化寺建成后，王振教人训练僧人演奏佛教乐曲——京音乐（又称经音乐）。艺僧代代相传，已传至今计28代。寺内尚存明代乐器，保留古曲牌150余种，现能演奏曲牌30余个。京音乐在曲谱、乐调、乐器和演奏上，承袭了唐燕乐和宋鼓吹乐之遗音，并与宫廷音乐、民间音乐相糅合，具有极高的艺术与学术价值。

大慧寺 在今海淀区大柳树村。明正德八年（公元1513年），由司礼监太监张雄创建。殿宇规模很大，占地400余亩。后寺毁，但大悲殿幸存。大悲殿是典型的明式建筑，坐北面南，藻井瑰丽——有蟠龙镶嵌，井口天花及梁、檩均绘精美彩画，所有榫头均装饰一尊小神像，构思奇特，妙趣横生。殿内的明代雕塑二十八诸天神像，

神态各异，生动逼真，服饰精美，色彩浓重，技艺超凡，堪称珍品。

法海寺 坐落在今石景山区翠微山南麓的模式口东北幽静峰谷之地。由明英宗近侍太监李童倡议，于正统四年（公元 1439 年）始建，历时四年竣工。寺的建筑，缘麓设三级平台，依山势层叠而上，分级建造山门殿、天王殿和大雄宝殿等。山门里高台正中的大殿，黄瓦殿顶，金碧辉煌。刹宇保存至今已属不易，而尤为珍贵者为大雄宝殿内的壁画。壁画绘在大殿佛龛后壁、北门两侧壁上和东西两山墙内壁上。佛龛后壁画为观音、文殊、普贤菩萨像及其坐骑、供养人。观音半身裸露、身披轻纱、面容祥和、色

法海寺壁画

法海寺壁画

碧云寺金刚宝座塔 金刚宝座塔通高34.7米，是中国现存此类塔中最高大的一座。

碧云寺罗汉堂

金刚宝座塔塔座上的密檐式方塔

碧云寺金刚宝座塔浮雕

彩艳丽，为今存明壁画的精品。北壁画的是《礼佛护法图》，画中有帝后、天龙八部及侍从共 36 人，神态各异，烟云缥缈；东西两山墙画的是十方佛、飞天、仙女等，以菩提、牡丹、月季、芭蕉为衬托，天仙腾空，花香云绕，为中国绘画史上宏伟恢廓之杰作。正殿北壁有《帝释梵天图》，所画人物富于精神与性格的特征，如梵天的肃穆，天王的威武，功德天的聪慧，诃利帝母的慈祥，表现精粹，真切动人。三幅菩萨画像神采隽永，轻妙透体，如飞似流，尤为精湛。法海寺的壁画，不仅是明代壁画中的珍品，而且可与敦煌、宋元壁画媲美。

碧云寺　在香山北聚宝山东麓，山势起伏，松柏蓊郁，空气清爽，风景佳胜。它初名碧云庵，创建于元。明正德帝巨宦于经和天启帝阉宦魏忠贤两次扩修。清乾隆十三年（公元 1748 年）对寺院进行扩建，又兴建了金刚宝座塔和五百罗汉堂等，碧云寺成为京郊名刹。寺有四进院落，层层殿堂，依山叠起，松柏参天，浓荫蔽日。南跨院为罗汉堂，堂内塑造 500 尊罗汉像，每尊高约 1.5 米，木质为胎，外饰金箔，按行而列，姿态各异。其中济公因为迟到，没有座位，只好蹲在梁上。北跨院为水泉院，清泉从石

慈寿寺塔塔身浮雕

慈寿寺塔

缝流出，汇于一池，池上桥亭错落，周围山石叠嶂。后院有金刚宝座塔，通高34.7米，全部用汉白玉石砌成。塔基正中开券洞，券门额题“灯在菩提”四字。塔座上有两座小型喇嘛塔和五座十三层密檐方塔——布满浮雕，雕刻精致，格局清新，技艺精湛，有很高的艺术价值。

慈寿寺 位于今海淀区八里庄，原名永安万寿寺，寺中建高塔，名万寿寺塔。寺是奉明万历帝母亲李太后懿旨，于万历四年（公元1576年）始建，两年后告成。寺院内，塔为八角十三层密檐式砖塔，高56.5米，刚健挺拔，风铃鸣动，气势非凡。后寺因火废弃，唯塔孤存。寺的兴建有个故事。万历帝父亲隆庆帝死得早，皇后没有儿子，由李妃所生10岁的朱翊钧继位，这就是万历皇帝。万历帝登极后，册母亲为太后，但她是宫女出身，地位卑微。一次宫里吃饭，正宫太后和万历皇帝坐着，李太后却不能入正席。李太后处境艰难，外朝由首辅张居正掌权，内廷上下不受重视。如何提高自己的地位和权威呢？一天，她公开说：夜里做了一个梦，梦见九莲菩萨，说自己是九莲菩萨的化身。于是，在宫里供奉九莲菩萨，又传旨修建慈寿寺，寺内供奉九莲菩萨。此后，东太后、张居正以及宫内外所有的人，都高看李太后。塔的后侧，东西分列画像石刻碑：东首一块正面刻紫竹观音和赞词，背面刻瑞莲赋；西首一块正面刻鱼篮观音和赞词。二碑刻工精美，线条疏朗流畅。慈寿寺是女人心智韬略与才能机睿的展现。

科学文化

明代中原无大战，文化积累颇丰厚。文化的历久积萃，则是科学、文学、书画、工艺发展之土壤。

科学 明代出现了伟大的科学家李时珍、徐霞客、宋应星和徐光启。李时珍曾任职于为宫廷服务的太医院，著有中国古代医药学经典《本草纲目》。徐霞客曾游历京师，撰有地理学名著《徐霞客游记》。宋应星曾两次赴京应试，著有介绍中国古代农业和手工业技术的百科全书《天工开物》。徐光启长期任职京师，官至礼部尚书兼内阁大学士，对当时的科技发展贡献很大。他尤其重视中国传统生产技术，撰写了集古代农学大成的巨著《农政全书》。

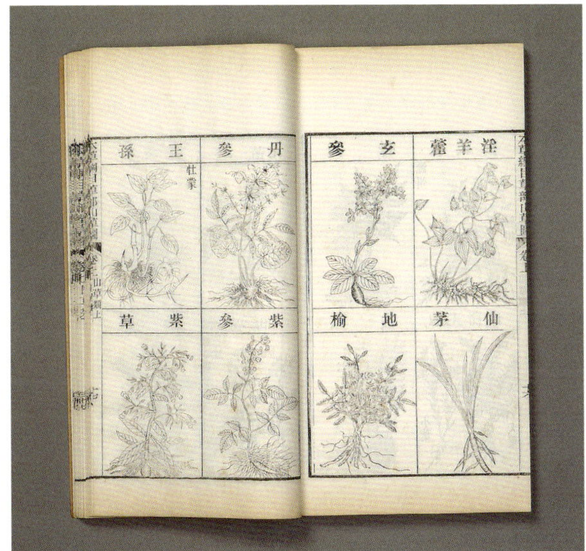

李时珍《本草纲目》 这是一部药物学巨著，全书共190多万字，分为16部、62类、50卷，收入中草药物1892种，药方11096个，绘制插图1110幅，形象地表现了各种药物的复杂形态和功效。

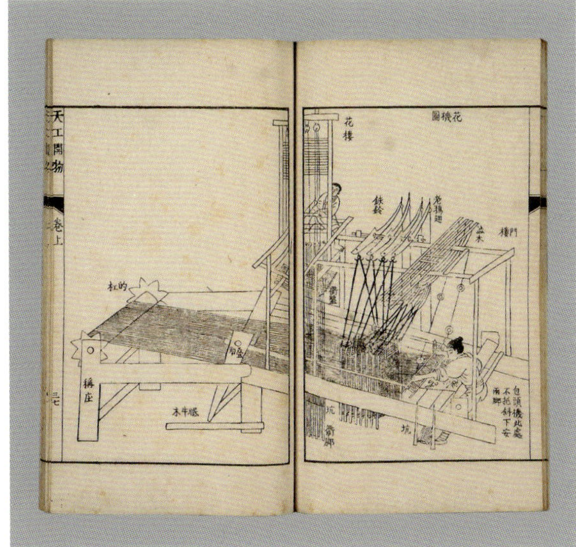

宋应星《天工开物》 整部著作共18卷，图文并茂，在世界科技史上占有很高的地位。

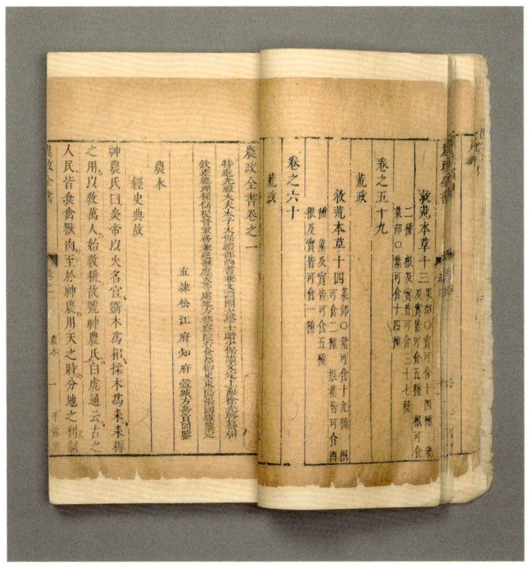

徐光启《农政全书》 全书共60卷，12大目，50多万字。

万历黑漆描金龙药柜 这件“大明万历年制”款的宫廷御药房专用的药柜，双开门，内有八方旋转式药屉80个，两侧各有长屉10个，每屉分三格放药，全柜能放药140种。

徐霞客像及《徐霞客游记》 著名旅行家和地理学家徐弘祖，号霞客，足迹遍布今江苏、浙江、安徽、福建、广东、广西、江西、河南、陕西、山东、河北、山西、湖南、湖北、贵州、云南共16个省、自治区。所到之处，对地貌、地形、水文、气候、植物等，都作了深入的考察和科学的记录，写成《徐霞客游记》。该书对中国西南地区广大石灰岩地貌特征的详细描述，是世界上最早的相关记录。书中还指出长江的上源是金沙江，对盘江、怒江等许多江河的水源流向都有详细而正确的记录。

万历药柜内的旋转式药屉

利玛窦和徐光启像

利玛窦墓

早在明正德十一年（公元1516年），葡萄牙人剌菲尔别斯罗附帆来华，是为欧洲船舶入中国之始。意大利传教士利玛窦于万历二十九年（公元1601年）来到北京，带来了《坤舆万国全图》等西方科技著作。《坤舆万国全图》是根据绘有五大洲的拉丁文世界地图，用经纬度制图法加以改绘，并用汉文注释的世界地图。这使北京的士大夫耳目一新。利玛窦在北京一面传教，一面传播西方的自然科学。徐光启向利玛窦学习新的科学知识，两人还合作译出了欧几里得几何学的《几何原本》，是为传教士为中国翻译的第一部科学著作。利玛窦还同明朝官员李之藻合作编译介绍西方笔算的著作《同文算指》，对中国算术的发展有较大影响。利玛窦死后葬在今阜成门外车公庄。

文学 明代市民文学逐渐发展，章回小说成为当时文学的主流。章回小说的特点是分回标目，故事连接，段落整齐，人物性格鲜明，故事情节生动。明代出现著名的四部章回小说——《三国演义》《水浒传》《西游记》和《金瓶梅》，不仅标志着中国古典小说达到一个新的光辉顶点，而且在北京产生了巨大的影响。

《三国演义》是中国第一部杰出的历史长篇小说，描写了魏、蜀、吴三国时期复杂的军事政治斗争，塑造了曹操、关羽、诸葛亮（孔明）、周瑜等400余个人物形象。其中塑造人物典型，向来有所谓“三绝”，就是曹操奸绝，关羽义绝，孔明智绝。诸葛亮被突出为智慧的化身，赤壁之战被描绘成是诸葛亮指挥的波澜壮阔的

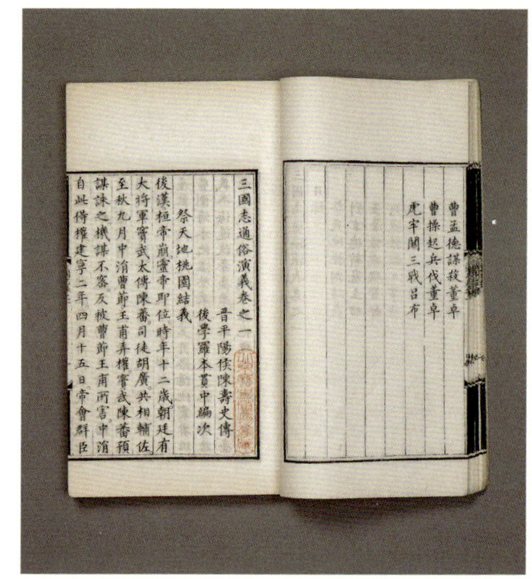
曹孟德謀殺董卓
曹操起兵伐董卓
虎牢關三戰呂布

三國志通俗演義卷之一
晋平陽侯陳壽史傳
後學羅本貫中編次
祭天地桃園結義
後漢桓帝崩靈帝即位時年十二歲朝廷有
大將軍竇武太傅陳蕃司徒胡廣共相輔佐
至秋九月中涓曹節王甫弄權竇武陳蕃預
謀誅之機謀不密反被曹節王甫所害中涓
自此得權建寧二年四月十五日帝會群臣

《三国志通俗演义》

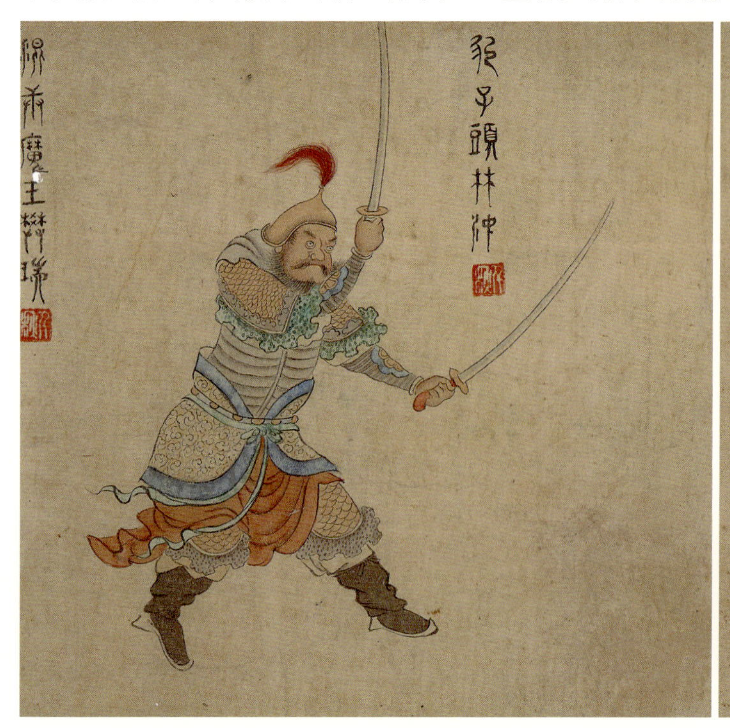

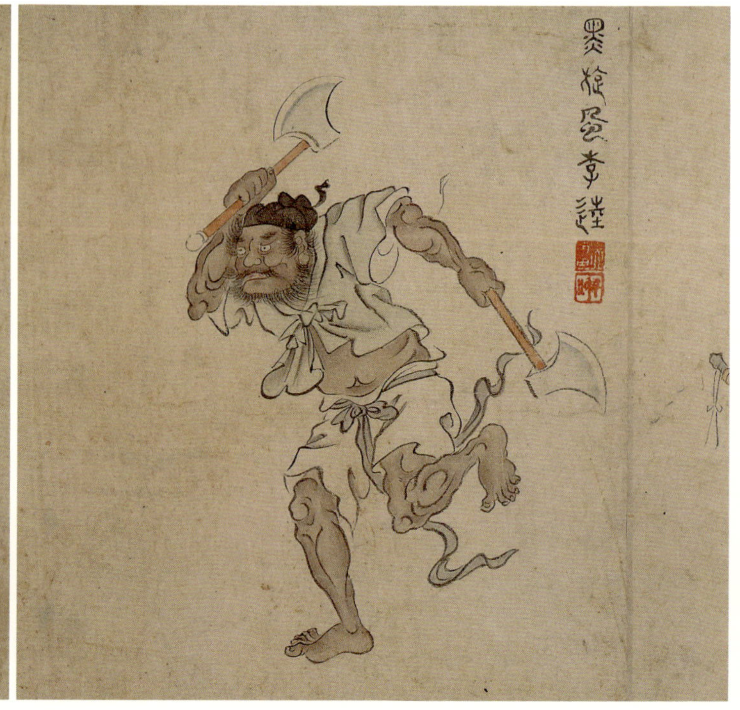

《水浒人物卷》局部

辉煌战役。这部小说长久地在北京和全国人民面前放出异彩。

《水浒传》是一部描写与歌颂农民起义的文学巨著。它以北宋末年宋江等农民起义作为创作的历史素材，围绕着“官逼民反”的主题，塑造了一大批各种性格的人物形象。同时揭露和鞭挞统治者的罪恶与腐朽。

《西游记》的主要故事是写孙悟空、猪八戒、沙和尚护送唐僧去西天取经，一路上杀妖魔，降鬼怪，历尽磨难，终成正果。它的作者吴承恩，性敏多慧，博览群书，久试不第，性格倔强：“平生不肯受人怜，喜笑悲歌气傲然。”他幼时爱好神奇故事传说，年长更甚，后在西游记评话和杂剧的基础上，呕心沥血，创作出这部《西游记》。《西游记》中的孙悟空，勇敢顽强，聪明机智，会七十二般变化，历八十一场磨难，降伏妖魔，护卫唐僧，扫清障碍，到达西天，取得正果。孙悟空“大闹天宫”，尤为脍炙人口，家喻户晓。孙悟空在天庭玉阙，树起旗帜，声言“皇帝轮流做，明年到我家”，十万天兵天将望风而逃，整个天宫琼宇摇摇欲坠。这个故事后来成为戏剧、说书、绘画、皮影戏和影视等多种艺术作品题材的源泉。《西游记》富于哲理，寓意深刻，启发人们：有佛必有魔，无魔没有佛，能战胜魔，才能成佛。

《金瓶梅》作者的真实姓名不详，它的题材由《水浒传》中武松杀嫂故事演变而来，主要以西门庆和潘金莲为脉络，描写了上自贵族，下至市井，形形色色人物的故事行为与精神状态，勾勒出一幅芸芸众生的世俗图画。

戏曲　明代戏曲在元代杂剧的基础上又向前发展，民间杂剧约有1000种。万历十一年（公元1583年），伟大的戏剧家汤显祖从江西临川到北京参加会试，得中进士，后任小官，宦途波折，辞职回家。他的名著《牡丹亭》，描写一对陌生的青年男女柳梦梅和杜丽娘在梦中相会，由梦生情，由情而病，由病而死，死而复生，富于浪漫色彩。《牡丹亭》歌颂了他们自由幸福的爱情，也反映了要求个性解放的心情。当《牡

《西游记》图册

汤显祖像

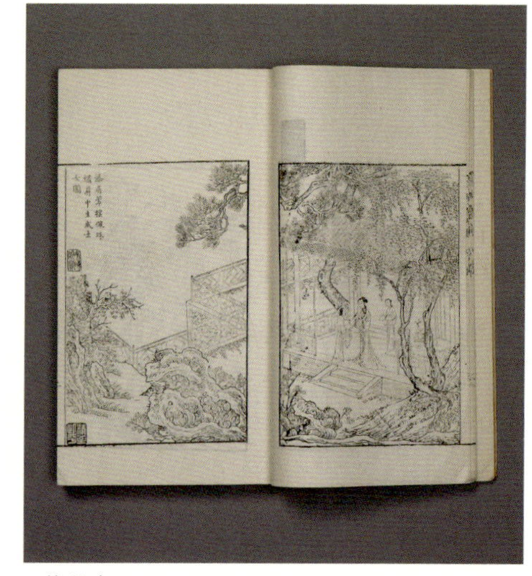
《牡丹亭》

丹亭》问世时，江南的戏曲如昆曲、弋阳腔等都在北京极为流行。北京的戏班在这时也从公侯宅第走进闹市剧场。《牡丹亭》在剧场上演，受到京师市民的喜爱。

绘画　明代是中国绘画史的重要时期，文人画更为繁荣。北京作为全国文人荟萃之区，画苑相当活跃。北京宫城武英殿设有宫廷画院，明人于慎行的《谷城山馆诗人集》记载：“宋徽宗立书画学，书学即今文华殿直殿中书；画学即今武英殿待诏诸臣。”画学的待诏诸臣，在宫城内武英殿后的仁智殿受召，明宣德帝朱瞻基、景泰帝朱祁钰、成化帝朱见深和嘉靖帝朱厚熜等，都能画山水、花鸟、人物、草虫，“往往与宣和争胜”，就是常同擅长书画的宋徽宗赵佶竞美。当时一些著名的画家受召入院，挥毫作画。明初永乐帝时，画家边文进擅长工笔花鸟，他同蒋子成、赵廉被召入禁廷作画，时称为“禁中三绝”。其后钱塘（今浙江杭州）人戴进，初为银工，后入画院。他应召画《秋江独钓图》，因画面上穿红袍人在水边垂钓，被人谗称绯为朝服，有辱朝官，命斩首。戴进和徒弟栖于寺庙僧房，其徒用酒灌醉寺僧，窃取度牒，削师之发，夤夜化装逃归乡里。戴进的山水画，水墨苍劲，宏深淡雅，被誉为画坛大家。再后的唐寅，与沈周、文征明、仇英被称为“明代四大画家”。唐寅，字伯虎，曾到北京会试，因科场案被下诏狱，谪为吏。他以“风流才子”自况，后靠卖画为生，曾写有诗道：“不

沈周《仿董巨山水图》

唐寅《东篱赏菊图》

仇英《剑阁图》

文征明《真赏斋图》

炼金丹不坐禅，不为商贾不耕田。闲来就写青山卖，不使人间造孽钱。”他的山水画、人物画都有卓越成就。《骑驴归思图》描绘一个敝袍寒士，正于秋风萧瑟、峰溪深处，骑驴疾归，富于生活气息。他的画造景雄峻，变化巧妙，笔墨灵逸，明洁滋润。唐伯虎之名，因《三笑姻缘》而家喻户晓，实皆盲词弹唱，出于虚构。明末的董其昌，万历十七年（公元1589年）在京中进士，官至礼部尚书。他为官名声不好，书画却噪有时名。所绘山水树石，烟云流动，笔致墨韵，风格清朗。其书法名气很大，留在下面介绍。

书法 明代北京书苑繁盛，名家辈出，流派纷竞，佳作如林。明代初期的北京书坛，以沈度为代表。永乐帝诏简能书者入翰林院，沈度以擅长书法入选。沈度专工楷书，圆润婉媚，雍容华贵，名出朝士之上。永乐帝誉其为“我朝王羲之”，日侍便殿，金版玉简，诏书典册，多命他书写。沈度的书法，工整平稳，功力深厚，为宫廷内阁文书所需，他就成为“台阁体”书法之代表。今故宫博物院藏有他的《敬参箴》墨迹。

明代中期的北京书坛，以文征明为代表。文征明曾在北京翰林院任职，后乞归故里长洲（今江苏苏州）。文征明善画，前已述及，尤工书法，秀媚清劲。他的大字，笔法精绝；隶书，独步一世。今故宫博物院藏有他的《前后赤壁赋》等墨迹。其中《后赤壁赋》为小楷，规矩平稳，工整劲健，是他80余岁之作品，令人惊叹不已。在文征明之前还有于谦。于谦在永乐十九年（公元1421年）中进士，后在京为官。正统十四年（公元1449年），蒙古也先骑兵内犯，正统帝在亲征中兵败被俘，郕王监国。于谦部署抗御也先，守卫京师有方，升为兵部尚书。天顺元年（公元1457年），正统帝复位，于谦被诬下狱，蒙冤而死。于谦为人正直，亮节高风，善诗文，工书法。文如云行水涌，诗风清丽淳朴，书法风格劲秀，今故宫博物院藏有他的《题公中塔图赞》墨迹。

明代晚期的北京书坛，以米万钟为代表。当时以善书名者称“南董北米”，董为董其昌，米为米万钟。董其昌擅长绘画，前文已述；尤工书法，自成一家。清康熙帝喜爱其书法，因之全国风靡一时，京城内外，影响颇大。米万钟，顺天宛平（今北京市）人，自青年时，文章、翰墨之誉已满天下。万历二十三年（公元1595年）中进士，后任江西按察使。宦官慕米之名，求书翰不应，唆人讦劾，即被免官。他的书法功力深厚，潇洒生动，名噪一时。又爱收蓄奇石，人称为友石，并有诗文行于世。

明代北京的工艺，如奇花名卉，竞放异彩。

雕漆 相传是永乐年间由浙江嘉兴府传到京师的。它用金、银、铜、锡等做胎型，然后在胎型上累次涂漆，按刻制的要求，涂数十层或数百层，

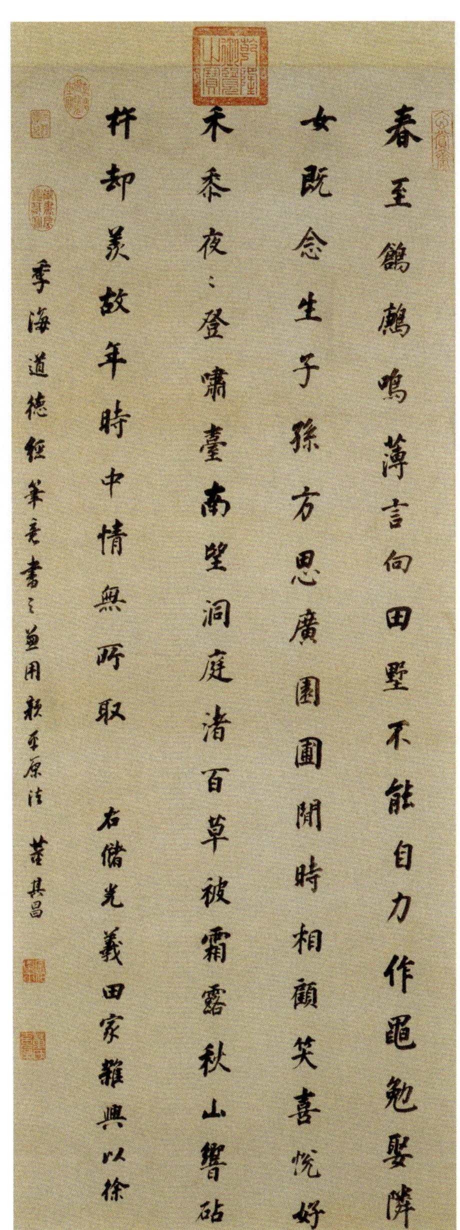

董其昌书法

明·剔红花鸟纹长方盒 雕漆工艺中，用红色漆的称为“剔红”，用黄色漆的称为“剔黄”。这种工艺早在宋、元时已盛行于世，到了明代，雕漆技术远超前代。

清·剔红铜胎七佛钵

并在漆未干透之时，刻制各种装饰花纹图案，技艺奇巧，精致美观。雕漆器有碗、盘、盒、匣等。宫廷的榻儿、屏风、奁盒等也多用这种雕漆。北京雕漆造型浑厚，色彩浓艳，纹饰纤巧，构图典雅，具有浓郁的民族风格。

景泰蓝 是铜胎掐丝珐琅工艺品，因明景泰年间（公元1450～1456年）的产品极为精美而得名。它的工艺过程非常复杂，需经制胎、掐丝、烧焊、点蓝、烧蓝、磨光、镀金等工序。景泰蓝端庄古雅，雍容华贵，成为宫廷的装饰器皿和坛庙的祭祀礼器。清乾隆时紫禁城内梵华楼的珐琅佛塔，即景泰蓝佛塔，是景泰蓝中的精品。其中一座珐琅佛塔，放置在梵华楼佛塔室内，室的墙壁绘有佛教图画。画面以云天神界为背景，描绘着各种宗教故事，笔调粗犷，色彩强烈，愈发衬出珐琅佛塔的精雕细刻。珐琅佛塔的塔基呈正方形，共有三层，色彩不同，花纹各异。塔身也是三层。第一层，像一座方亭，下有彩绘护栏，上有连脊重檐，中列佛龛，内置佛像。第二层，像一座八角亭，基座四角有蓝色纹饰，给人以耸入云天的感觉。金花檐柱环列，上有弧形重檐，中设佛龛，内有佛像。第三层，也像一座亭子，中有佛龛，内设佛像（已失），三层圆檐亭顶，又兼作塔刹。塔刹构图繁复，叠层变化。梵华楼的珐琅佛塔，构思奇特，变幻无穷，巧夺天工，是古代世界工艺美术的稀世珍宝。

清代北京的景泰蓝，附此一提。它由内务府造办处生产，后来民间也

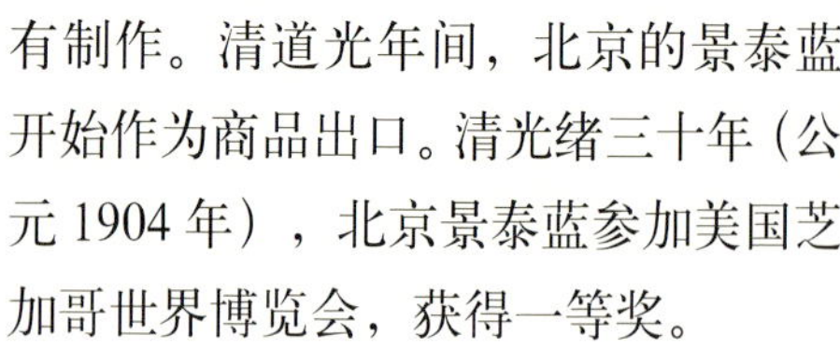

有制作。清道光年间，北京的景泰蓝开始作为商品出口。清光绪三十年（公元1904年），北京景泰蓝参加美国芝加哥世界博览会，获得一等奖。

玉器 北京玉器制作技术精湛，历史悠久。早在辽、金时期，各地许多技艺高超的琢玉艺人，就在这里从事玉器制作。前文介绍的“渎山大玉海”，就是元代大都之玉器巨珍。从

清·紫禁城梵华楼珐琅塔

明·景泰蓝高足碗

清·铜胎画珐琅蝠莲纹花盆 铜胎画珐琅器是以铜做出器胎，然后把珐琅质釉料填画在器物表面。铜胎画珐琅工艺在清代康熙、雍正、乾隆三朝空前发展。

明代起，北京成为著名的玉器产地。玉的硬度高，润度华，雕琢一件精美的玉器，需费数年之功。制作玉器，既要讲求艺，又要讲求巧。艺人在琢制玉器时，需要利用玉石的色彩、纹理，精心雕制，刻意求新，才能成为一件名贵的玉器。玉雕“桐荫仕女”，巧用自然颜色，从月亮门缝里射出一缕月光，洒在仕女身上。其构思之巧，借光之妙，沁人肺腑，爽人心志，可赞，可叹！清代的“大禹治水图”玉山，高224厘米，宽96厘米，重达5吨，琢制八年，是世界罕见的重型玉雕巨宝。

清“大禹治水图”玉雕 这件玉雕是以华夏古代部落联盟领袖大禹治水的传说为题材雕刻而成。传说中的大禹曾率领民众疏通江河，引流入海，挖沟修渠，发展农业。

牙雕 象牙雕刻工艺品，造型精美，十分珍贵。明代的御用监，清代的造办处，都设有专门匠作机构，为宫廷制作牙雕工艺品。北京牙雕以圆雕仕女、花卉、历史故事和神仙传说见长，还用象牙制牙席、牙扇。清代的牙雕《月曼清游》册页，共12幅，雕绘出夜游、弈棋、荡秋千、赏花、品茗、荡舟、观画等生活情景，是一件珍贵的工艺品。北京的牙雕工艺品，构图讲究，造型精美，技法细腻，十分珍贵，为宫廷、皇族、显宦和富绅所享用。

刻瓷 刻瓷是艺人用单线直刀在瓷器上刻出诗词字画。早在宋代就有刻瓷，明代的刻瓷水平较高，清代刻瓷技艺更有发展。刻瓷艺人在瓷器上雕刻山水、花卉、人物、草虫，刻工细腻，着色鲜艳，被誉为艺术珍品。

绢花 绢花是用绫绢做的花朵。相传唐玄宗的贵妃杨玉环左鬓角上有个伤疤，她每天让宫女将一朵鲜花戴在左鬓上。冬天没有鲜花，就让宫女用绫绢做假花给她戴。这只是一个故事，不必当真。后来绢花逐渐发展。明清时北京绢花制作更精美，又称京花。清朝的绢花传到国外。

牙雕“松鼠葡萄洗”

北京其他的特种手工艺品还有花灯、烟花、绒花、风筝、地毯、泥人等，种类繁多，绚丽多彩。

瓷器 中国的瓷器，到了明朝出现空前繁荣的景象。明代瓷器胎质细腻，釉彩斑斓，色泽艳丽，图案淡雅，尤其是江西景德镇的御器厂官窑瓷器，盛极一时。

明代瓷都景德镇，曾在昌南设厂烧瓷，被西方谐音称作“china”，从此“china”就成为“中国”的代名词。景德镇除民窑生产瓷器外，皇帝在这里设立御器厂，专门烧造官窑瓷器，供宫廷使用，并派官员到景德镇督窑，即监督瓷器的烧造。明代景德镇官窑多至58座，烧造碗、碟、盘、杯、盒、钟、瓶、棋盘、屏风、龙缸等

清·玉雕“桐荫仕女”

明·青玉“进宝人船”

明宣德·青花云龙纹扁瓶

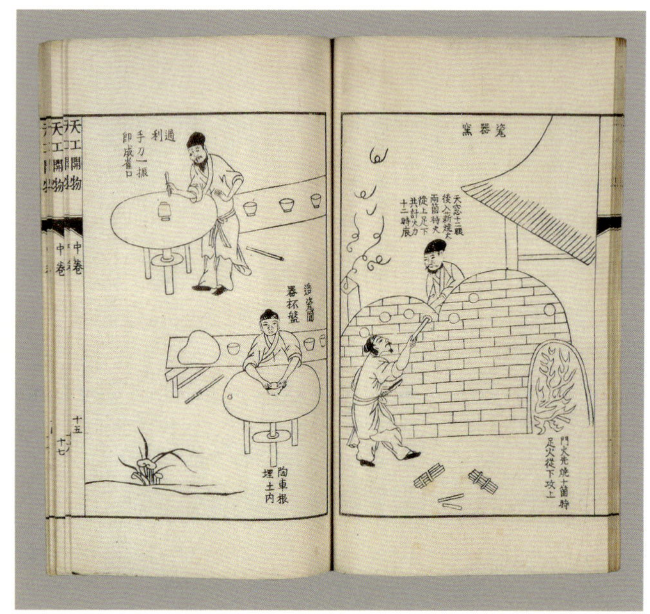

《制瓷图》 选自明《天工开物》。

明宣德·五彩荷花鸳鸯瓷碗 这件瓷碗是明朝政府赏赐给西藏萨迦寺的礼物，口沿书有一圈藏文，汉译为"白日安，夜晚安，日夜安"，碗底款识为"大明宣德年制"。

明·青花瓷片 马来西亚马六甲出土。

器皿。官窑为宫廷烧造的瓷器数量很大。宣德八年（公元1433年），一次就要烧制龙凤瓷器443500件。正统六年（公元1441年），北京紫禁城重建奉天、华盖、谨身三大殿完工，命烧造九龙九凤的御膳器皿和青龙白地花缸、金龙金凤白瓷罐等呈送宫廷。嘉靖二十六年（公元1547年），命烧造瓷器120260件。据估计，嘉靖帝在位45年，官窑等烧造宫用瓷器达百万件之多。万历十九年（公元1591年），先命烧造瓷器159000件，不久续派烧造80000件。后工部官员以景德镇地区"土瘠民贫，连年灾祲"，请停减烧造瓷器，不从。

明代御器厂烧制的瓷器，以青花瓷为主。明代的青花瓷器优胜于元，它胎釉精细，青色浓艳，纹饰优美，造型多样，在中国瓷器史上颇负盛名。明代又兴起彩瓷，颜色有红、黄、绿、蓝、黑、紫等，开创了釉下青色、釉上着彩相结合的新工艺。明初的彩瓷，如青花红彩，只在釉上着红彩。到宣德帝时，烧造出"青花间装五色"的五彩瓷器。后来青花五彩瓷器大量供奉禁庭，成为宫廷新的装饰品。

明代瓷器大量从北京运至边远少数民族地区。据明人沈德符《万历野获编》记载，蒙古、女真等贡使返回时，所装瓷器多至数十车。其包装方法是："初买时，每一器内纳少土及豆麦少许，叠数十个，辄牢缚成一片。置之湿地，频洒以水。久之，则豆麦生芽，缠绕胶固。试投之荦确之地，不损破者，始以登车。"这是陆路远途运输的包装妙法。明代瓷器还大量出口。万历三十二年（公元1604年），荷兰人袭击葡萄牙船，得到中国瓷器约60吨。后运到荷兰阿姆斯特丹拍卖，法王亨利四世买了一套餐具。据《荷兰印度公司与瓷器》一书记载，运往荷兰的瓷器，万历四十年（公元1612年）有38641件，万历四十二年（公元1614年）有69057件，崇祯九年（公元1636年）达259380件，崇祯十二年（公元1639年）竟达366000件，可见西方对中国瓷器的喜爱与需求。

清代仍在瓷都景德镇设御器厂，所烧造瓷器供宫廷使用。

清康熙、雍正、乾隆时期，是中国瓷器史上一个黄金时代。康熙帝时所产的五彩瓷器，习称康熙五彩，造型端庄凝重，装饰丰富多样，色彩鲜艳瑰丽，光泽透彻明亮，是这一时期瓷苑中的新葩。清代瓷苑中又一丛新葩——粉彩，是在康熙五彩的基础上，将彩绘画面某些部分用玻璃白粉打底，

清康熙·天蓝釉菊瓣尊 天蓝釉是一种高温色釉，由天青演变而来，为康熙时所创烧。

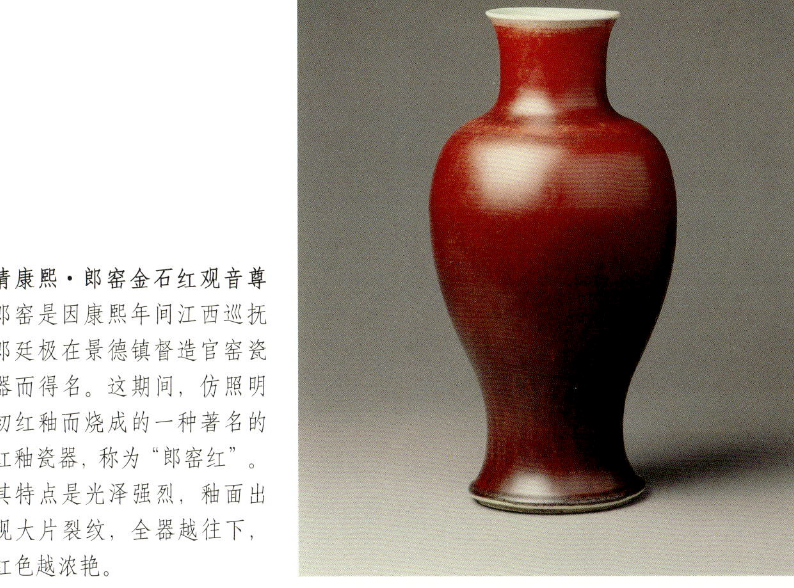

清康熙·郎窑金石红观音尊 郎窑是因康熙年间江西巡抚郎廷极在景德镇督造官窑瓷器而得名。这期间，仿照明初红釉而烧成的一种著名的红釉瓷器，称为“郎窑红”。其特点是光泽强烈，釉面出现大片裂纹，全器越往下，红色越浓艳。

清雍正·斗彩海水团花天球瓶 人们把敛口短颈、上阔下敛、腹大而扁、砂底微凹的瓷器称之为天球瓶。这件斗彩天球瓶是雍正年间的典型代表物。

清乾隆·霁青金彩海晏河清尊 此尊为景德镇御窑烧制，是当年为圆明园内海晏堂烧制的陈设瓷器。它宏大端庄，色彩典雅，集雕、贴、凸压之大成。

清乾隆·粉彩百鹿尊 粉彩创制于康熙晚期，是釉上彩的一种，因彩料中含有玻璃白粉而得名。乾隆时期，这种技术得到更大的发展，呈现品种繁多的粉彩瓷器。

清乾隆·粉彩镂空转心瓶 此瓶为清代创制的一种新瓶式，是在镂空瓶内套装一个可以转动的内瓶，转动内瓶时，通过外瓶的镂孔，可以看见不同的画面。

“永源成记”青花人物碗 这是一件清代的出口商品。在大量的清代出口瓷器中，标有生产作坊名称的瓷器占一定比例。“永源成记”瓷器在国内、国外均有不小的市场，商品化程度很高。

然后烧造成瓷器而得名。雍正帝时烧造的粉彩，称雍正粉彩，比康熙五彩更娇艳、柔白、精细、淡雅。很多雍正粉彩明如镜，薄如纸，声如磬，达到了“只恐风吹去，还愁日炙消”的地步。清代瓷苑中另一丛奇葩——珐琅彩，是以瓷作胎，外用珐琅彩绘描画，经烧制而成的瓷器。珐琅彩瓷器的彩绘和烘烧多在内务府造办处内进行，形制有碗、杯、盒、壶、瓶等，专为帝后妃嫔玩赏、祭祀供器之用。雍正帝时，珐琅彩加绘山水、花鸟、竹石、人物，并配以书法精美的题诗，成为制瓷工艺同赋词绘画相结合的艺术品。乾隆帝时，珐琅彩器画面上绘有西洋画，更有一番意趣。

清代瓷器受到外国的喜爱。日本、朝鲜、越南等国不必细说，就是普鲁士皇帝选皇后，还曾以600名撒克逊龙骑兵向邻近君主换取一批中国瓷器，为其婚礼增色。普鲁士皇帝如此喜欢中国瓷器，其他贵族争相仿效。乾隆四十五年（公元1780年），英国向清朝定购瓷器达80万件之多。中国瓷器成为东方和西方文化交流的一条色彩斑斓的纽带。

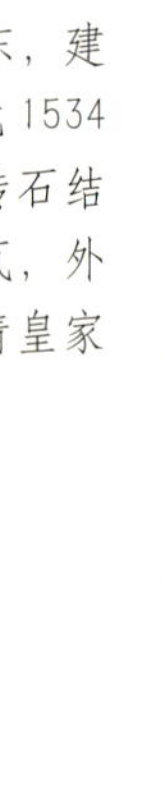

皇史宬 在今南池子路东，建于明嘉靖十三年（公元1534年），为拱券式无梁砖石结构建筑，上覆黄琉璃瓦，外绕汉白玉护栏，是明清皇家档案库。

皇史宬正殿内部 室内设高大石须弥座，上置雕云龙纹镀金铜皮樟木柜152个，收藏明、清两代重要的皇家档案。

《永乐大典》嘉靖内府抄本

编书 明代迁都北京的永乐帝，刚登上宝座就命大学士解缙、道衍（姚广孝）等编纂大型的类书。先后动员3000余人，历时五年，编成中国历史上规模空前的最大类书——《永乐大典》。它有22937卷，辑入图书七八千种，书成后装订成11095册，计37000余万字。《永乐大典》因卷帙浩大，只缮写一部，未曾刊印。隆庆元年（公元1567年），另摹成副本一部，藏于皇史宬。珍贮在南京的正本下落不明：一说毁于明亡之时，一说藏于嘉靖皇帝陵墓内。副本在清代遭到英法联军和八国联军的焚劫，也所余无几，已成为古籍珍本。藏于皇史宬的另一部大书，是官修编年体史书《明实录》。明朝定制，凡新皇帝登极，即诏修《实录》，任命总裁，开设史馆，以时为序，排比史料，纂修实录。《实录》修成后，誊录正、副本各一部，正本藏于皇史宬，副本藏于内阁。《明实录》凡3045卷，洋洋大观，足资参阅。此外，永乐《顺天府志》和万历《顺天府志》，是明代关于北京的两部重要文献。

长城运河

在中华大地上，有两项伟大的文化奇迹：一是蜿蜒起伏、横贯东西的万里长城，另一是晶明平直、纵穿南北的京杭运河。它们历史之悠久，工程之宏巨，作用之显著，影响之深远，在中国，在世界，都是仅见的。然而，万里长城拱卫的中心，京杭运河漕运的终点，就是北京。大长城像“人”字的一撇，大运河像“人”字的一捺，两者的交会点，就在大北京。

万里长城，拱卫北京 明朝推翻元朝后，故元势力总想复辟，这就促使明廷要修整长城，以加强防御。但是，明朝军事力量开始时远比蒙古骑兵力量强大，据载，北元“残胡甚少，骑者才五千人，共家属一万口”，实力还比不上明朝一个军镇。所以，徐达修居庸关和山海关等处关隘，并没有像秦始皇连接秦、赵、燕长城一样，兴筑全线连接的长城防御体系。明朝先后放弃大宁卫（老哈河流域）和东胜卫（河套地区），从而使整个防线大幅度南移，即由辽阳、广宁、大宁一线，移至北京的东北和西北，凭借燕山和军都山脉修城设防。

明朝大规模修缮和加固长城是在公元16世纪后期。其主要原因是：正统十四年（公元1449年）“土木之变”和嘉靖二十九年（公元1550年）“庚戌之变”，京师两次遭到蒙古骑兵困扰；若每年派兵进入草原地区烧荒，只会招惹蒙古骑兵报复，而无益于京师的防御；蒙古军事力量日渐强大，仅漠南一带驻牧骑兵即不下数十万人；明朝军队实际力量已削弱不堪，战斗

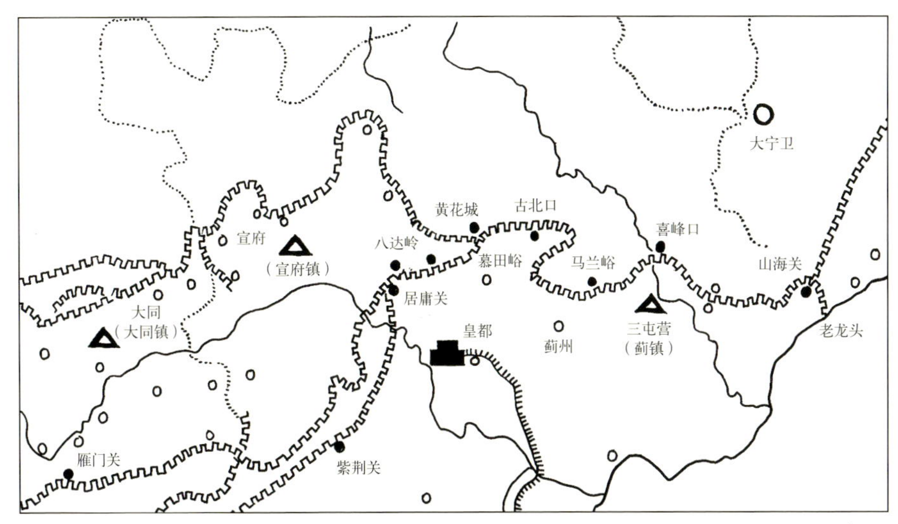

明代皇都与长城、运河位置示意图

山海关匾额

长城老龙头遗址 老龙头在今河北省山海关东濒海处。

山海关 城楼高24.45米，南、北、东三面分两层开有68个箭窗。西面楼檐正中悬挂“天下第一关”匾额，其文字是由明代大书法家萧显于成化八年（公元1472年）所书。

嘉峪关 是明代万里长城西端的关隘，建于明洪武五年（公元1372年）。

明长城西端的“第一墩” 紧靠讨赖河北岸80米悬崖之上的边缘有一个墩台，名为讨赖河墩，从这里开始长城如同一条巨龙，伏卧在茫茫戈壁之上。

八达岭长城

力大为降低；明朝经过200年的生息、发展，经济实力大为增强；隆庆、万历年间张居正执政后，任用戚继光、谭纶等得当，上下协和，内外一致。这一切说明，全面整修并加强长城防御体系既为时之所需，也为势之所行。

明拱卫北京的长城，主要有居庸关、古北口、山海关三个要隘：居庸关在左，山海关在右，古北口居中。

居庸关在北京城西北50余公里处，建筑在一条长约20公里的溪谷中间。这条溪谷俗称关沟，相传谷中有72处风景点，称作“关沟七十二景”。溪谷两旁，山岭重叠，怪石突兀，景色优美。山峦间树木葱茏，翠嶂重叠，因有“居庸叠翠”之称，为“燕京八景”之一。居庸关不仅风景优美，而且形势险绝。明人“重门天险设居庸，百二山河势转雄”的诗句，说明了这道雄关的形胜。居庸关自古以来就是北京的西北门户，其名称相传是取秦始皇徙居庸徒（庸工隶徒）修筑长城之意，可见它的久远历史。明、清两代，居庸关成为拱卫北京的重关要塞。居庸关有南、北两个隘口，是关沟的出入口，南面的叫南口，北面的就是著名的八达岭口。

八达岭地势险峻，居高临下。“居庸之险不在关，而在八达岭”，可见八达岭之险要。明弘治十八年（公元1505年），在八达岭的岭口，构筑了关城。关城设东、西城门：东面额题“居庸外镇”，刻于嘉靖十八年（公元1539年）；西面额题“北门锁钥”，刻于万历十年（公元1582年）。两门均为砖石结构，券洞上为平台。台之南北连接关城城墙，台上四周砌砖垛口，从“北门锁钥”城台两侧延伸出万里长城。八达岭附近的长城，依恃山势而筑，高低宽窄不一（平均约高7.5米，宽5.5米）。墙基用条石垒筑，墙体包砌巨大城砖，内填黄土碎石，墙顶地面铺墁方砖，内侧为女墙，外侧为垛墙。垛墙上方有望口，下面有

八达岭长城北四楼 “北四楼”位于八达岭的制高点。它体积庞大，外侧设有六个箭窗，是当时守御部队的总部所在地。

八达岭长城的墙体 在八达岭的某些险要地段，长城是用条石垒砌在巨石上的，这种方法既省工又利于防守。

射洞，以便瞭望和射击。

从八达岭关城向两侧长城望去，有许多台堡（500米左右一处，依地形而定）。台堡的一种叫作墙台，为兵士巡逻放哨而用。另一种叫敌台，分上下两层——上层顶部为平台，周围有望口和射洞；下层为空室，可住宿兵士和贮存武器。还有一种叫作烽火台（或叫烟墩），主要是用于传递军情的。如遇有敌情，夜间举火，白天燃烟，燃烟时又鸣炮。明成化二年（公元1466年）规定：敌兵百人以上，举放一烟一炮；五百人以上，举放二烟二炮；千人以上，举放三烟三炮；五千人以上，举放四烟四炮；万人以

金山岭东端山脊上的长城

金山岭望京楼 在海拔近千米的绝顶上，耸立着一座敌楼。在秋高气爽的黎明，站在敌楼上可望见120公里以外北京城的灯光，所以人们称它为“望京楼”。

上，举放五烟五炮。烽火台有的设在城墙上面，也有的建筑在山顶上，作为长城守卫的信号传递站。

古北口是京师北面重要的长城隘口，金贞祐二年（公元1214年），在古北口建铁门关。明洪武十一年（公元1378年），在古北口设关城。城周长2公里余，设南、东、北三门。古北口两侧的长城，有的横跨在潮河之上，下设三道水门，建筑奇特，十分雄伟。

明朝初年，朱元璋派大将军徐达等人据守古北口，增派民夫修筑长城。但这仍未能阻止蒙古各部南下，古北口屡次失守，震动京师。为此，明朝政府多次扩建、加固古北口关城，至嘉靖初年，古北口关城已具相当规模，十分坚固。关城筑于潮河东、西两山之上，周长约2公里，沿河川还广筑烽火台。看起来，似乎是固若金汤、坚不可摧了。

然而，嘉靖二十九年（公元1550年），蒙古鞑靼俺答部的军队却避开关城，从山间小路拆毁长城，破墙而入，迂回包抄，古北口再次失守。俺答的军队在北京城外大掠八天，又从古北口大摇大摆退出。仅嘉靖三十三年（公元1554年）这一年，俺答就经古北口大掠三次。

古北口屡屡失守，使明朝政府惶惶不安。隆庆元年（公元1567年），明朝杰出的政治家、大学士张居正，把原在中国东南的抗倭名将谭纶、戚继光调到北方镇守蓟辽、保定防区，谭纶为总督，戚继光为总兵，又调刘应节为顺天巡抚。他们三人共同制定防御措施，重新划分防区。在张居正的支持下，他们对蓟辽、保定防区的长城进行了大规模的改建。

经过这次改建，长城大为改观，整个防区得以安定数十年。在金山岭长城上发现的一块碑记中，不仅记述了谭纶、戚继光、刘应节等人视察长城的情况，还记有戚继光的弟弟戚继美率领山东的部分官兵在金山岭长城施工的情况。金山岭长城位于古北口东侧，西距古北口约5公里。它东起望京城，西止龙峪口，全长10.5公里，设有大小关口5处，筑有不同形式的敌楼67座，因修建在大、小金山之上而得名。

金山岭长城敌楼密集，间距在100米左右，在地形复杂处仅距50米至60米。修敌楼时，戚继光要求两座敌楼可以交叉火力，互相支持，封锁墙面。这里的敌楼多种多样。从外形看有方的、扁的和拐角的，均为两层。下层用以驻兵及贮放粮草和武器，上层外侧筑垛墙，中间是一座小房子，称“楼橹”，也叫铺房，供瞭望士卒

金山岭仙女楼 在望京楼西面有座修长挺拔的敌楼，通往该楼的路十分险峭，真可谓壁如刀削。传说一只羚羊变成的仙女住在此楼，因而得名“仙女楼”。

金山岭长城

“天梯”上的障墙 金山岭的敌楼大多设在高点上，通向敌楼的城墙因坡度大，都建有台阶。台阶上还筑有一堵堵短墙，墙高2.5米左右，墙上有望孔和射孔，这种墙叫“障墙”，是古北口附近的长城所特有的防御工事。当敌人攻上长城，沿城墙冲向敌楼时，守城兵士可以据守障墙层层抵抗，就像“街垒战”一样。

金山岭“天梯” 金山岭东部的悬崖上修筑有一段其陡无比的长城，人称“天梯”。

金山岭长城的单墙 金山岭长城的东端是一座拔地而起的山峰，三面绝壁，只有一条又窄又陡的山脊通向峰顶，两边都是悬崖。长城因为地基太窄只能修砌成单墙，墙体宽度仅有40厘米。

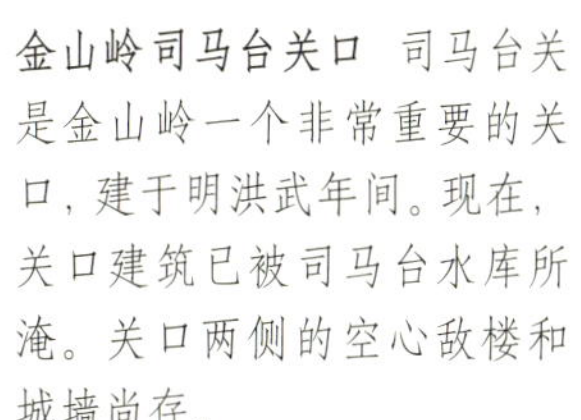

金山岭司马台关口 司马台关是金山岭一个非常重要的关口，建于明洪武年间。现在，关口建筑已被司马台水库所淹。关口两侧的空心敌楼和城墙尚存。

金山岭敌楼墙体 这个敌楼原为木板平顶敌楼。因年代久远，木制楼顶隔板腐朽无存，造成如今景象。

金山岭"总台"敌楼内部 在金山岭的67座敌楼中，有一座设防严密的三券五窗大敌楼，它就是被称为"总台"的前线指挥机关所在地。

避风休息用。铺房下层都有箭窗，箭窗数目多少不等。在67座敌楼中有一座设防严密、重城围护的大敌楼，它可能就是史料中称为"总台"的敌楼，为前线指挥机关所在地。

金山岭长城体现了冷兵器时代防御思想的杰出想象力，又因其工程的浩大和姿态的壮伟而成为世界工程史上的划时代之作。它视野开阔，设防严谨而巧妙，气势雄伟，是中国现存长城的杰出部分。

慕田峪关，位于北京怀柔区三渡河乡北，建于低缓的花岗岩岭谷，地势较为开阔，关口相邻的岭峰，高差全在百米以内。

慕田峪关，本来只是山脉中的一个隘口，并不处于交通要冲。然明成祖为解除北元卷土重来的威胁，于永乐四年（公元1406年）明令迁都北京

慕田峪长城 慕田峪长城南距明皇陵仅20公里，距皇都不过50公里，被视为"京师北门"。

慕田峪箭扣长城 为了不使一处奇险的制高点留在长城的外面，箭扣长城必须从其外侧断崖绝壁上通过，直插海拔1004米的高峰。当地人用“鹰飞倒仰”来称呼这段险峰上的长城，意思是搏击长空的雄鹰到这里，也会仰视而飞。

之后，因慕田峪恰处居庸关至古北口之间，距北京仅50多公里，所以其战略地位也就重要起来。

据史志载，慕田峪关为明永乐二年（公元1404年）建。慕田峪关由城墙、敌楼、城关、烽火台等建筑物共同构筑成一个完整的、严密的军事防御体系。关口处为三个楼台相连，中心楼台为空心结构，两侧楼台俱为实心结构，这种三台相连结构的关口，形制独特，在万里长城上亦属罕见。

慕田峪长城，蜿蜒于起伏不是很大的山峦之上，其景观别有情趣。墙体为十几层褐色花岗岩条石砌筑，十分坚固，垛口为青砖垒砌。一般地段的长城均为外侧垛口，内侧女墙，慕田峪长城则是双面垛墙，亦为其他地方所少见。敌楼全部是条石基座，青砖砌筑。

慕田峪关东南，是海拔603米的大角楼山，有三条长城会集其上。慕田峪关西北是海拔940米的牛犄角边。由慕田峪关循长城一路向西，峰回路转，物换景移，目不暇接，特别是过了牛犄角边长城之后，峰岩陡峭，幽谷雾绕，气势十分磅礴，其峻其奇，其隘其险，正和慕田峪关处长城的平缓、秀丽成为明显的对比。

明长城全长6000余公里，其北京地段，依山修筑，雄险至极。长城的下部为石条，中间填土石、外层包城砖，上部为女墙。这次大规模修筑长城，东起山海，西止镇边，绵亘1000余公里，城垣普遍加厚，两面皆设垛口，并在城墙上兴建敌台。过去筑台，或在城内，或在城外，多无实效。明沿着长城新建敌台，就是将旧有的烽火台和民间看家楼相结合，具有举燧、御守、住兵和仓储四个功能。敌台一般高17米，四面宽40米，中空，三层：上为平台、雉堞，设哨瞭望、集兵御

慕田峪关西侧山坡上的长城

黄花城长城 为了护卫明皇陵，在十三陵北面的这段险峻山岭间也筑起了长城。

守、燃燧报警；中为室屋，住宿官兵；下为仓室，储存粮械。至隆庆六年（公元1572年），共建成敌台1200余座，沿线墩台耸立，声势相连，精坚雄壮。今见雄伟壮观之北京地区长城，主要是明朝隆庆、万历年间的产物。万里长城既是伟大中华民族之骄傲，也是伟大中华民族之象征。

京杭运河，京师动脉 明兴元亡，战乱不已，都城南迁，故元时京杭运河的部分河道淤塞不通。明永乐帝“靖难之役”取胜后，升北平为北京，兴建北京城池宫殿。时转运粮食、砖瓦和材料等，仍沿元之旧，水、陆、海兼运。于是，永乐帝诏令修通京杭运河。其大工程为永乐九年（公元1411年）开会通河，使黄河与卫水相连。后开通惠河，即北京至通州的河道。但是，几修几废。直至嘉靖六年（公元1527年）采纳御史吴仲之议，修通惠河，浚治河闸，历时四月，河工告成。自此，漕船直达北京城大通桥（今建国门外），迄于明末。吴仲所编《通惠河志》，皇帝命送史馆，采入《会典》，并颁工部刊行。人思吴仲之功，在通州建祠祭祀他。京杭运河全面开通，漕船多至11000余艘，年运京师的粮食，成化八年（公元1472年）额定为5189700石。

京杭运河北起北京，南至杭州，经今北京、天津二直辖市及河北、山东、江苏、浙江四省，将本来不相连通的海河、黄河、淮河、长江和钱塘江五大水系连接起来，全长约1800公里，成为中国古代南北经济与文化交流的大动脉。今北京通州张家湾、山东济宁和枣庄、江苏扬州和淮安、浙江杭州等，都有它的遗迹。

通州张家湾运河遗址 今通州张家湾是明清通惠河的重要码头，图示为运河码头遗址。

三大英杰

在明代北京的历史上，长城与运河，固然可歌可颂，但英雄与豪杰更为可歌可泣。在许多可歌可泣的英杰人物中，于谦、戚继光和袁崇焕三位更值得一提。

于谦（公元 1398 ~ 1457 年），是明朝前期御守北京有大功之人。谦，字廷益，浙江钱塘（今浙江杭州）人。幼机智，勤读书，少有奇志，《石灰吟》云："千锤万凿出深山，烈火焚烧若等闲；粉身碎骨浑不怕，要留清白在人间。"中进士后，先任御史，后巡抚山西、河南 19 年。他每次到京，不贿赂上司："绢帕蘑菇与线香，本资民用反为殃。清风两袖朝天去，免得闾阎话短长。"居官清廉朴素，坚不馈赠权要，得罪了宦官王振，遭诬被下狱论死。但山西、河南百姓闻讯后集合万人，伏阙上书，请仍命于谦恢复原任，明廷允准。后于谦获释，调至京师任兵部右侍郎。正统十四年（公元 1449 年），蒙古瓦剌部首领也先率骑入犯，宦官王振挟持英宗朱祁镇，率 50 万大军亲征。明军兵败土木堡（今河北宣化），裸袒践踏，尸体蔽野，英宗被俘。护卫将军樊忠以长锤击死王振，并骂道："我替天下诛奸贼！"败报至京，举朝震惊。侍讲徐珵（有贞）主张迁都，于谦斥道："倡议南迁者，当斩首！"廷议多主守，升于谦为兵部尚书。景泰帝立，于谦集兵备械，加强京师御守。瓦剌兵围北京，于谦亲自指挥，在德胜门和广宁门两败敌军。后瓦剌兵退，于谦领导的北京保卫战取得胜利。后英宗被放归，居于南宫。天顺元年（公元 1457 年），英宗发动"夺门之变"，复辟帝位，加害于谦，天下冤之。后谥忠肃，在今东长安街路南有"于忠肃公祠"。其灵柩后移葬杭州西湖畔，后人以"赖有岳于双少保，人间始觉重西湖"之诗句，褒扬岳飞和于谦的功绩。

戚继光（公元 1528 ~ 1588 年），是明朝中期御守北京有大功之人。戚继光，字元敬，号南塘，山东蓬莱人。出身于世袭登州卫（今山东蓬莱）指挥佥事世家。

早年怀有"封侯非我意，但愿海波平"的壮志。他在浙、闽、粤抗倭，招练义乌等地农民、矿工，建戚家军，屡获大捷。他曾在嘉靖中期，五戍蓟门，过着"一年三百六十日，多是横戈马上行"的军旅生活。隆庆二年（公元 1568 年），受命以总理兼镇守蓟州、永平、山海等处，督帅 12 路军戍事，卫京师畿防，在镇 16 年。他们在金山岭、慕田峪、黄花城一带险峻山岭上，修长城，筑台堡。其中有一段俗称"单边"，就是一面建墙垣垛口。城墙之窄，构筑之险，难以想象，令人惊异。在一处绝险的地方，为了使前后长城相连贯，而又不使一座奇险的制高点留在长城外面，城墙必须从这险地外侧断崖绝壁上通过。就是在两山夹隙间放置两根铁梁，铁梁上面建筑城墙。往下看去，万丈深渊。现在人们仍不明白，当年没有起重吊车，铁梁是怎样横跨在两山之间的呢？他还创议在长城上修建敌台，奏《请建空心台疏》云："跨墙为台，睥睨四达。台高五丈，虚中为三层，台宿百人，

景泰铜火铳 火铳属滑膛式火器，分药室和炮身两部分，药室有小孔，用于放置导火索。这件火铳制造于景泰元年（公元 1450 年），当时正是国家危机、战争紧张之时。

戚继光使用的军刀 军刀通长 89 厘米，刀身上部刻"万历十年，登州戚氏"八字，说明这把军刀是万历十年（公元 1582 年）戚继光任蓟镇总兵时铸造的。

铠仗、粮粮具备。令士卒画地受工，先建一千二百座。”获准。他亲自督工，日夜辛劳，历时六年，工程如期告成。其建台之举，垂永世之功。今见北京蜿蜒雄伟长城，主要是在戚继光时重修的；其上的高耸敌台，则是戚继光首创之杰作。戚继光的“戚家军”在修长城中艰苦卓绝，贡献巨大。其后裔繁衍在长城内外，称“义乌村”，延续至今。

其时北方官兵纪律松弛，练操之时雇人顶替。他募练浙兵，严格军纪，检阅之日，天下大雨，兵士植立，半日不动，边军才知有军令。他镇蓟期间，击败南犯的北骑，京师未警，蓟门晏安。名相张居正死后，戚继光遭排挤。后以多病之躯回归乡里，连治病的钱都没有。死后葬蓬莱芝罘山，有《纪效新书》《练兵实纪》和《止止堂集》传世。

袁崇焕（公元1584～1630年），是明朝后期御守北京有大功之人。崇焕，字元素，祖籍广东东莞，落籍广西藤县。万历进士，任邵武（今福建邵武）县令。时满洲兴起辽东，万历四十四年（公元1616年），努尔哈赤建立后金。接着，后金兵下清河、陷铁岭，夺沈阳、占辽阳，进军辽西、攻取广宁。天启二年（公元1622年），他单骑出边考察，说“予我军马钱谷，我一人足守此”，自请守辽。后赴辽东，筑守宁远（今辽宁兴城）。天启六年（公元1626年），努尔哈赤率倾国之师，攻宁远城，兵败受伤，不久死去。其子皇太极袭汗位，翌年攻宁远、锦州，再败而回。袁崇焕虽连获宁远与宁锦两捷，并震动朝野，但因得罪巨阉魏忠贤而去职。崇祯元年（公元1628年），受召起用，任兵部尚书、督师蓟辽。第二年，皇太极率军破长城，兵临北京。袁督师闻警，自山海关率九千骑，“士不传餐，马不再秣”，驰援京师。在北京广渠门外与后金军接战，他身先士卒，中矢如猬，大败敌军。皇太极设反间计，崇祯帝中计，将袁崇焕下诏狱，翌年寸磔于北京西市。袁督师戍辽九年，身捍京师，以“杖策只因图雪耻，横戈原不为封侯”的博大气概，血洒北京，魂动万世。清乾隆帝为其平反。在今北京广渠门内有袁督师的墓、祠、庙，其祠“与文文山（文天祥）祠并垂不朽”。两粤也有其纪念祠宇。

明正统帝、万历帝和崇祯帝，均不能吐奸纳忠，使于谦、戚继光、袁崇焕这些彪炳千秋的伟岸英杰皆以悲剧而终其生。然而，这不仅是他们个人的悲剧，而且是整个明朝的悲剧。明廷这类悲剧演多了，也就自绝其社稷。

帝王癖好

明代皇位的继承为嫡长世袭制。就是有嫡立嫡，无嫡立长。所谓“嫡长”就是正妻所生的皇长子。皇帝在位时，立皇嫡长子为太子，嫡长子先死立次子为皇太子（有时立皇长孙为皇太孙），次子先死则立三子为皇太子。但在北京紫禁城登极的13个皇帝中，有3人例外。其一是，明正统帝年轻气盛，受太监王振怂恿，率军亲征，兵败被俘，时局倥偬，皇太后命其弟监国，旋正大位，是为景泰帝。其二是，正德帝死后无子，皇位由其堂弟朱厚熜继承，是为嘉靖帝。其三是，天启帝的儿子早殇，皇位由其异母弟朱由检继承，是为崇祯帝。

明末内廷斗争激烈复杂，中心环绕皇位继承。如天启帝生母王氏，被西李选侍凌殴致死。其时天启帝才15岁，由西李选侍抚视，欲日后垂帘听政。又如崇祯帝生母刘氏，初入宫时为淑女，及生下由检（崇祯）后，失宠，忧死。崇祯帝幼年失母，先由西李选侍抚育，后由东李选侍抚视。东李选侍虽对由检较好，但她后因得罪太监魏忠贤，被矫旨赐自尽。她焚香礼佛后，痛哭自缢死（一说抑郁病死）。崇祯帝5岁丧母，不能记忆生母相貌，命画工照宫人中状貌相似者绘图，图成后，迎入宫中悬挂供奉。

明代276年，凡16帝。在16帝中，有洪武、建文、永乐三帝在南京登极，其余13帝在北京登极，君临天下。明代在北京紫禁城登极的13位皇帝中，登极时年龄19岁（18周岁）以下的占8位——正统帝9岁、成化帝18岁、弘治帝18岁、正德帝15岁、嘉靖帝15岁、万历帝10岁、天启帝16岁、崇祯帝17岁，他们登极时平均年龄为14.75岁。

皇帝是人，并不是神。他们在日理万机之外，也有自己的爱好、自己的生活。但是，皇帝的爱好与性格，理性与感情，意志与行动，禀赋与品质，

金冠 为万历帝的皇冠，用细金丝编织而成，上面饰以二龙戏珠，技艺精绝。

善念与邪思，都在一定历史条件下对治策得失、用人臧否、国家盛衰和人民生计，产生重要的直接的影响。明朝皇帝的癖好与性格，举永乐帝、正德帝、嘉靖帝、天启帝四位皇帝的某个侧面，略加介绍，以见一斑。

豹房勇士铜牌 此为正德年间铸造，豹房护驾勇士随身佩戴的身份标志铜牌。

永乐帝（公元1360～1424年）是明代在北京紫禁城里生活的第一个皇帝。他“智勇有大略，能推诚任人”，乘建文帝孱弱，欲起兵南进。在起兵之前，建文帝疑其为变，下诏诘责。他便装病佯狂，走呼市中，夺人酒食，语多妄乱，或卧土壤，竟日不醒。建文帝派使臣至王府问疾，见他在盛夏季节蓬头垢面身穿破裘，围着火炉浑身摇颤，口中说“寒甚，寒甚”，在王宫中拄杖而行。使臣疑解，他却暗自备兵。永乐帝发兵南进，历时四年，夺取帝位，迁都北京。他先后六次率师出征漠北，又派郑和远航西洋，还派亦失哈北下奴儿干，使明朝更为强盛。如果不是永乐帝有雄才之略和超人之勇，又娴熟军旅，知人善任，而是出师败北，九鼎不迁，那么北京的历史与明朝的历史定要重写。

正德帝（公元1491～1521年）喜游幸。他15岁登极，过了两年就在西苑构筑宫殿，内设密室，叫作“豹房”。里面蓄集乐工、美女、太监等，朝夕处此，不居内廷。佞臣进献能歌善舞的回女12人入豹房，歌舞达昼夜，犹以为不足。后来他经常微服出宫，甚至到外地巡幸。凡车驾所至，近侍先掠民女，以充幸御，至数十车。各地处女寡妇，闻听皇帝要来游幸，纷纷择配，有的抢鳏夫强作婚配，一夕殆尽。他游幸时，命备大车数十辆，里面杂坐和尚与妇女，每车数十人，车盖悬球，车疾驰行，悬球与僧头相碰，和尚与妇女相拥，帝视大笑，以为取乐。他出京巡游时，娶乐工已婚女刘氏，称刘美人，装载回京，住在豹房，饮食起居，形影不离。他率师南征，携刘美人至通州（距京10公里），约其先驻足，而后遣人相迎。临别，刘美人脱一簪，请帝佩戴，为迎接时信物。但途中失簪，及至临清（距京师约500公里），遣人迎刘美人，答曰：“无信物，不敢行！”正德帝于是单独乘船，昼夜疾航，至通州亲迎刘美人，偕行而南（《万历野获编》卷二十一）。正德帝的南行，廷臣舒芬等上疏谏止，不听。命将舒芬等百余人于午门前罚跪五日，每日自早至晚，跪6个时辰。时满之后，施以廷杖。后他自乘小船，在池中捕鱼，舟覆落水，不久咯血而死。正德帝视出征、朝政为儿戏，视廷臣、黎民为草芥，任意胡闹，紊乱朝纲，最后不得其死。

嘉靖帝（公元1507～1567年）崇道教。明朝的国教不是道教，而是佛教。明开国皇帝朱元璋早年为僧，称帝之后给封王诸子择名僧为师傅。燕王（永乐帝）傅僧道衍，在藩邸定策起兵，出入帷幄。所以明代尊崇佛教，优礼僧尼，大兴佛寺，雕塑佛像，刻印佛经。京师觉生寺（大钟寺）的铜铸大钟，法海寺的神像壁画，智化寺的木雕佛像，大慧寺的泥塑佛像，都是明代工艺和艺术的珍品。但是，明中期以后，国势逐渐转衰，佛教追求来世幸福的禅说，对于权高位重的帝王，虽可做慰藉心灵的鸡汤，却不能解脱内心的苦恼。他们已享尽人间荣华富贵，唯求长生不死，羽化成仙，永享富贵。嘉靖帝崇尚道教，建大高玄殿，范金为像，一意修玄，炼丹制药，祈求长生。他多年不视朝政，大权旁落，严嵩父子擅权。后籍没严嵩父子家产，仅金器皿、金首饰就有3983件，合纯金共重32969两。当时讥讽嘉靖帝的民谚说：“嘉者，家也；靖者，尽也。”就是说在嘉靖朝民穷财尽，一贫如洗，无有孑遗。嘉靖帝长期炼丹吃药，脾气暴躁，耍起性子时惩罚宫女。受辱宫女串通起来，进行报复。一天夜里，趁嘉靖帝睡熟，宫女杨金英等用黄绫带子猛勒他的脖子，嘉靖帝气绝。另一宫女害怕，跑去报告皇后。皇后赶来，见皇上气息已绝，急忙派太监去找御医许绅。许绅下猛药后，使其口吐紫血，苏醒过来。杨金英等被凌迟处死。

天启帝（公元1605～1627年）好绳墨。天启帝袭受皇位时，明朝已临末世，辽东告警，党争益烈，财政枯竭，民怨沸腾。他16岁登极后，却埋头绳墨，不理政事，亲昵客、魏。客氏为天启帝乳母，和阉宦魏忠贤私通。忠贤本为乡间无赖，赌博输钱后，自宫为太监。他不通文墨，却善于阿谀，勾结客氏，专擅朝政。天启帝是一个优秀的木匠，但不是一位明智的君主。他好盖房屋，自操斧、锯、刨、凿，技艺之高超，虽良工巧匠所不能及。整天同近侍朝夕营造，造成而喜，不久毁去，毁而又造，经年不厌。他做木活时，脱去礼服，专心用力，俨然就是一位木匠。这时官员不许靠近，只有魏忠贤等在旁。魏忠贤专在天启帝引绳削墨兴致浓厚时，上前奏事。天启帝不耐烦地说："你用心做去，我知道了！"由是出现一个怪现象——"内外大权，一归忠贤"。天启帝正事不顾，却玩得高兴。他曾在月下老虎洞中捉迷藏。故事是这样的：乾清宫丹陛下有一条地下通道，洞高1米多，用石砌成，太监侍从，可通往来，俗称"老虎洞"。天启帝曾在明月夜晚，同宫女等在洞里捉迷藏游戏。《天启宫词》曰："石梁深处夜迷藏，雾露溟濛护月光。捉得御衣旋放手，名花飞出袖中香。"天启皇帝不读书、不理政，却在月下老虎洞中同宫女嬉闹，史官评论道："其居兴无节，政令不修，甚矣！国祚岂能久乎！"

上面讲了明朝四个皇帝的故事。明朝皇帝祈求长生不老，又享有当时最好的医药、饮食等条件，但他们多不高寿。明朝16位皇帝，除建文帝被政变推翻不得其死外，在15人中，满60周岁死者只有朱元璋和朱棣二人，他们平均寿龄为43岁。其享年（虚岁），列表如下：

洪武帝朱元璋 71岁，
永乐帝朱　棣 65岁，
洪熙帝朱高炽 48岁，
宣德帝朱瞻基 37岁，
正统帝朱祁镇 38岁，
景泰帝朱祁钰 30岁，
成化帝朱见深 41岁，
弘治帝朱祐樘 36岁，
正德帝朱厚照 31岁，
嘉靖帝朱厚熜 60岁，
隆庆帝朱载垕 36岁，
万历帝朱翊钧 58岁，
泰昌帝朱常洛 39岁，
天启帝朱由校 23岁，
崇祯帝朱由检 34岁。

明十三陵

明代共276年，有16位皇帝。明开国皇帝太祖朱元璋，在位31年，病死在南京，同其妻马皇后合葬于南京明孝陵。朱元璋死后，因嫡长子朱标先死，由嫡长孙允炆继位，是为建文帝。建文帝被其叔父燕王朱棣夺位，遗体下落不明，也没有建皇陵。明永乐帝迁都北京，在京共有14帝，但景泰帝被其异母兄在"夺门之变"中赶下台，不久即死，死后以王礼葬入北京西郊金山。所以，北京的明陵仅埋葬着13个皇帝及其皇后，称明十三陵。明十三陵包括成祖文皇帝朱棣的长陵，仁宗昭皇帝朱高炽的献陵，宣宗章皇帝朱瞻基的景陵，英宗睿皇帝朱祁镇

明十三陵分布示意图

的裕陵，宪宗纯皇帝朱见深的茂陵，孝宗敬皇帝朱祐樘的泰陵，武宗毅皇帝朱厚照的康陵，世宗肃皇帝朱厚熜的永陵，穆宗庄皇帝朱载垕的昭陵，神宗显皇帝朱翊钧的定陵，光宗贞皇帝朱常洛的庆陵，熹宗悊皇帝朱由校的德陵和思宗愍皇帝朱由检的思陵。

明十三陵的经划，始自永乐五年（公元1407年）永乐帝徐皇后之死。徐氏为中山王徐达之长女，性贞静，好读书。先册为燕王妃，随居北平。靖难兵起，朝廷军围北平，攻城甚急。徐氏激劝将校士民之妻，皆授铠甲，登城坚守，终获胜利。徐皇后死，永乐帝悲恸不已，不再立后。七年（公元1409年），始营陵墓于昌平天寿山，历时五年而初成，先葬徐皇后，这就是长陵。尔后，迄于崇祯十七年（公元1644年）的思陵，共历时235年。陵区位于北京西北郊百里处，昌平天寿山下的小平原上，外面围以40公里

明十三陵石牌坊 牌坊又称牌楼，是一种门洞式的建筑物，它用来宣扬礼教，标榜功德。这座石牌坊建于嘉靖十九年（公元1540年），高14米，宽28.86米，为汉白玉雕砌而成，是全国现存最大的石坊建筑。

石牌坊基座上的浮雕

的墙垣。垣内诸陵各居山下，鸠工兴建，独自布局；又通过神路，互相连接，形成一体。明十三陵主次分明，规模宏大，建筑肃穆，雄伟壮观，是中国现存最集中最完整的陵园建筑群。陵园的起点为五门六柱十一楼的石牌坊，它晶莹光洁，严谨典雅，是国内现存最早最大的石坊建筑。石牌坊北为陵园的正门——大宫门。稍北为碑楼，碑楼北为石像生，有石兽24座（狮、獬豸、骆驼、象、麒麟、马各四，均二卧二立），石翁仲12座（文、武、

大宫门 在石牌坊之北，为明十三陵正门。

神路旁的石狮

神路旁的石麒麟

神路旁的石骆驼

神路旁的石马

神路旁的武将石翁仲

神路旁的文臣石翁仲

勋臣各四）。翁仲的来历，有一个传说：秦朝有员大将姓阮，名翁仲，身高力大，卫戍边镇，憨厚忠诚，屡立战功。死后，秦始皇令为他塑像以示纪念。后来人们把墓前的石人像叫作翁仲。明十三陵的石像均用整石雕成，最大一座用石料30立方米，造型古朴，雄壮生动。石像之北，过龙凤门即为各陵。陵园内各陵既有共同的规制——自石桥起，依次分列陵门、碑亭、祾恩门、祾恩殿、明楼和宝城；又有各自的特征——以地面建筑宏伟的长陵和已发掘的地下宫殿定陵最具特色，也最为著名。

长陵坐落在天寿山中峰之下，为明成祖永乐帝和徐皇后的陵墓，共修了18年，是十三陵中最早最大的一座陵墓。陵前的祾恩殿，两重檐，面阔

神路 从大宫门往北，自碑楼至龙凤门（棂星门）两侧，有石兽24座，石人12座，均为宣德十年（公元1435年）用整块巨石雕成。

9间、66.75米，进深5间、29.31米，为祭陵时行祭礼之所。殿内有32根金丝楠木明柱，梁、柱、檩、椽等也为楠木制作，又称楠木殿。殿中四柱最大，每根直径为1.17米，高14.3米。这种整梁楠木圆柱，十分罕见。殿后过石坊、石五供，即是明楼，内竖“大明成祖文皇帝之陵”碑。楼后为宝城，城周一公里；正中为墓葬的封土，称宝顶。其下是墓主的地下宫殿。

长陵祾恩殿

在明十三座陵墓中，唯一发掘的地下宫殿是明神宗万历帝及其两位皇后的陵墓。定陵营建6年，耗银800余万两。它的地宫由前、中、后、左、右五座殿堂连通组成，总面积为1195平方米，内无梁架，为石拱券。中殿设三个汉白玉石宝座，前置五供及长明灯。后殿内置三口棺椁，中为朱翊钧灵柩，左、右为孝端、孝靖两皇后灵柩。墓中出土文物达3000余件，其中万历帝戴的金冠，其皇后戴的凤冠，技艺精绝，珠光动人，为绝世珍品。

定陵明楼 明楼为墓主碑楼，是陵墓的标志。此明楼内石碑书“大明神宗显皇帝之陵”。

十三陵中除长陵永乐帝和定陵万历帝外，只有献陵的洪熙帝、茂陵的成化帝和永陵的嘉靖帝死时年过40岁，其余八帝均未满40岁而死去。这是明祚衰微的一个表征。十三陵中最后的思陵墓主崇祯帝，是由清朝给发丧埋葬的。崇祯帝灵柩的入葬，既是明朝的结束，也是清朝的开始。

长陵祾恩殿内部

定陵宝城环围的陵丘

定陵地宫后殿棺椁 地宫后殿中为万历帝的棺椁，两侧为其两皇后的棺椁。

定陵地宫中殿 地宫由前、中、后、左、右五殿组成，中殿设三个汉白玉雕成的宝座，前面设置三个作为长明灯使用的巨大龙缸（内装香油）和黄琉璃制作的“五供”。

明神宗万历帝乌纱翼善冠 此冠出土于定陵地宫，戴在万历皇帝的头上。冠体以细竹丝编制而成，髹黑漆，所饰龙身为金丝累制，且嵌猫眼石等各色宝石和珍珠。

明神宗孝靖皇后凤冠 凤冠是皇后接受册封、谒庙、参加朝会时的礼帽。这顶出土于定陵地宫的豪华凤冠，共嵌红宝石百余粒、珍珠5000余粒。

清代京师

清朝自顺治元年（公元1644年）迁都北京，至宣统三年（公元1911年）溥仪退位，共10位皇帝，268年。北京继元、明之后，又一次成为中国统一多民族国家的都城。

迁都燕京

清朝是中国满洲贵族建立的皇朝。在中华五千多年文明史上，由少数民族建立的大一统皇朝只有两个：一个是蒙古族建立的元朝，另一个是满族建立的清朝。满族先称女真族。女真族苏克素浒河部首领努尔哈赤，于明万历十一年（公元1583年），以父祖“十三副遗甲”起兵，逐渐基本统一女真各部。四十四年（公元1616年），努尔哈赤在赫图阿拉（今辽宁新宾满族自治县永陵乡赫图阿拉村）称汗，建元天命，国号后金。此后，努尔哈赤率领他创建的八旗军，在萨尔浒之战，以逸待劳、以寡敌众，击败围攻的明军，史称萨尔浒大捷。努尔哈赤又率军连破明辽东重镇沈阳和辽东首府辽阳，占有辽左。不久，又进军河西，攻占广宁（今辽宁北镇）。

努尔哈赤像

皇太极像

后金的第一个都城是赫图阿拉。时属草昧，内城的墙垣环围木栅，外城的门楼覆盖茅草，宴会的厅堂没有桌凳，贝勒们席地宴饮。后来随着军事进展而屡徙都城。天命六年即天启元年（公元1621年），后金占明辽东首府辽阳之后，努尔哈赤即迁都辽阳，并在太子河东建东京城暨宫殿。天命十年（公元1625年），后金又迁都沈阳。现在的沈阳故宫，便是当年后金汗临朝之所。天聪九年即崇祯八年(公元1635年)，皇太极改族名为满洲，简称满族，这就是满族名称的由来。翌年，皇太极改国号为清。崇德八年即崇祯十六年（公元1643年），皇太极死，他6岁的儿子福临即位，这就是顺治帝。

顺治元年（公元1644年）四月三十日，李自成率农民军退出北京，行前放火焚毁部分紫禁宫殿。五月初二日，清摄政睿亲王多尔衮率领八旗军，由降清的明山海关总兵吴三桂引路，日夜兼程，驰抵北京，进朝阳门，入紫禁城，登临武英殿视事。六月十一日，多尔衮召集王大臣会议，以“燕京势踞形胜，乃自古兴王之地，有明建都之所”，定议迁都北京，并以此为基地，分兵南下，逐鹿中原，统一全国。十月初一日，清顺治帝因皇极殿（今太和殿）被焚，便登临皇极门（今

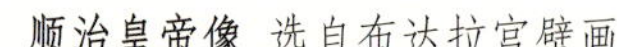
顺治皇帝像 选自布达拉宫壁画。

太和门

太和门），颁诏天下，定鼎燕京。

清朝北京的宫殿，从外朝到内廷，多仍明朝之旧，但有所损益，做出若干调整。举其大端，分述如下。

其一，更名殿、门匾额。清朝满洲军事封建贵族，从关外一隅入主中原，联合蒙、汉，统一中国，它最关心的是两个字："和"与"安"，就是将各民族协和在其统治之下，以求"长治久安"，子孙万代，永坐江山。北京作为清朝的京师，这一国策在各方面均有体现。顺治二年（公元1645年）五月，重建皇极殿、中极殿、建极殿，依次改其名为太和殿、中和殿、保和殿，并将皇极门改名为太和门，突出一个"和"字。八年（公元1651年）九月十八日，重修承天门竣工，改承天门名为天安门。第二年七月初七日，改皇城后门名为地安门，再加上原有的东安门和西安门，这样皇城东、南、西、北门和长安左门、长安右门，共六座门，都突出一个"安"字。后广宁门为避道光帝旻宁名讳，也改称广安门。又如紫禁城各门匾额，都以满文与汉文合璧书写；太庙祭祖、天坛祭天时读祝文，也是既读满文，又读汉文。另如一些御制碑文，用满、汉、蒙古、藏四体文字书写。再如乾隆帝在宫阙接见满洲王公时讲满语，接见汉族官员时讲汉语，接见蒙古王公时讲蒙古语，接见西藏班禅六世时讲藏语。清帝以此显示满、汉、蒙古、藏等族协和为其国策。

其二，改变宫殿规制。以坤宁宫为例。坤宁宫在明代是皇后居处的正

萨满面具

萨满神服

坤宁宫内景

萨满神裙

乾清门

西边一间存放佛像、神像、祖宗板子及祭祀用品；两端各有通道一间。窗户改明代的菱花格窗为直棂吊窗，纸糊于窗外。门前有祭天神杆即索罗杆。祀日，在宫的前庭杀猪、煮肉、献礼。奉猪颈骨于索罗杆顶斗内，放猪胆及肉、米于杆斗。礼成，帝、后等受胙肉。宫的西暖殿后矗立烟囱，为宫内煮祭肉时出烟之用。

以乾清门为例。乾清门是内廷的正门，这里是清代御门听政的地方。清初皇帝住在乾清宫，每天早上的御门听政，到乾清门比到太和

宫，共九间。清朝入关后，将坤宁宫按照盛京（沈阳）宫殿的清宁宫格局加以改建，使中部和西部成为萨满教祭天祭神的场所。正门开在偏东一间，其东北角隔出一小间，内安置煮肉的三口大锅，外面有杀猪、打糕（供品）的用具；宫内东边两间暖阁留作皇帝大婚临时居住的洞房；中间四间为祭神场所，北、西、南三面有连通大炕；

门近，所以清代的御门听政改在乾清门。御门听政，一般从上午8点钟开始。听政时，皇帝坐在乾清门中间临时安设的宝座上，前面摆着黄色的御案。起居注官（负责记录的官员）立于西侧面向东，部院官员立于东侧面向西，全都跪下。其他官员依次跪着。听政时，奏事官员跪奉奏疏于御案上，跪奏，皇帝降旨，即指示处理的旨意，大学士等承旨。清代皇帝比历朝皇帝都勤于政事，如康熙帝每天都要按时御门听政，雨雪无阻，寒暑不辍。他不在紫禁城时，在行宫里也坚持这项制度。

以宁寿宫为例。在东六宫的东面，有一组宫殿群——宁寿宫，是乾隆帝归政后作太上皇宫殿而修建的。乾隆帝的祖父康熙帝8岁登极，在位61年，享年69岁。乾隆帝25岁登极后就声言，他御政时间不敢迈越他的祖父，俟60年归政，传位给太子（后来的嘉庆帝）。乾隆帝60岁后，在紫禁城东北隅原有宫殿的基础上，大兴土木，改造新宫。新宫呈长方形，四围宫墙，开有6门，占地面积46000余平方米。内部殿堂房屋千余间，分别布局，各臻其妙，景色万千，面貌一新。前部以皇极殿、宁寿宫为主。后部分为三路：中路以养性殿、乐寿堂为主，堂后为颐和轩、景祺阁；东路前面为畅音阁、阅是楼，后面为庆寿堂、景福宫等，东北隅为佛日楼和梵华楼；西路为宁寿宫花园，即乾隆花园。这种布局大体上是紫禁城外朝、内廷和御园的缩影。

其三，宫内建筑箭亭。在紫禁城

皇极殿

雨华阁

内，建箭亭，广五间，周环檐廊，中设宝座，宝座东有碑，上镌乾隆帝的《上谕》，诫其子孙“学习国语，熟练骑射”。宫内还建鹰房和狗房。

其四，盝顶式碑楼。文渊阁于乾隆三十九年（公元1774年）建，仿宁波天一阁，为庋藏《四库全书》所用。阁前有《文渊阁记》碑，碑楼上的盝形顶，应是满族骑射文化在宫廷建筑上的表现。还有雨华阁，为乾隆时建，具有满、藏、汉等民族文化特色。

上列四端，可以看出清代在宫殿建筑及规制上，满族骑射文化的映现。

紫禁宫廷

清朝的紫禁城宫殿与紫禁城生活，同明朝帝后有相似的地方，也有自己的特点。清朝的紫禁宫廷，举其大要，条分缕析，加以细化，略作叙述。

紫禁宫殿沿袭明制，前朝后寝，泾渭分明。前朝，主要是太和、中和、保和三大殿。以太和殿为例，它的名称：永乐初建名奉天殿，突出“天”；嘉靖重建名皇极殿，突出“皇”；顺治再建名太和殿，突出“和”。应当说这在哲学与政治的理念上，有着明显的变化，由突出神权到突出皇权，再到突出社会和谐。尽管当权者不能完全做到这一点，但作为社会理念来说还是有进步意义的。前朝的三大殿在清朝的状况是：

太和殿　其功能同明朝一样，但被更多地利用。正旦、冬至、万寿（皇帝生日）三大节常在这里举行。清初对太和殿修葺一新，清人《太和殿赋》云：“虽袭故而寡增，已穷妍而极态。”

螭首　螭为传说中龙属动物，用作殿脊等雕饰，又作排水口。图版所示为前朝三大殿台基边沿的螭首。

太和殿、中和殿、保和殿

太和殿藻井

到乾隆朝更加富丽堂皇。乾隆帝80岁大寿的庆贺大典在这里举行。安南、朝鲜、缅甸、暹罗（泰国）、琉球的贡使，蒙古王公、新疆伯克、台湾生番（原住民），朝廷官员，在此贺寿。在紫禁城皇宫为皇帝举行80岁庆典，这在北京皇宫史上是仅有的一次。乾隆皇帝在太和殿举行禅位——乾隆禅位、嘉庆继位的授受大典，这是紫禁城太和殿空前绝后的纪录，也是传颂千秋的佳话。

中和殿 清朝皇帝在此接受内务府《玉牒》告成的进呈和御览的仪式。在这里介绍一下《玉牒》。清制：皇族出生人口，每年造黄册、红册，每十年汇总一次，活着的红笔书写，死了的黑笔书写，以帝系为统，以长幼为序，由宗人府的宗令宗正任总裁，汇总纂修《玉牒》。宗室、觉罗的私生子女，宗室之子给红带子，觉罗之子给紫带子。新修《玉牒》呈送皇帝御览后，于皇史宬、宗人府、盛京崇谟阁各尊存一份。中和殿后东西庑也有故事。雍正帝下令将《玉牒》收缴回宫，加以密封保存。乾隆帝经过查阅后，认为有些“绝不可示人者”，怎么办呢？乾隆帝的办法是：或“曾加改削”，或“即焚其稿”。

保和殿 清代在每年除夕，皇帝常御这里，赐蒙古王公等宴；元宵佳节，皇帝有时在这里宴请王公大臣。清中期以后，这里是科举考试中最高一级殿试的固定场所。届时皇帝亲自御殿，内阁官员将一甲（一等）三卷依次进读，御笔批定出第一名状元，第二名榜眼，第三名探花；又将二甲（二等）和三甲（三等）的卷子、姓名、籍贯面奏，皇帝选定后在太和殿院内传胪，就是当众宣布殿试的结果。然后由礼部张贴金榜于长安左门外（在今南池子南口迤西的红墙处），称金榜题名。进士再经朝考，分别授以不同官职。

保和殿还有一个名称叫位育宫。顺治入关后，到了紫禁城，住在哪里呢？当时部分宫殿遭焚毁，乾清宫也不例外。顺治二年（公元1645年）五月，兴建位育宫，第二年末宫成，8岁的顺治皇帝搬进位育宫居住。直到顺治十三年（公元1656年）五月，乾清宫、坤宁宫重修完工，七月才移居乾清宫。顺治帝在位育宫居住整整10年。顺治帝从位育宫搬到乾清宫后，位育宫又恢复了保和殿原来的殿名。

紫禁城外朝三大殿的东西两翼，同明朝规制一样，文华殿在东，武英殿在西。

文华殿 在清朝是皇帝举行经筵的殿堂，经筵就是给皇帝讲解经典的特设讲席。举行经筵之前，皇帝（或派官）先向孔子牌位祭告。经筵当天，皇帝着常服，入殿升座，满、汉讲官各二人，行二跪六叩礼后，分别向皇帝进讲经书。然后皇帝阐发经义，各讲官都要跪着聆听。经筵之后，皇帝向讲官赐茶。

文渊阁 位于文华殿后面，建于乾隆三十九年（公元1774年），仿制浙江宁波天一阁，四十一年（公元1776年）建成，是专为庋藏《四库全书》用的殿阁。阁面阔六间，前后出廊，分上下两层，建筑很雅致。屋顶为黑色琉璃瓦，镶绿色边，它在紫禁城一片黄色殿顶中，独具特色，引人注目。屋脊雕刻海水龙纹图案，阁前引金水河之水穿流而过，这不仅为着装饰建筑，美化庭院，还象征着以水克火，防止火灾。室内中央摆设宝座，四壁

文渊阁 这是庋藏《四库全书》的殿阁，阁顶为黑琉璃瓦。依“五行相克”之说，黑象征水，水克火，阁顶盖黑琉璃瓦，取以水克火，防止火灾焚书之意。

布满书架。阁内珍藏的《四库全书》，分经、史、子、集四部，共收书3503种，79337卷，装帧成36304册，是古代世界最大的一部丛书。

武英殿 清初摄政睿亲王多尔衮议政办公之所。康熙朝年间开武英殿书局，为文臣纂修之地。康熙朝编纂的万卷大类书《古今图书集成》，后用铜活字印刷，25万余个铜活字曾储存在殿内。这里刻印的书，刻工精细，印装精美，称为殿本，颇受称赞。清乾隆年间，这里成为皇家修书、印书的地方。

保和殿后，就是紫禁城中后三宫的前引——乾清门。门前小广场东墙有景运门，西墙有隆宗门。这两道门是进入内廷的禁门，清朝规定，除值班大臣或皇帝召见的人员外，就是王公大臣也不许私自出入。虽然门禁森严，但在嘉庆十八年（公元1813年）九月十五日，由陈爽和陈文魁带领的天理教起义队伍，由宫中太监做内应，分别由东华门和西华门攻至景运门和隆宗门外，当时嘉庆帝在从热河避暑山庄回京的路上，皇子旻宁（后来的道光帝）闻警后下令紧闭宫门。起义者正准备积柴焚烧隆宗门时，从神武门入宫的火器营等扑了过来。后因众寡悬殊，起义失败。当时宫中一片混乱，有的官员要准备车辆送后妃出逃，有的官员藏在柜中吓得浑身哆嗦。现在隆宗门匾额上还存留着箭头，传说是这次事件的遗迹。

军机处

在隆宗门内，靠北墙有一排矮小的12间平房，靠东边的就是军机处。军机处是雍正七年（公元1729年），因西北用兵需要而开始设立的。军机大臣一般5人左右，辅佐皇帝处理军国要事。军机大臣每日觐见皇帝，商承处理军国要务，参与军国大政。军机处在清代军政衙署中，地位最高，权力最重，机密最深，却设置在宫墙下简陋矮小的房子里，构思可谓深远。

隆宗门匾额

置于乾清门外的鎏金铜缸 平日这些大缸中盛满清水，以备发生火灾时使用。

后廷，清沿明制，以乾清宫、交泰殿、坤宁宫为后三宫。

乾清宫　清朝入关以后，把乾清宫加以重修，还是作为皇帝的寝宫。但工程质量很差，下雨天宫内漏雨，后皇帝只好暂时住在位育宫(保和殿)，再加修葺。修缮后的乾清宫，除做皇帝的寝宫外，顺治帝和康熙帝还在这里临轩听政、召对臣工、举行典礼、接见使臣、读书写字和批阅奏章等。雍正帝将寝宫移至养心殿以后，这里成为宫廷政治活动的主要场所。

在乾清宫宝座的上方，有一块“正大光明”匾，匾后藏有建储锦匣，这是建储方法的一次重大改革。为了说明这次改革，需要讲得远一点。在世界中世纪史上，国家政体有共和制，

秘密建储锦匣

如威尼斯共和国的国家首脑由议员选举产生，终身任职；更多的则是君主制，君主的产生，有的为选举，如德国皇帝查理四世，公元1356年颁布“黄金诏书”，规定皇帝由七个选帝侯选举产生，更多的则是世袭。中世纪的中国，皇位的继承为世袭制；世袭的方式，一般采用嫡长制，就是由其正妻长子袭受皇位。这虽然可以减少因皇位继承而引起的骨肉残杀，但弊端很多。同前述查理四世同时代的明太祖朱元璋，曾立长子为太子，但太子先于朱元璋死去，于是改立长孙朱允炆继承皇位。他继位后，朱元璋四子燕王朱棣不服，发动战争，攻占南京，夺取皇位，这就是迁都北京的永乐帝。到了清代，满族本居关外，初无嫡长之制。清太祖努尔哈赤有16子，他死后诸子争夺汗位，大妃那拉氏被迫殉死，皇太极继承了汗位，这就是清太宗。清太宗有11子，他死之后，人人觊觎皇帝大宝，几酿大变，最后推出共6岁的第九子福临继承皇位，即顺治帝。顺治帝有8子（其中两个皇子早殇），他临终确定由出过天花的8岁的第三子玄烨承袭皇位，即康熙帝。康熙帝有35子，他为了避免身后诸子争夺皇位而自相残杀，便汲取前三朝的历史教训，决定从诸子中选一人立为皇太子，但并不是长子。康熙十四年（公元1675年）立第二子胤礽为皇太子，颁诏天下。胤礽为巩固皇太子地位，便自立门户，鸠聚党羽；他的兄弟为使自己成为太子，合伙结党，设计构陷；贵族和大臣也各找靠山，以求自固。于是，斗争复杂，愈演愈烈。康熙帝于四十七年（公元1708年）召见大臣，宣布废掉太子，他当着群臣痛哭流涕，并六夜不眠。但太子一

康熙皇帝像

雍正皇帝像

废，康熙帝诸子四处活动，谋做太子，党争更为激烈。第二年，复立胤礽为太子，然而宫廷斗争更甚。三年后再废太子。至康熙帝病危，储位未定；虽然雍正帝承袭父位，但留下害父、夺位的传说。雍正帝登极后，总结前四朝的历史教训，便既立太子又秘而不宣，就是将所立太子的名字亲写密封，缄于锦匣，藏在乾清宫“正大光明”匾额之后。雍正帝死，庄亲王允禄等打开所储立皇太子密封锦匣，宣布皇四子弘历即位，这就是乾隆帝。内廷辑宁，避免了一场争夺皇位的宫廷斗争。不过到清朝后期，咸丰、同治、光绪三帝，由于只有一个儿子或没有儿子，就没有再采用这个秘密建储的方法。

在乾清宫前还举行过两次规模空前的宴会，有1000余位老人参加，称作“千叟宴”。一次是康熙六十一年（公元1722年）正月，康熙帝在乾清宫前召集满、汉文武大臣等，年65岁以上者共1020人，举行盛宴。康熙帝先赋诗一首，与宴诸臣相和，叫作《千叟

宴诗》。另一次是乾隆五十年（公元1785年）正月，乾隆帝以50年“国庆”，又在乾清宫前举行千叟宴，有60岁以上者3000余人参加，其中包括大臣、官吏、军士、民人、匠艺等。每人还赐予拐杖等各种物品。宴会上联句作诗，共得诗3429首。

在乾清宫这一组建筑中，宫的两侧有两座小殿，周围有40间门庑环绕，构成一个独立的小区。东西墙开有对称的门：南面东为日精门，西为月华门；北面东为龙光门，西为凤彩门。宫东配殿称昭仁殿，储藏宋、金、元、明版及明影印宋钞之善本书，是中国古典文献的精华所在。清乾隆帝写“天禄琳琅”匾高悬殿中，后出版《天禄琳琅书目》，从中可以窥见当时宫中藏书的概貌。宫西配殿称弘德殿，殿内有乾隆帝御书《弘德殿铭》，其中有句：“求全之毁，吉德也；不虞之誉，凶德也。”就是说，逆言为吉，谀言为凶——这是一条朴素的真理。当然，帝王以它为座右铭，是难以做到的。宫东庑有端凝殿，是收藏皇帝冠带袍履的地方。它的北面有御茶房，南面有御药房。宫西庑有懋勤殿，是皇帝读书的地方。康熙帝小的时候曾在这里读书。后来每年秋季，皇帝在这里亲阅刑科呈送的死刑犯人档册，以作最后判决。宫南庑西端有翰林值班解答皇帝咨询的地方——南书房，东端有皇子读书的地方——上书房。这是内廷的两个重要机构。

交泰殿　殿内正中悬挂康熙帝御书的“无为”匾。殿中设宝座，左安铜壶滴漏。铜壶滴漏是中国古老的计时方法。这种方法是在壶中盛水，用滴水来计量时间。到北宋天圣九年（公元1031年），发明了莲花漏法，就是在漏壶的上部开孔，使多余的水由孔中溢出，以保持漏壶有恒定的水位，提高了漏壶计量时间的准确度。然而，滴漏不只是用水，还有用水银或沙子做动力的。北宋太平兴国四年（公元979年），张思训以水银代水，制作出“水银滴漏”。元代的詹希元以沙代水，制出“五轮沙漏”。这些都是漏壶发展史上重大的革新。但是，交泰殿内的漏壶为铜制，高5米余，分三节，置于台上，外建方亭，亭为重檐，上饰宝顶。殿内右安自鸣钟。自从有了以机械为动力的自鸣钟计时，铜壶滴漏就成为陈列品。殿中在乾隆以后，尊藏皇帝宝玺25方。这些宝玺归掌玺太监管理，用的时候由内阁请示皇帝，经过御准，方能启用。交泰殿还是清朝皇后在元旦、冬至、千秋（皇后生日）三大节受朝贺的地方。朝贺时，皇贵妃、贵妃、妃、嫔、公主、福晋（亲王、郡王、世子、贝勒之妻）、命妇（受封诰的大臣之妻）等，都要在这里行六肃三跪三叩礼。

交泰殿内铜壶滴漏

交泰殿内景

养心殿后寝殿 养心殿自清雍正帝以后，成为皇帝理政和寝居之所。

坤宁宫 在清朝较明朝有很大的变化。坤宁宫左为东暖阁，右为西暖阁。东暖阁曾经做过清帝结婚的洞房。这些前文已经叙述。坤宁宫后为坤宁门，门外就是御花园。

养心殿 在雍正后格外重要，因为从雍正帝开始，皇帝在这里住居和御政。殿的东暖阁，在正殿的东侧，陈设典雅，气氛严肃。地面铺设地毯，上空悬挂宫灯，西面有隔扇，东面为床儿。阁的正中设宝座，宝座后面挂着镶有黑幔的黄色纱帘，黄帘直垂至地，帘后设宝座，这是垂帘听政的设置。垂帘听政就是皇帝年幼，不能亲理政事，但要坐在宝座上，由其母坐在垂帘后面，听取大臣陈奏，处理国家政事。垂帘听政之制，在明代是没有的。明太祖朱元璋在开国之初，鉴于历代宫闱“政由内出，鲜不为祸”的教训，曾下旨：“后妃虽母仪天下，然不可俾预政事。”至于嫔嫱之属，只不过为皇帝侍巾栉、备宠幸而已。在明、清两代北京紫禁城的24位皇帝中，未成年登极的明代4人，清代5人，共9人。明万历帝10岁登极，由宰相张居正辅佐。清顺治帝6岁登极，由郑亲王济尔哈朗和睿亲王多尔衮襄理政事。清康熙帝8岁登极，由四位辅政大臣辅佐政事。清末代君主宣统皇帝3岁登极，由他的父亲醇亲王辅政。垂帘听政发生在同治帝时，同治帝6岁登极，由8位顾命大臣辅政。但同治帝的生母那拉氏即慈禧太后，伙同当时留守北京的恭亲王奕䜣，发动宫廷政变，处置顾命大臣，掌握了实权。于是慈安与慈禧两太后垂帘听政。同治帝死后，4岁的光绪帝即位，慈禧太后继续垂帘听政。这里成为清代仅有的两次垂帘听政之所。垂帘听政之得失，本书不作评论。但《清史稿·后妃传》最后论曰：“一代兴亡，系于宫闱，呜呼！岂非天哉，岂非天哉！”

西暖阁，在正殿的西侧，陈设庄重，气氛森严。阁内悬挂匾额，为“勤政亲贤”。作为专制帝王来说，勤于政或荒于嬉，亲贤良或昵奸佞，确是明君与昏君的一块界石。在西暖阁的西头，隔出一个套间，精巧别致，幽雅清静。乾隆帝时，在套间里珍藏中国三位大书法家的字帖——王羲之的《快雪帖》、他儿子王献之的《中秋帖》和王珣的《伯远帖》，视为稀世之珍，所以命名为“三希堂”。后来乾隆帝将宫中所藏从魏晋至明末135位著名书法家的共340件墨迹汇编在一起，就以此堂命名为《三希堂法帖》，成为书法艺术的珍品。乾隆帝酷爱书法，造诣很深，他书写匾联的墨迹，至今还挂在这间雅室的墙壁上。

养心殿东暖阁

皇帝的寝宫在养心殿的后殿东西五间，其东耳房体顺堂和其西耳房燕

三希堂 三希堂是个小阁，面积只有4.8平方米，但布置典雅，装饰考究，以珍藏书法名帖而闻名。

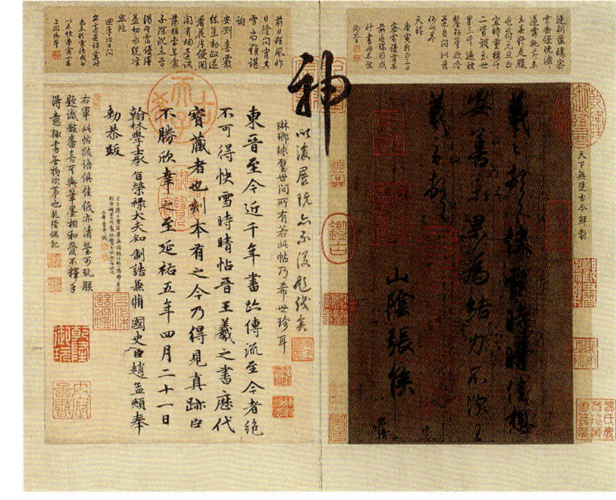

王羲之《快雪帖》

禧堂各五间，共十五间，一字排开。寝宫的陈设，在同治帝时多至724件，富丽堂皇，奢靡豪华。寝宫的正间，设坐炕一铺，中为桌案，两侧各设座椅。皇帝的炕床，即所谓“龙床”，分置在东西两梢间：一在东梢间，屋里通体镶嵌着玻璃水银镜；另一在西梢间，屋内安着碧纱隔扇。夜间两屋的床幔同时放下，以防不测。寝宫东面的体顺堂，是皇后在养心殿和皇帝共同生活的寝室。西面的燕禧堂，是妃嫔被召唤来时的住室。一般妃嫔等的值房在体顺堂和燕禧堂东西的围房里。

养心殿后殿“龙床”

储秀宫 是西六宫中东面最北的一座宫殿。因为清朝慈禧太后曾在这里居住过，所以储秀宫成为东西六宫中蜚声中外的一座宫殿。慈禧姓叶赫那拉氏，慈禧太后是她儿子当了皇帝后给她上的徽号的简称，因为她曾住西六宫的储秀宫，所以也称西太后。与西太后并称的是东太后，因为正宫慈安太后钮祜禄氏曾住东六宫的钟粹宫。西太后生于清道光十五年（公元1835年），父亲惠征是做过郎中、道员的中级官员。咸丰元年（公元1851年），西太后被选入宫时17岁，开始只封为妃嫔中品级很低的贵人，后晋封为懿嫔。这时她在诸妃嫔中并不得宠，常受冷落，心中苦闷。相传一次她在皇家苑囿中唱歌，被咸丰帝听到，后受召幸。咸丰六年（公元1856年），她在储秀宫生下咸丰帝唯一的儿子载淳（后为同治帝），母以子贵，被晋封为懿妃。第二年又晋封为贵妃，称懿贵妃。咸丰十一年（公元1861年），咸丰帝在避

慈禧太后像

皇帝佩饰

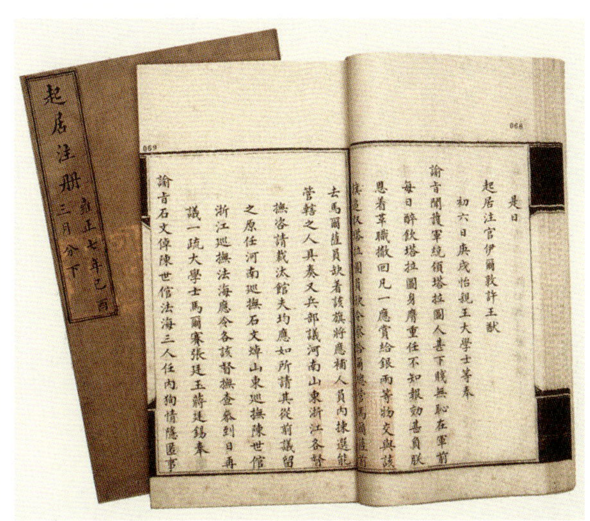

雍正《起居注册》 起居注是记录皇帝言行起居的档册。清代设有起居注官和起居注馆，专司皇帝起居的记载和纂修事宜。图示为雍正帝的《起居注册》。

储秀宫内景

暑山庄病死，同治帝载淳即位，懿贵妃与皇后并尊为皇太后。这时27岁的西太后，通过“辛酉政变”（又称“北京政变”）夺得政权，实行两宫太后垂帘听政之制。从此，每日召见议政王、军机大臣，内外章奏，太后览阅，大臣拟旨，翌日进呈，两太后懿旨颁示中外。两太后垂帘听政12年，后归政同治帝，但同治帝亲政一年即病死。随后同治帝堂弟、西太后妹妹之子、4岁的载湉继承皇位，这就是光绪帝。于是，两太后继续垂帘听政。清光绪七年（公元1881年），东太后死，西太后综理军政，独揽朝纲。西太后从同治元年（公元1862年）垂帘听政，到光绪三十四年（公元1908年）死去，实际总揽清朝政权达48年之久。西太后死后3年，中国爆发了辛亥革命，推翻清朝统治，建立中华民国。在西太后当权的近半个世纪里，清朝对外签约、割地、赔款、屈辱，对内压迫、搜刮、专制、屠杀，中国陷入五千多年文明史上最黑暗的深渊。影响中国近代历史进程的许多重要人物、重大事件，几乎都与储秀宫、西太后发生直接或间接的联系。

储秀宫前戏珠铜龙

储秀宫东暖阁

光绪十年（公元1884年），西太后为庆祝自己五十寿辰，耗银60余万两，将储秀宫修葺一新。现在所见的储秀宫，大体是西太后居住时的原状。储秀宫前，有一宽敞幽静的庭院，院中台基下面，在东西两侧安置了铜梅花鹿和戏珠铜龙。龙是帝王的象征，铜龙放置在储秀宫前，显然是大臣们对慈禧太后的献媚，也是对她旨定军国大计的臣服。院内台基上便是单檐歇山式五间的储秀宫。宫正间后边是楠木精雕的万寿万福裙板镶玻璃罩背，罩背前设地平台一座，座上摆设紫檀木雕嵌寿字镜屏风，屏风前设宝座。这是西太后平时接受宫眷请安的座位。东侧有花梨木雕丛竹玻璃碧纱橱，与东侧室隔开。东侧室与东里间都以花梨木雕为间槅，室内装修精巧华丽，陈设富丽堂皇。有紫檀木家具和嵌螺钿家具、象牙龙船和象牙玲珑塔等名贵工艺品。西侧有玉雕丛兰玻璃碧纱橱，与西侧室隔开。西侧室南窗和北窗下都设炕，这是南北都有炕的关外满洲习俗在宫廷中又一实例。西太后常在这里休息。西里间是西太后的寝

储秀宫内陈设

百宝盆景

储秀宫内翡翠烛台及茶具

宫。它用花梨木雕刻万福万寿作边框，镶大玻璃作寝宫的隔断，中间一门，从寝宫可以看见西侧室的一切，起到隔而不断的作用。寝宫的北边是床，床前安设硬木雕床罩，上面中间雕刻寿字，四周雕着子孙万代葫芦图案，这是清代杰出木雕艺术作品之一。床罩里面为床框，床框上张挂两层蓝缎绣藤萝图案的幔帐。幔帐里面为床，床上又一层紫檀木框玻璃镶画的横楣床罩，上面挂着缎面绸里的五彩苏绣幔帐。帐里床上铺着各种各样绣着龙、凤、花卉图案的锦被。西太后寝宫就像是一座艺术的宫殿，琳琅满目，美不胜收。就以宫内珍贵的紫檀八方罩来说，上面透雕着缠枝葡萄，构图生动，雕刻精妙，华而不俗，巧夺天工，是中国近古木雕艺术的杰作。储秀宫陈设着各种精美的工艺品——木雕、漆雕、牙雕、刺绣、玉雕、宫灯、地毯、瓷器、古玩、景泰蓝、金漆镶嵌等，是一座袖珍中国古代工艺美术馆。

景仁宫 是东六宫中西面最南的一座宫殿。大门南向，名景仁门。宫的建制，分为前殿和后宫，是一个独立的两进宫院。清代顺治帝妃佟氏住在这里，清顺治十一年（公元1654年）三月十八日生下玄烨，这就是康熙帝。后来乾隆帝和道光帝当皇子时，都在这里住过。光绪帝的珍妃，也曾住过景仁宫。清光绪二十六年（公元1900年），八国联军攻入北京，慈禧太后偕同光绪帝逃往西安，行前命太监将珍妃推入井中赐死。

钟粹宫 是东六宫西面的一座宫殿。明代钟粹宫曾是皇太子的居所。它的前殿叫兴龙殿，后殿叫圣哲殿，其后小院称龙德斋。封建帝王自称真龙天子，太子为潜龙，所以如此来给太子居所命名。清代诸皇子的住所，改在东六宫之南的毓庆宫，钟粹宫成为后妃的住所。道光帝孝静皇后及皇四子奕詝（后来的咸丰帝），曾住过钟粹宫。咸丰帝写有《钟粹宫感旧》诗云："居此幼龄十七年，承恩御宇恨终天。回思已岁尤堪痛，一度思亲涕泪涟。"诗的大意是说，幼时在钟粹宫居住17年，受恩登极时母后已溘然离世，年33岁。奕詝回忆起道光十九年（1839年）9岁时，突患重病，蒙母后焦劳精神，废寝忘食，悉心照料，病才痊愈，就愈发思念母后，泪涕交流。后来咸丰帝皇后钮祜禄氏曾在钟粹宫居住，前文已经说过，她因此被称作东太后，与西太后同时垂帘听政。

钟粹宫

慈宁宫 清初进行了大规模的修缮，后改为重檐歇山顶和前后廊檐的七间大宫殿。孝庄太后成了清代慈宁宫及其花园里第一位主人。孝庄为清太宗皇太极庄妃，孝庄是她的谥号，蒙古族人，姓博尔济吉特氏，出身于贵族家庭。她14岁归皇太极，27岁生子名福临。皇太极猝然死去，未预定嗣君，皇位争夺激烈。皇太极的长子豪格与其十四叔多尔衮，都值盛年，各握重兵，互不相让。最后由郑亲王提出一个权力平衡的方案，由博尔济吉特氏所生的年方6岁的皇九子福临嗣位，即顺治帝。顺治帝死后，8岁的康熙帝即位，孝庄以太皇太后的身

珍妃井 清光绪帝的宠妃——珍妃，于光绪二十六年（公元1900年）八国联军攻入北京时，被慈禧太后命太监推入这口水井而死。这口井后称珍妃井。

孝庄太皇太后像

金发塔 清乾隆帝为贮存其母生前落发而铸造的金塔。

孝圣宪皇后像

份，教导康熙帝，智擒权臣鳌拜，亲理政事，实揽朝纲。康熙帝每次御门听政之后，都亲向太皇太后请安，奉陈政事，聆听懿旨。孝庄太皇太后于康熙二十七年（公元1688年）病死，年75岁。孝庄太皇太后博尔济吉特氏对当时中国的安定与统一，巩固与强盛，做出了重要的贡献，是清代杰出的女政治家。

在慈宁宫的西面有寿康宫，北面有寿安宫，都是封闭式宫院，里面住着太后、太妃们。寿安宫是乾隆十六年（公元1751年），乾隆帝为他生母钮祜禄氏60岁生日而改建的。钮祜禄氏13岁就侍奉雍亲王府邸，后生弘历（乾隆帝），晋封贵妃。乾隆帝即位后，被奉养在慈宁宫。她三次南巡，三次东巡，三幸五台山，一幸中州，并举行60岁、70岁、80岁生日大庆。在她60岁生日时，从西华门至清漪园（今颐和园），沿路张灯结彩，道路两旁，每几十米搭戏台一座，演出各种戏剧。陈设的贡品，有用色绢制的山岳，有用孔雀尾羽做瓦的翡翠亭等。其身后，乾隆帝命制作存放母亲生前梳落头发的金发塔。这座金发塔，高147.2厘米，基座边长70.4厘米，用黄金3000两，它由基座、塔斗、塔肚、塔脖、塔伞和日月形塔刹等部分组成，并镶嵌松石璎珞，构图完美，纹样端庄，精细巧妙，俊秀华丽，确实是一件艺术杰作。

但是，像顺治帝生母孝庄皇太后、乾隆帝生母孝圣皇太后那样生逢盛世，母仪天下，捧觞受庆，享尽荣华者，毕竟寥若晨星。大多数太妃、太嫔都是青灯一盏，长夜永昼，过着“红颜暗老白发新”的清寡生活。

皇家苑囿

清代是北京皇家园林发展史上的鼎盛时期。特别是康熙、雍正、乾隆三朝，社会比较安定，府库财力充裕，造园经验丰富。满族崇尚骑射，从而

九龙壁

九龙壁上蟠龙 九龙壁上居中的蟠龙，龙首恰对着皇极殿正中的宝座。

使京师皇家园林有新的开拓，尤其是“三山五园”的建设，成为中国古典园林史上的明珠。

宁寿宫花园中的耸秀亭

皇宫里的宁寿宫花园（乾隆花园），为乾隆帝归政后颐养天年休憩之处。宫前的九龙壁，其下部为白石须弥座，上部为黄瓦庑殿顶，中间为九条巨龙浮雕，体态矫健，形象生动。全幅壁面以海水为衬景，有9条戏珠巨龙在奔腾，它由247块预制七色琉璃砖拼砌而成，总宽29.4米，高3.5米。若在皇极殿向南望九龙壁，正中的蟠龙似驯顺蜷伏，姿如朝觐，势如拱卫。与中国现存另两处九龙壁——山西大同九龙壁和北京北海九龙壁相比，紫禁城的九龙壁以雕制精细和色彩华美而见长。

宁寿宫花园在宁寿宫后面，布置在南北深160米、东西宽37米的纵长地带，虽共占地5920平方米，但其格局灵活紧凑，空间时畅时闭，曲径通幽，景致各异。它分为四进院落，衍祺门里，第一进主体建筑为古华轩，院中布置山石亭台，别具风采。西面禊赏亭，抱厦中设流杯渠，引水渠中，浮杯水上，杯停赋诗，饮酒为乐。东南角借用曲尺廊隔出一个小院，打破方正布局俗套，取得步移景随效果。西北角在假山上建旭辉亭，经爬山廊与山下禊赏亭连通。曲尺廊与爬山廊，曲直相间，斜平各异，构思新颖，两相呼应。第二进以遂初堂为主要建筑，院内湖石点景，环境雅致幽静。第三进以山景为主，庭院中峰峦叠出，奇石突兀，崖谷峻峭，洞壑邃幽。环山布置建筑，北为粹赏楼，西有延趣楼，耸秀亭建在山上，上下游廊，回曲相连。山麓之阳，有三友轩，取松、竹、梅岁寒三友之意。轩内有暖炕，为冬季游园憩息之所。三友轩内月亮门，用竹编为地，紫檀雕梅，玉雕梅花、竹叶，构图清新，色彩谐和。最后一进的主体建筑符望阁，在花园北部，是全园的主景建筑。阁内间隔纵横，曲折迂回，装饰精美，变幻无穷。观赏阁内景色，至少需转20个方位。置身其中，穿门槛之时，往往迷失路径，所以俗称“迷楼”。阁四周以游廊和短墙分成几个似通又隔的庭院，景色各异。符望阁前叠石堆山的主峰上有碧螺亭，图案全用梅花，形状新颖别致。亭下为五瓣须弥座，圆形板内外雕刻着梅枝，亭檐额枋彩绘梅花，亭顶用五条垂脊分为五个坡面也象征梅花五瓣。这座五柱五脊梅花形小亭，好像是无数梅花簇拥成的大梅花篮，所以俗称梅花亭。最后为倦勤斋，室中设有小戏台，斋内嵌竹挂帘，镶玉透绣隔扇，一派江南景色，至为精致绝伦。

禊赏亭流杯渠 此亭在宁寿宫花园内，中为流杯曲水渠。古人自晋以来，逢三月三日，会集于环曲的水渠旁，在上流放置酒杯，任其顺流而下，停在谁的面前，谁即取饮赋诗，叫作流杯或流觞。

宁寿宫后部居中的养性殿，为乾隆帝做太上皇时的日常起居之所（后

围棋

清·《慈禧太后对弈图》

来乾隆帝未曾在此寝居过）。殿后为乐寿堂。堂为歇山卷棚式宫殿，体制高大，前临广庭，左右游廊各设屏门，局势开朗，居全宫之最。堂内隔扇，仙楼装修，多用花梨和紫檀等珍贵名木，雕刻奇绝，金玉镶嵌，工艺精美，叹为观止。这一区宫殿虽是乾隆帝为自己当太上皇修建的，但他自己没有住进去，却成了西太后在紫禁城里过60岁生日前后的寝宫。西太后在乐寿堂庆祝自己六十大寿，竟耗白银1000余万两。堂后为颐和轩，轩的两廊嵌有石刻，甬道两侧布置山石花池点景。轩的后面有穿廊与景祺阁相连，景祺阁外就是珍妃井。

东路前部的畅音大戏楼，后文另作叙述。阁后穿过阅是楼即为庆寿堂。这是采用江南民居格式的庭院，在巍峨的宫殿群中，它显得小巧宁静，另有洞天。它设四层殿，每层两厢，四周游廊，檐宇绘苏式彩画，一色素白水磨砖墙。堂后为景福宫，宫前庭院中矗立一块奇石，称为文峰。文峰石立在平面八角形汉白玉石须弥座上，四周环以铜栏杆。文峰高4.5米，秀峻挺拔，突兀峥嵘，纹理清晰，孔穴四布，正如乾隆帝在《文峰诗》中所说“巨孔小穴难计数，诡棱奇硏自萦纠”，玲珑剔透，石中称珍。庭院四面有门，石立院中，形成四面有景的妙趣。

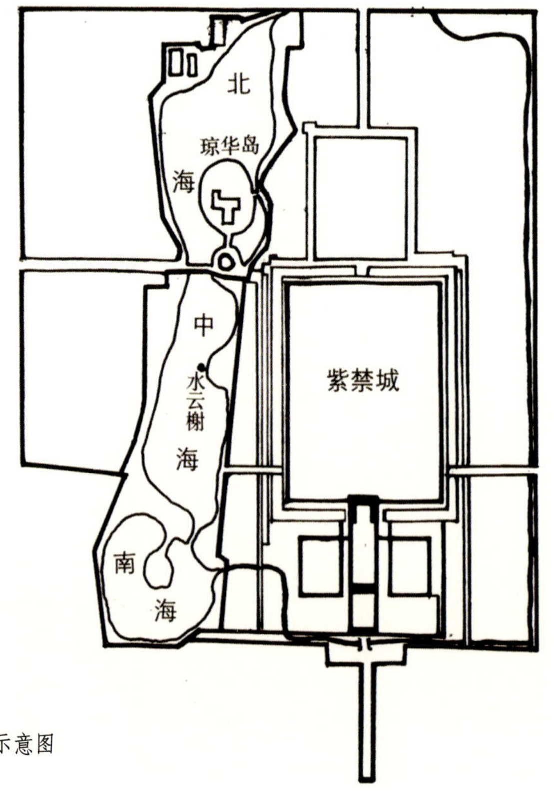

“三海”平面布局示意图

“三海”鸟瞰

皇宫外西苑，分为南海、中海、北海。

南海 从宝月楼（今新华门）以北，到蜈蚣桥以南，因在西苑海子（太液池）的南部，所以称作南海。明朝南海有一小片平地，地上筑台，因在太液池之南，故称南台。台北滨池有一涌翠亭，是明帝登龙舟游太液池的码头。天启五年（公元1625年）端午节那天，天启帝和太监乘龙形小舟在太液池中泛桨嬉游。骤然风起，浪涌船翻，两个太监溺死，另一个太监将天启帝扶救出水。《天启宫词》云“须臾一片欢声动，捧出真龙水面来”，就是说的这件事。

宝月楼于乾隆二十三年（公元1758年）建，上、下两层，面阔七间，朱柱黄瓦，庄严壮丽，相传是清乾隆帝为香妃而兴建。香妃即容妃，出身于新疆维吾尔贵族。一次清军在南疆的战争中，香妃的叔与兄立下功勋，受封公爵等，留居北京。香妃入宫后，人品贤淑，姿色秀美，善于骑射，很受宠爱。据说她身上溢放香味，因称香妃。香妃久居深宫，思念家乡。乾隆帝命在皇城南面，按回人习俗，建筑房屋，迁回民居住，并建礼拜寺，对面修宝月楼，以为望乡之阁。乾隆帝《宝月楼诗》说：“冬冰俯北沼，春阁出南城”“鳞次居回部，安西系远情”。登楼望月，为了安定对西部疆域的管辖。

宝月楼北临一片荡漾碧波，内有一个湖心岛，岛上的南台，清初重加修葺，使它成为一座水上宫殿，宛如中国古代传说中的瀛洲仙境，所以名之为瀛台。瀛台环境幽美，风景秀丽——夏季碧波涟漪，蝉鸣叶绿，鱼跃荷香，画舸凫水；冬季池水冰封，雪压松枝，银装素裹，万籁俱寂。台上殿阁亭楼，连廊相属，山石花树点缀其间，主要建筑为涵元殿。清光绪二十四年（公元1898年），康有为等在光绪帝支持下，掀起变法图强运动。新法推行百日，以慈禧太后为首的顽固派发动“戊戌政变”，缉捕、杀害维新派人士，光绪帝被幽禁在瀛台涵元殿，并死在那里。

瀛台涵元殿

中海 从蜈蚣桥以北，到金鳌玉蝀桥（今北海大桥）以南，因在西苑海子（太液池）的中部，所以称作中海。中海主要分为南岸景区、西岸景区和东岸景区三部分。

南岸景区，西苑门里，与瀛台隔池相望的是勤政殿。在火热夏季或大内兴工时，清康熙帝移居在这里听政。

中南海紫光阁

中南海静谷

殿西一水横带，稻田数亩，为丰泽园。康熙帝曾在这里试种新水稻种，邀集大臣前来观看并赐宴。园中有一座典雅的殿堂，后称颐年堂，清乾隆帝常在这里举行宫廷宴会。园内为春藕斋，这里叠山凿池，亭阁错落，林木浓荫，景色迷人。斋北为海晏楼，楼房二层，西洋式样，是晚清慈禧太后招待女宾的地方。

西岸景区，主要建筑为紫光阁。明代这里有一高台，台上建殿，皇帝在殿里看骑射、观龙舟。后改台为阁，称紫光阁。清朝皇帝照例在这里观骑射，还在阁前阅试武进士。清乾隆帝仿麟阁绘形之制，将重大战争功臣绘像挂在阁内，并在阁内赐宴各蒙古王公、回部伯克等，还请他们观冰嬉、看歌舞。“遂试冰嬉千队出，旋歌露湛八音谐”，就是这种盛况的写照。紫光阁还是清廷接见外国使臣的殿堂。清同治十三年（公元1874年），同治帝在紫光阁接见日、俄、美、法、荷、英六国使臣，并接受各国使臣呈递国书。这是清朝皇帝第一次正式接见外国来使递交国书。紫光阁铁路尤需一述。清光绪十四年（公元1888年），在“三海”建紫光阁铁路，南起中海瀛秀门外，沿中海、北海西岸，至镜清斋站，长1.5公里。在一段时间里，慈禧太后偕光绪帝，每日在勤政殿御政后，乘坐小火车至镜清斋用午膳。因西太后怕火车鸣笛声败了禁城风水，小火车由太监牵绳曳引而行。在离紫光阁不远的中海西门内，有一座仪鸾殿，曾做过西太后的寝宫。在庚子事变中，仪鸾殿被焚，经重建后，民国改名怀仁堂。

东岸景区，主要建筑为万善殿，与太液池西紫光阁相望。这里有一组佛教建筑群，清初派太监在寺庙中削发为僧，焚香礼佛。明清两代的中元节（七月十五日），都在这里做法事。佛教故事说，释迦牟尼弟子目连，看到亡母在地狱中受饿鬼包围，如处倒悬，求佛救度。释迦牟尼要他在中元节准备百味饮食，供奉十方僧众，可使母亲解脱。这一天称作“盂兰盆节”。每年中元节在万善殿设盂兰盆道场，设鬼棚，念经文，放焰口，燃河灯。由小太监手持荷叶燃烛灯，布列两岸，数以千计。太液池中河灯万盏，灿如繁星。殿西有亭出水中，故称水云榭。亭中立清乾隆帝书“太液秋风”石碑，为燕京八景之一。

中南海万善殿

北海 因在西苑海子（太液池）的北部，所以称北海（今北海公园）。北海正门之西南有团城，即圆城，本是琼华岛南一个小屿。元建圆顶大殿，明加筑砖墙，城高5米，周长276米，面积约4500平方米。团城上有承光殿，为歇山正方形大殿，四面各推出抱厦

团城城墙

团城玉佛头部 这尊玉佛是由京僧明宽于光绪二十四年（公元1898年）从缅甸募化而来，献给慈禧太后，移供于团城。

团城玉佛

北海善因殿 位于白塔正前方，是一座用琉璃砖砌的佛楼，四壁有数百尊琉璃小佛。

北海白塔

一间，构成十字形平面，上覆黄琉璃瓦绿剪边，瓦顶飞檐翘角，造型轩昂宏丽。殿内有整玉雕琢的玉坐佛一尊，高1.6米，通身洁白，光柔清润，镶嵌宝石，形姿秀美，是一件精美的工艺品。殿外堂斋石树，布置得体。殿东侧一棵古松，树冠如盖，苍劲挺拔，相传它寿同彭祖，年已八百。

琼华岛是北海景物的中心。元代在岛上建的广寒殿，明中期已经颓圮。清顺治八年（公元1651年）在山上建白塔，塔顶标高112米（塔高35.9米），为当时全城最高点。白塔为砖石木结构，内有一根通天柱，高28.8米，柱顶放置金盒，内装舍利子。白塔由塔

北海琼华岛

座、塔身和塔顶三部分组成。塔座为砖石结构的折角式须弥座，其上承托着覆钵式塔身，塔身下为三层圆台，上为圆形塔肚。塔身上部为细长的相轮，再上为两层铜质伞盖，周缘悬14个铜铃，最上为鎏金火焰宝珠塔刹。白塔耸立在琼华岛上，四周殿阁错落，树木浓密，花石点缀，湖水环绕，为北京城增添不少姿色。在白塔以南的中轴线上，自上而下地依次建筑善因殿、普安殿、正觉殿和法轮殿，作为喇嘛烧香礼佛之所。又在这里举行佛教法事。每年十月二十五日，众喇嘛洞开山门，香烟缭绕，吹法螺，诵经文，从白塔山下燃灯至塔顶，灯火罗列，宛如星斗。

白塔的建造，表明崇奉藏传佛教是清王朝国策之一。此外，还有其军事作用。塔上设立号杆、龙旗、灯笼、信炮，一旦有警，白天悬旗，夜间挂灯，并发信炮，以传警报。

白塔以东，有座半圆形的砖城，俗称半月城。城上建殿堂，城东建牌坊，结构精巧，颇具特色。山东麓的佳胜不是庙宇和牌坊，而是蓊郁葱茏的参天古木。每到盛春季节，琼岛东坡，万树枝叶密不透光，浓荫蔽地，清乾隆帝书“琼岛春阴”碑，立在绿荫深处。这是燕京八景之一。白塔以西，有清帝临时接见大臣的悦心殿，和居高临下观赏冰嬉的庆霄楼。山脚太液池畔，有延楼25间，呈半月形，左右围抱，这就是阅古楼。楼内壁间镶嵌《三希堂法帖》石刻495方。清乾隆帝诗云：“借问延楼何以名？三希古迹聚精英。”因以“阅古”名楼。这是中国现存最完整的古代书法石刻集成。白塔以北，石壁陡峭，磴道崎岖，飞廊亭阁，参差错落。山石之上建楼阁，楼阁之下开洞壑，翻山穿洞，来至湖畔。湖畔的主体建筑，东为漪澜堂，西为道宁斋，其上东称碧照楼，西称远帆阁。这四座建筑及其连接的60间延楼，依山阴作半圆形，延楼回廊外绕长达300米的汉白玉石护栏，尽头处各有古堡式小楼一座，东极倚晴楼，西终分凉阁。环临太液池，遥望五龙亭。

北海阅古楼及内壁镶嵌的《三希堂法帖》刻石

“琼岛春阴”碑 琼华岛东山，绿树浓荫。这里就是燕京八景之一的“琼岛春阴”，碑文为乾隆帝御书，碑座浮雕海兽图案。

以白塔为中轴的琼华岛，沿岛上山坡一周，作伞状立体布局，营筑殿堂亭阁，点缀花石草木，形成一座瑰丽的园林。

琼华岛东北、太液池东岸，明代建有船坞（又称水殿）二座，一座冬藏船形像龙的龙舟，另一座冬藏船形像凤的凤舸。龙舟长33.89米，宽9.17米，上建楼台，结五彩，饰以金。岸边有丛竹荫屋，群花双亭。船坞东侧有四面环山的濠濮间和画舫斋。濠濮间是一座三间水榭，三面临水，四周环山。水池上有雕栏九曲石桥，设计极为精巧，富于诗情画意。桥北有石牌坊，桥外有爬山廊。濠濮间亭台爽静，花木秀鲜，回旋曲折，意趣横生，

北海仙人承露盘 在琼华岛北坡，有一座雕刻精美的石柱，柱顶站立一尊双手托盘承接甘露的仙人铜像。

北海五龙亭

北海九龙壁 位于北海北岸天王殿西，建于乾隆年间，面阔25.86米，高6.65米。壁面用424块预制的七色琉璃砖砌筑而成。

是北海园艺中的佳景。濠濮间的北面有画舫斋，它们都是清乾隆二十二年（公元1757年）建造的。画舫斋建在水上，美丽如画，似船浮水，所以称作画舫斋。这组建筑以荷池为中心，北有画舫斋——“有席只疑天上坐，凭栏何疑镜中游”，斋水相映，宛如仙境；南有春雨林塘殿，烟景入疏帘，波光萦曲岸；东有镜香室，晓日照芙蓉，其香镜中飏；西有观妙室，露叶珠光擎，风葩霞影漾。四面回廊环绕，

自五龙亭遥望景山

有个小室叫小玲珑，室内幽静清雅，屋后怪石嶙峋，真是“光含月淰淰，质拟玉璘璘”，风摇竹韵，别有洞天。

琼华岛之北、太液池西北岸，濒水建有五座亭。中为龙泽亭，东为澄祥亭、滋香亭，西为涌瑞亭、浮翠亭，合称五龙亭。亭与亭之间用“S”形平桥相连，桥两边有护栏。五亭式样富于变化，采取左右对称手法，绚丽多彩，惹人注目。五龙亭是帝后赏月、避暑、观鱼、看灯的地方。

五龙亭西北有万佛楼，清乾隆三十五年（公元 1770 年），乾隆帝为庆其母八十寿辰，命铸金佛，大佛一尊重 580 两，小佛一尊重 58 两，共一万尊，分作三层，供奉在万佛殿内。但遭庚子事件，金佛被掠，佛去楼毁。万佛楼往东有天王殿，是一座精美的佛殿，殿前有琉璃坊，后有琉璃墙。天王殿西有九龙壁，东有镜清斋。

镜清斋（后改称静心斋）是北海园林艺术的精粹。它东枕山，西倚寺，北临墙垣，南襟沧波，有白色云墙围绕，形成园中之园。全园的布局颇具匠心：前层院落有前廊后轩的镜清斋，东西两侧各有围廊环抱方池，池南北有石雕栏板，方池居院之主。由两侧夹道可至中层院落。院内的沁泉廊前临巨池，自居客位，轩庑环绕，山池婉转。廊外假山，横峰侧岭，起伏多变，气势沉雄。山西北最高处有叠翠楼，沁

北海镜清斋

镜清斋石桥装饰

泉廊东隔池又有焙茶坞，楼坞之间，游廊相连，起伏曲折，如临仙境。其他亭屋阁轩，石池花森，巧于布置，各当其位。全园以山池为主，建筑为客，并用建筑将山池分割为几个院落空间，环环相套，层层进深，曲折迂回，互为因借。镜清斋全园的构筑，山外有山，楼外有楼，院落之外有院落，景色之外有景色，移步换景，妙趣自然。德国哲学家黑格尔曾称赞中国山水园林是“力图模仿自由的大自然”。模仿自然，胜于自然，镜清斋就是这样的园林艺术杰作。

清朝对北京苑囿的开拓和经营，除宫内乾隆花园、南苑和“三海”之外，其主要成就是对西郊园林——“三山五园”的进一步开发。所谓“三山五园”，是指香山的静宜园、玉泉山的静明园、万寿山的清漪园（后改名颐和园）和畅春园、圆明园。

北京西郊从海淀至西山一带，有山有水，景色秀丽，是园林营造的天然风景区。远在10世纪初期，刘燕便在郊外大安山盛饰馆宇，豪华侈丽。11世纪初期，辽代也在西山修筑离宫。12世纪末期，金章宗营造香山，进一步开发了香山景区。此后西山一带逐渐成为帝王显贵的游憩胜地。明正德帝在瓮山（今万寿山）原来的圆静寺一带营建园林。清代帝王喜爱游猎，追求享乐，园林的经营远胜辽、金、元、明四代。

香山 在西山诸山中最为有名。香山一带水绿山青，古人诗云：“同郭已知依绿水，登楼更喜见青山。”香山的景色四时都是佳丽的：春天百花盛开，簇锦一片；夏季古木参天，浓荫绿霭；秋期天高气爽，红叶遍山；冬时白雪皑皑，玉山银花。燕京八景之一的“西山晴雪”就在这里。

西山风景区

香山见心斋

香山昭庙 乾隆四十五年(公元1780年)为接待西藏六世班禅来京祝寿而建。

清康熙帝在香山建行宫，对香山景区进行了营建和修饰。他所喜欢的小地方来青轩，有“来青高敞眺神京，斜倚名山涧水清”的诗句。后经乾隆帝大规模地扩建，垣墙内共有二十景，这就是：勤政殿、丽瞩楼、绿云舫、虚朗斋、璎珞岩、翠微亭、青未了、驯鹿坡、蟾蜍峰、栖云楼、知乐濠、香山寺、听法松、来青轩、唳霜皋、香岩室、霞标磴、玉乳泉、绚秋林和雨香馆。垣墙外还有八景：晞阳阿、芙蓉坪、香雾窟、栖月崖、重翠崦、玉华岫、森玉笏和隔云钟。

在这二十八景中，有殿馆亭轩，有楼寺斋舫，也有自然景致。如驯鹿坡，大片山麓，放养群鹿，长林丰草间奔跑着高角驯鹿，增添了山林风光。蟾蜍峰，一块巨石半卧，像蟾蜍张着嘴，鼓起肚子，昂头西望。唳霜皋，为一六方亭，养仙鹤一群，月夜霜天，鹤唳之声悠扬悦耳，声响云外。绚秋林，南山北坡大片黄栌，深秋季节，漫山尽红，画工也比不上，只有大自然才能把它装点成叶焕丹赤的绚丽景色。就是营建的斋墅，也富于自然情趣。如见心斋，明嘉靖帝依山傍水启建楼阁，内有半圆形荷池，池外有轩，围以回廊，外面松柏环绕，山石嶙峋，建筑别致，清幽雅静。双清，在香山寺下有两股清泉，清乾隆帝题“双清”二字。后俍山建墅，院中凿池，池畔建亭，亭旁植竹。在此春发杏花，夏避盛暑，秋观红叶，冬望晴雪，四时景色绮丽，称为香山“园中之园”。昭庙，是清代的藏传佛教建筑，东面有一座琉璃牌坊，华丽壮观；西面山腰有一座七层琉璃塔，秀丽雄峻。每层塔檐下挂有八个铜铃，若遇微风吹动，铃声清脆悦耳。

在香山附近的寿安山南麓，有一座十方普觉寺，因寺内有一尊铜卧佛，所以俗称卧佛寺。寺始建于公元 7 世纪初期，元延祐七年（公元 1320 年），役工万人、耗银 500 万两进行扩建，明代重修，清改今名。寺内供有元至治元年（公元 1321 年）铸造的铜卧佛

十方普觉寺的琉璃牌坊

十方普觉寺卧佛殿

十方普觉寺元代铜卧佛 图示为释迦牟尼涅槃于菩提树下，向其弟子嘱咐后事的佛教故事。

香山红叶与琉璃塔

一尊，重约50吨，长5米余，右手支头，左臂平伸。中国的佛像大多是两腿盘膝、双手合十的坐势或立势，而这尊巨大的铜佛却呈卧姿。传说，这是取释迦牟尼在弥留之际，向他的12个弟子嘱托后事时的姿势而铸造的。铜佛后面还环立12尊弟子泥塑像。这群塑像体现了公元14世纪初期中国冶铸技术和塑造艺术的杰出成就。

玉泉山 静明园，建在玉泉山之阳。这里洞壑迂回，清泉密布，泉水趵突，晶莹如玉，故称玉泉，山也因此得名。因山借水造园，胜似蓬莱仙境。相传12世纪末期，金代已依山临泉启建殿宇，后来屡有修建，至清康熙十九年（公元1680年），创建静明园，并定园内十六景。这十六景中，有田园风光的溪田课耕，有山石洞窟的采香云径、圣因综绘、绣壁诗态、清凉禅窟，有殿宇馆阁的廓然大公、竹垆山房、云外钟声、翠云嘉荫，有清泉溪池的芙蓉清照、峡雪琴音、玉峰塔影、风篁清听、镜影涵虚、裂帛湖光和玉泉趵突，其中玉泉趵突为燕京八景之一。乾隆帝因静明园“一时之会，前后迥异，一步之移，方向顿殊”，

玉泉山玉峰塔

十六景不能概括园内景致，又增添了十六景，共三十二景。华藏塔、玉峰塔、裂帛湖、华严洞、香岩寺等名景至今仍可引起人们极大的兴趣。

万寿山 清漪园，康熙四十一年（公元1702年）在明代好山园的原址上扩建瓮山行宫；乾隆十五年（公元1750年），乾隆帝为了庆祝他母亲六十寿辰，在此兴建佛寺，改瓮山名为万寿山，改西湖名为昆明湖，开始大规模营造园林，命名清漪园。又拓展湖面，使原在东堤上的龙王庙坐落在南湖岛上。湖中设战船，仿闽、粤巡洋之制，每逢夏天，调香山健锐营弁兵在湖内操练。在今佛香阁的位置上建有九层宝塔，后湖沿岸一带建有仿照江南苏州水乡的街市房屋，后山兴建喇嘛庙和藏式碉楼。又全面地整理了西北郊的水道，引湖水出闸，沿长河入城。清帝可以乘辇出宫，至西直门外高粱桥附近的倚虹堂，弃辇登舟，溯长河至清漪园游幸。疏浚整理长河水道，是清代北京除治理永定河外的一大成绩。经过乾隆帝的修整，清漪园的景色更为秀丽：“何处燕山最畅情，无双风月属昆明。”但是，清咸丰十年（公元1860年），清漪园惨遭英法联军焚掠。

玉泉悲咽昆明塞，惟有铜犀守荆棘。
青芝岫里狐夜啼，绣漪桥下鱼空泣。

这就是清漪园被焚劫后的荒凉景象。后至光绪年间，慈禧太后重新修建，改名为颐和园。慈禧修颐和园，有人说用白银3000万两，也有人说用白银8000万两，无论哪个数字准确，耗费都是惊人的。

玉泉山妙高塔 塔建在玉泉山北面小峰上妙高寺内，因寺得名。寺宇已毁，孤塔独耸。塔为金刚宝座式，建于清乾隆年间。

颐和园全园大体可分为五部分。

第一是宫殿区。以东宫门为正门，以仁寿殿为正殿，包括配殿和朝房。这组宫殿整齐对称地排列在从东宫门到仁寿殿的中轴线两侧。因为它是行宫花园里的宫殿建筑，所以同紫禁城的宫殿建筑有所不同，即采用灰瓦卷棚顶，而没有采用黄色琉璃瓦庑殿顶。在庭院中又点缀松石，构筑花台，使它和全园的园林风格相协调。

宫殿区的中心建筑为仁寿殿，殿

长河广源闸石雕 自昆明湖循长河而下，至万寿寺东为广源闸。这里是清帝后乘舟往返清漪园（颐和园）的重要码头。后水浅舟废，仅存遗迹。

颐和园

清·《京畿水利图卷》中的颐和园昆明湖

颐和园仁寿殿内景

中设宝座、御案，慈禧太后开始听政时坐在宝座的后面，不久她就坐在宝座的正中，而让光绪帝坐在宝座的右边；戊戌变法后，她把光绪帝囚禁起来，自己独御宝座，君临天下。殿内东西暖阁是慈禧太后会见大臣的休息之处。大殿地下设有火炕，备冬天取暖用。

第二是内廷区，由乐寿堂、玉澜堂、宜芸馆和德和园等院落组成，用五六十间游廊加以连通。内廷区的中心建筑是乐寿堂，它南临昆明湖，北倚万寿山，东有德和园戏楼，西为长廊与前山景区相连接。乐寿堂外部造型凝重，内部陈设华丽，慈禧太后每年夏历四月初至十月初住在这里。殿内正中设宝座、御案、掌扇、围屏，还有四座像大寿桃一样的镀金熏炉。室内悬挂着华丽的五彩玻璃吊灯，光绪二十九年（公元1903年）换成电灯。殿内东暖阁是慈禧用膳和休息的地方，西暖阁是慈禧的卧室，凤床、帐幔、黄枕、被褥，至今仍保持当年的样子。乐寿堂后院的紫玉兰，花如宝石，芳香醉人；前院的青芝岫，通体硕大，石怪峰奇。乐寿堂东南的玉澜堂，是光绪帝的寝宫，也是“戊戌政变”后，慈禧太后居住颐和园时囚禁光绪帝的地方。光绪帝的寝宫，至今仍保持当年的样式。慈禧太后囚禁光绪帝后，不准他和后妃见面；为防止他逃跑，还命在堂外切断通道，构筑高墙。玉澜堂成为一座高级的囚笼。

颐和园玉澜堂

第三是前山区。前山区与内廷区有一条中国园林建筑中最长的画廊相连接。它东起乐寿堂的邀月门，西止清晏舫的石丈亭，共273间，长728米，中间建有留佳、寄澜、秋水、清遥四座八角重檐的亭子。整个长廊对称地伸延在排云门的两翼，北依万寿山，南临昆明湖，随湖岸的透迤而曲折。它像一条彩带，把分布在万寿山前区的建筑群连缀起来，使湖山景色层次分明，更加秀丽。长廊的每一个开间，都绘有彩画，共有山水花鸟、人物故事等14000余幅，一步一景，绚丽多彩。在长廊中间从昆明湖边的“云辉玉宇”牌楼向北，经排云门、排云殿，通往山腰的德辉殿、佛香阁，直至山顶的众香界、智慧海，从下到上，黄瓦朱柱，飞檐雕甍，金碧辉煌，组成了一幅极为壮观的画景。在这条中轴线南端牌楼前面的码头，是端阳、中秋等节日举行湖上筵宴时上下龙船的地方。

排云殿占据中轴线的重要位置，慈禧太后曾在殿内接受百官朝贺，自殿下至排云门排列着她的仪仗，两配殿则是她赐宴群臣的地方。佛香阁建在山坡高21米的方形石造台基上，为八面三层四重檐，高40米，是园内最

颐和园石舫（清晏舫） 建于乾隆二十年（公元1755年），用巨大石块雕砌而成，长36米。两层舱楼为木结构，但油饰成大理石纹样。后取“海清河晏”之意，名清晏舫。

长廊彩画

颐和园长廊（画廊）

颐和园众香界智慧海

颐和园佛香阁

颐和园排云殿内景 殿内中央九龙宝座，是慈禧太后过生日时接受光绪帝及群臣朝贺的座位。

颐和园宝云阁（铜亭）

高大的建筑物，也是前山造园布局的中心。阁内用八根巨大铁梨木做擎天柱，结构复杂，巍然耸立，有很高的建筑艺术价值。佛香阁东侧山坡上有一组转轮藏建筑，这是因为亭内造藏经木塔，塔中有轴，下设机关，推之可以转动，所以叫转轮藏。阁西侧山坡上与转轮藏相对称有一组五方阁建筑，阁的四角各有一亭，周围曲廊环绕，正中为宝云阁，又称铜亭。铜亭坐落在汉白玉雕砌的须弥座上，像木结构，呈四方形，重檐屋顶，上有宝刹。铜亭为蟹青冷古铜色，高 7.55 米，重 207000 千克，工艺复杂，造型精美，是世界上少有的珍品。

从佛香阁拾级而上，穿过琉璃牌坊——众香界，就是万寿山之顶。正中建有一座琉璃阁，名为智慧海，雄踞全园最高处。阁全部用砖石发券砌成，没有梁枋，外墙壁上嵌有一排排精致的琉璃小佛像。另在中轴线两侧山坡上，还有听鹂馆、画中游等 20 余处亭台楼阁。

第四是南湖区。昆明湖在万寿山的南边，所以又称南湖。湖中有一个绿树成荫的小岛，称南湖岛。环岛用整齐巨石砌成泊岸，并用青白石雕栏围护。岛北部下面为船码头，上面是用山石叠成的假山。假山上的涵虚堂是一座两卷殿，南面有露台，绕有石雕围栏。殿南有祭祀水神的龙王庙，庙内供奉金面龙王像。南湖岛和东堤之间，横卧在昆明湖上的是人造长虹十七孔桥。桥长 150 米，宽 8 米，由 17 个券洞组成。桥面石栏望柱上共雕有形态各异的石狮 500 余只。桥东堤上有一座八角重檐亭子，叫廓如亭。它不仅在颐和园内 40 多座亭子中，而且在中国同类亭子中都是最大的一座。清帝曾同儒臣

颐和园铜牛

在亭内避暑并作诗酒之会。亭旁有一铜牛，用来镇服水患。乾隆帝撰写的《金牛铭》，用篆文铸在牛背上。昆明湖的西边，有一道湖堤与东堤相呼应，称为西堤。这是仿照杭州西湖苏堤而修造的，它把昆明湖分成一个大湖面和两个小湖面。堤上建有6座桥，沿堤两边满种垂柳，堤北岸边芦苇成塘。人们沿堤徐行，可以观赏四面不同景色，就像四幅难得的画面。

第五是后山区。乾隆帝在万寿山北麓开辟了一条苏州河（后湖），沿

廓如亭内顶部结构

颐和园廓如亭

颐和园十七孔桥

颐和园昆明湖

颐和园玉带桥 在西堤上共有六座桥，其中以玉带桥最为著名。桥下为玉泉山泉水注入昆明湖的入水口。

颐和园后山殿宇 万寿山后山中部是一组被称为“须弥灵境”的藏传佛教佛寺建筑群。

山北麓种植花木，点缀山石，使后山后湖一带景色秀丽宁静，与富丽堂皇的前山前湖形成鲜明的对照。沿河的一条买卖街，设立各种店铺，每当帝后游幸时，由太监们装扮成商人和顾客，做出正在买卖东西的样子，叫卖争买，异常喧闹，以博得帝后的欢心。

颐和园作为清代帝后的行宫、园囿，它依山临水，园外借景，自然与建筑巧妙结合，殿堂楼阁、厅馆轩榭、亭台廊坊、桥塔寺庙，点缀名花异木、奇峰怪石。颐和园集中了中国古代建

颐和园后山喇嘛塔

筑艺术的精华，是中国园林艺术的瑰宝，也是世界园林艺术的佳作。

除上述“三山三园”外，还有畅春园和圆明园。

畅春园 原为明万历帝外祖父武清侯李伟的别墅。这一带万泉庄诸泉水，汇聚于丹陵沜。沜阔百顷，沃野平涛，澄波远岫，风景瑰丽。康熙帝因李伟别墅故址，借丹陵沜泉水，依高为阜，即卑成池，兴建楼阁，凿湖堆山，建成新的园林，赐名畅春园。园围城垣，内分东路、中路和西路。中路上大门内的九经三事殿为园中正殿，是康熙帝听政之所。康熙五十二年（公元1713年），康熙帝60岁生日的第一次“千叟宴”在园中举行。东路主要建筑为澹宁居，前殿是康熙帝理政、选官和引见之所，后殿为其读书之处。乾隆帝少时，受其祖父康熙帝养育在澹宁居。后来乾隆帝诗云：“忆昔垂髫岁，赐居曰澹宁。无忘斯黾勉，有勤在轩庭。”康熙三十年（公元1691年）以后，康熙帝很少住紫禁城，多居畅春园，清溪书屋为其晏寝之所。西路的无逸斋，正殿五楹，康熙时太子胤礽在此读书，后为皇子皇孙读书之所。无逸斋外近西垣一带，南为菜园，北为稻田，蔬菜碧绿，禾香四溢。无逸斋东河南岸有买卖街，仿照市集景物，喧嚣交易。帝后由此领略一点市井生活气息，从而减少深居简出的孤寂之感。买卖街附近有船坞，乘舟溯玉河可通昆明湖。乾隆帝可由昆明湖泛舟玉河至畅春园，有诗云：“轻舸顺流下，片时平渡湖。易舆行宛转，前苑到斯须。”前苑就是畅春园，因在圆明园之南而俗称前苑。自圆明园大规模兴建后，畅春园便稍为逊色。畅春园的建筑已荡然无存，北京大学西门外的恩佑寺和恩慕寺两座山门，是昔日繁华园林的两个遗迹。

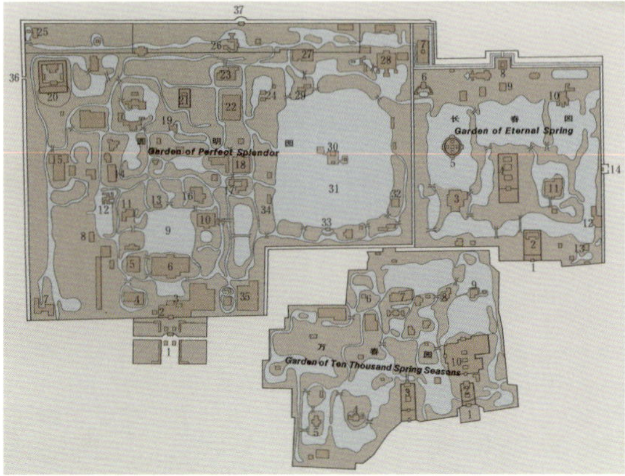

畅春园恩慕寺山门遗迹

圆明、长春、万春三园平面布局图

圆明园 圆明园在畅春园之北，清漪园（颐和园）以东，康熙四十八年（公元1709年）开辟，初为雍亲王藩邸赐园，规模很小，也颇疏简。雍正帝继承皇位后，着手对圆明园进行全面修整与扩建。除整理原有山水亭榭之外，又增添了许多建筑，颇具朝署规制。乾隆帝即位以后，六巡江南，命模仿江南名园胜景规划全园，进行大规模营建，并向北拓展了圆明园，东面增修了长春园，二园南面又合并了数处官邸花园，从而修成绮春园（万春园），形成著名的圆明三园，但习惯上统称为圆明园。全园占地5200余亩，建筑面积与紫禁城全部建筑面积相当，水面约略等于昆明湖。清廷依恃国家统一，政局稳定，财力富厚，物资充裕，役使全国能工巧匠，前后经过康、雍、乾150余年的精心营建，使圆明园成为中国园林史上最辉煌的杰作。

圆明园在三园中最大，有18座大门，园中构筑40景。每一景中又布置许多小景，一处小景就拥有亭、台、楼、阁等建筑群。水面与陆地交错，山石与花木互映，步移景异，变幻万千。圆明园前部为朝廷区，以正大光明殿为正殿，殿额由雍正帝御书。殿后有湖，称前湖。湖的北岸有九州清晏殿，与正大光明殿隔湖相望。雍正帝就死在九州清晏殿里。这组宫殿东有天地一家春，西有乐安和，两座殿堂，后

圆明园西洋楼残存的古罗马式石柱

圆明园西洋楼遗迹

西洋楼景区铜版画 公元1783年，乾隆帝让西方艺术家制作了一套圆明园西洋楼景观的铜版画，全套共计20幅。

西洋楼巴洛克式石券门

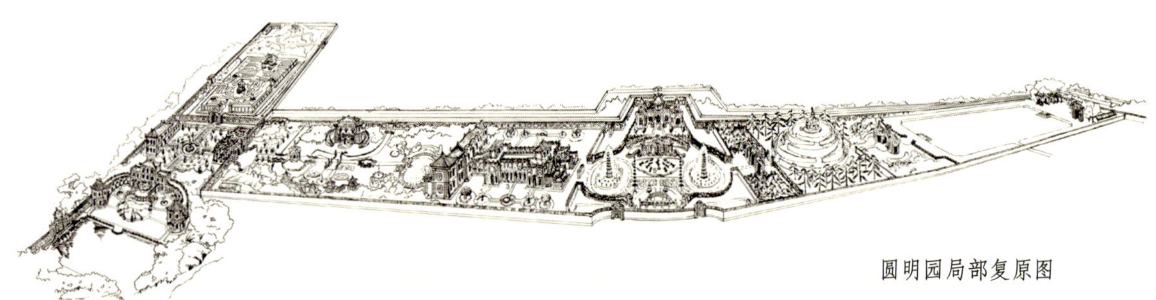
圆明园局部复原图

者为乾隆帝的寝宫。再后有清晖阁，阁内壁上挂着圆明园全景画图。

“四十景”中的万方安和殿，坐落在湖中台上，四面临水，呈“卐”字形，设计精巧，造型美观。山高水长殿分上、下两层，后拥连岗，前环小溪，溪前有宽阔场地。乾隆帝在位时，每逢元宵佳节，常率后妃在楼上观灯。殿前排列5000人舞灯，亭榭楼阁，灯光闪耀，舞灯起伏，变幻无穷，整个山高水长殿前形成一个灯火辉煌的世界。而后施放焰火，烟火腾空，歌舞伴和，五彩缤纷，奇葩万朵。此外尚有镂月开云、天然图画、碧桐书院、上下天光等风景点。园中的前部建筑严肃，殿宇堂皇，后部景物自然，亭轩纤巧。圆明园的东部为一巨大湖泊，叫福海，又叫东湖。福海水域宽阔，湖面清爽，四周有十岛环抱，中为蓬莱、瀛洲、方丈三岛。其旁为方壶胜境、涵虚朗鉴、接秀山房、平湖秋月等建筑景区。

长春园　因乾隆帝即位前被赐居圆明园中的长春仙馆，即位后便以“长春”为此园名。长春园的布局以水景为主，园林建筑中既有中国南北名园胜景，也有西洋楼阁群组。园中主体建筑为淳化轩，因乾隆帝重刻10世纪末宋书法名帖《淳化阁帖》而命其名。园东北隅的狮子林，仿江南苏州名园

观水法石屏风上的浮雕

圆明园观水法遗迹　在西洋楼“远瀛观”南端。乾隆帝曾在这里观看大水法喷水。

狮子林而建。园中十六景，形成玲珑雅致的北国江南景色。园北部有仿意大利文艺复兴式样建造的“西洋楼”和喷泉等西式园林建筑。它包括谐奇趣、养雀笼、方外观、海晏堂、蓄水楼、万花阵等多处风景区。这些建筑主要由耶稣会士郎世宁、蒋友仁等设计，中国工匠建造。其中大水法（即喷泉）池旁建一座蓄水楼，喷池中铜铸十二生肖，即鼠、牛、虎、兔、龙、蛇、马、羊、猴、鸡、狗、猪12种动物，每隔2小时，有一属相动物从口中涌射喷泉，一昼夜24小时轮一周，周而复始。另如万花阵，模仿当时流行于欧洲的园林迷宫，内中布设机巧，迷离莫测。清帝曾命太监们在里面捉迷藏，自己坐在上面观赏取乐。又建方河，河畔筑“线法山”，河中放置威尼斯模型。清帝坐在“线法山”上，览赏河中“威尼斯的旖旎风光”。

圆明园海晏堂遗迹

圆明园石桥残迹

绮春园（万春园） 建成于乾隆中期，是由几座小园林合并而成。它由许多小型水面互相连缀构成水景，又由许多分散赐园相互连通组成陆景。这座以多处小园穿插着风景点和建筑群而构筑起来的以小园林为主体的大型园林，共有30景。全园因借旧有名园景物，设计水平更高，诗情画意更浓，水陆规划颇为自然生动，建筑匠意，精致玲珑。绮春园被毁后，同治年间加以重修，改名为万春园。

圆明三园周围10公里，圆明园有40景，后增8景，长春园有30景，万春园也有30景，三园共有108处景区。全园除绮丽的风光和壮丽的建筑外，还有数以百万株计的名贵花木，历代珍藏下来的名人字画、秘府典籍、钟鼎宝器、陶瓷古物、珠宝金银和稀世文物，集中了中国古代文化的精华。

圆明园规模宏大，设计精巧，借山环水，佳胜万千，亭阁锦错，景色奇丽，瑶台蓬岛，宛如仙境。它继承中国两千多年的优秀造园传统，也借鉴江南风景与园林精华，并吸取西方古典造园艺术手法，建成清代最宏伟、最优美的皇家园林。圆明园被世界誉为“万园之园”，犹如镶嵌在北京原野上的一颗艺术明珠，闪烁着中华民族五千年文明的灿烂光辉。

但是，圆明园于咸丰十年（公元1860年）和光绪二十六年（公元1900年），先后遭到英法联军和八国联军的焚劫，建筑被焚毁，文物被劫掠，变成断垣残壁，一片废墟。

清初，康熙帝在西郊畅春园西花园以西，修建了畜养老虎的虎城。虎城用砖石砌墙垣，上覆铁幪木排，内设城楼一座，以便从上面观赏老虎。这里还有很多小老虎，待它们长大之

圆明园铜铺首 公元1860年，英法联军火烧圆明园。这是残存的长春园玉玲珑馆陶嘉书屋门上的铺首。

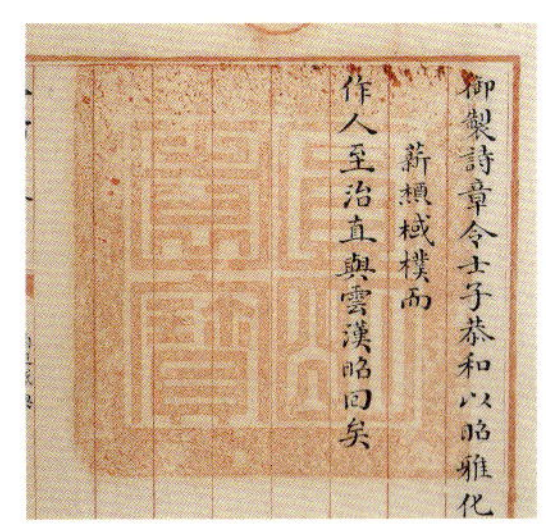

《钦定四库全书》 这是圆明园文源阁藏书的残存本。

万牲园

万牲园畅观楼

后，再放入苑囿，以供射猎。虎城喂养的老虎，同其他肉食动物一样，每次喂肉都有定额：每天每只喂肉的数量，大虎2.5千克，中虎2千克，小虎1.5千克，虎崽1千克。虎城还有人虎相斗的故事。乾隆帝时有一位僧人负罪到京，自称能呼风唤雨、降龙伏虎。本拟定磔刑，但乾隆帝命将他放到虎城里，试看其法术如何。僧人入虎城后，守押者登城楼观看，只见老虎咆哮猛扑僧人，僧人徒手同虎相搏。如此虎声僧影，格斗竟日，至晚僧人与老虎均力疲卧地，仅各有创伤。到嘉庆帝时，因虎城管理不善，有天晚上跑了一只猛虎。老虎至农村，咬死、咬伤各一人，啮食一猪二犬。清派出数百名官兵，数日后才将逃虎寻获杀死。事后受害村民照例得到抚恤，失职官员受到惩处，虎城也重加修整。

清末，虎城坍圮荒芜，野兽荡然一空。光绪三十二年（公元1906年），又在京城西直门外乐善园旧址创建万牲园。第二年，从德国等购进一批动物，有印度象（能表演杂技）、白鹿、野鹿、斑马、美洲大鹿、野牛、非洲跳鹿、狮子、澳洲希鸵鸟、鹭鸶等，共兽类57只、禽鸟52只。随后从全国各地选送当地的珍奇动物，有海州灰鹤、鸳鸯，浙江山鸡、野猪，四川鹭鸶、伯劳，广西飞虎、翠毛鸟，广东飞蛇、鹦鹉，陕西牦牛、马鸡，福建画眉、白燕，奉天鹰、野鸡等。此外，德国驻四川领事卫思将自己驯养的两只熊，美国博士罗佛将从美国带来的三条藏犬，都赠送万牲园。园内建造楼阁亭堂，槛柙栏笼，动物繁多，颇具规模。这座皇家动物园在光绪三十四年（公元1908年）第一次接待了外国观众。廓尔喀（尼泊尔）贡使游览了万牲园，他说：北京“有万牲园一座，内中楼阁宏敞，生物俱备，为世界奇观”。

帝后生活

登极 清朝入关后的10个皇帝中，登极时不满9岁的有5位——顺治帝6岁，康熙帝8岁，同治帝6岁，光绪帝4岁，宣统帝3岁，他们平均年龄为5.4岁。但清代内廷斗争不如明代剧烈，这同其皇位继承制度有关。在清代总共12位皇帝中，皇位的承袭大体上可分为四个阶段。

第一，贵族公推。包括清朝前期三位皇帝，就是努尔哈赤（天命）、皇太极（崇德）、福临（顺治）。努尔哈赤是满洲贵族公推为大汗的。努尔哈赤死后，遗命继位新君由八大贝勒共同推举，贵族会议推出了努尔哈赤第八子、35岁的皇太极继位。皇太极死得突然，结果仍沿袭旧制，七王会议共同议定由皇太极第九子、6岁的福临继承皇位，这就是顺治帝。

第二，君主遗命。包括玄烨（康熙）和胤禛（雍正）两帝。顺治帝24岁病危，皇位继承怎么办？顺治帝8个儿子中，有两子早殇，剩下6个儿子。当时皇三子玄烨已出过天花，加上其他因素，遗命由皇三子、8岁的玄烨继承皇位，这就是康熙大帝。康熙帝创立清代皇太子制度。然而，他虽立了太子，但两立两废，最后废掉。康熙帝“遗诏”由皇四子、45岁的胤禛继承皇位（此学界有争议），这就是雍正帝。

第三，秘密立储。包括弘历（乾隆）、颙琰（嘉庆）、旻宁（道光）和奕詝（咸丰）四帝。雍正帝鉴于康熙帝晚年立储纷争，骨肉相残，于是建立秘密立储制度。这项制度就是将指定的皇位继承人的名字书写并密封在锦匣内，藏于紫禁城乾清宫“正大光明”匾后。国君宾天后，当众取下秘密锦匣，公示储君名字，新君继位。

彩云金龙妆花纱单朝袍 皇帝冠服分礼服、吉服、常服、行服和雨服等，朝袍是礼服的一种。这件朝袍是康熙皇帝夏季所穿用的。

妆花纱袷朝袍上的龙纹

妆花纱袷朝袍 清代规定：皇帝在万寿节、元旦、冬至等典礼时皆穿朝袍。皇帝朝袍除明黄色外，祭月穿月白色，祭日穿红色，祭天穿蓝色。

乾隆皇帝朝服像

第四，懿旨决定。清朝后期的咸丰帝只有一子载淳（同治），同治帝无子，皇位怎样继承？时慈禧皇太后主政，她在同治帝临终前懿旨定立同治帝堂弟、4岁的载湉（光绪）继承皇位。光绪帝临终前，慈禧皇太后又懿旨定立皇侄、3岁的溥仪（宣统）继承皇位。

溥仪像

总之，清朝的皇位继承制度：贵族公推制，尚能具有一定的贵族民意；君主遗命制，也尚能参酌高层民意；秘密立储制，则是皇帝一人独断；至于懿旨决定制，纯属孤家独断。可见，清朝皇位继承制度的路子是愈走愈窄，而这些同近世民主潮流背道而行，终被历史淘汰。

上面说了皇位继承，下面再说皇帝登极。

皇帝的登极仪式，规模宏大，庄重威严。但在北京紫禁城即位的新君，多在先皇帝死后所谓“国丧”期间举行登极仪式，所以均较简略。一般是先遣官祭告天地宗社，嗣皇帝穿衰绖对大行皇帝灵位行三跪九叩礼。又御中和殿，受内大臣等行礼。再御太和殿，受王公百官上表行礼如仪。因在先皇帝丧期，不作乐，不设宴。礼成之后，仍穿衰绖，回到居丧之所。这就是清代储宫嗣立登极之仪。

事情总有例外。明嘉靖帝以先帝堂弟身份，由其父的封国安陆（今湖北安陆）进京入承大统。他到京师后，先在宣武门外行殿接受百官迎贺，然后入宫行登极礼。清嘉庆帝的父亲乾隆帝在位60年，85岁归政，他们父子行的是授受礼仪。当然，登极仪式最为热闹的要算宣统帝了。

慈禧太后和光绪皇帝病笃，慈禧太后突然决定立光绪帝3岁的侄子溥仪为嗣皇帝。懿旨传到醇王府里，上下一片混乱。溥仪又哭又闹，不让内监过来抱他入宫。当亲王、大臣、内监束手无策的时候，乳母拿出奶来喂溥仪，这才止住他的哭叫。他们由此得到启发，就让乳母抱着溥仪一起入宫。溥仪入宫见了慈禧太后，号啕大哭。慈禧太后命人拿冰糖葫芦来哄，被溥仪一把摔到地上。慈禧太后很不高兴，让太监把孩子抱出去玩耍。溥仪入宫后的第二天，光绪帝死去；第三天，慈禧太后又去世。不久，在太和殿举行登极大典。大典之前，举行许多仪式，费时很长，当溥仪被抬到太和殿放在高大宝座上的时候，早已超过了小皇帝的耐性极限。这时小皇帝的生父摄政王侧身单膝跪在宝座下面，双手扶着小皇帝端坐，不叫他乱动。小皇帝挣扎着哭喊道：“我不挨这儿！我要回家！”摄政王急得满头是汗。文武百官的三跪九叩没完没了，小皇帝的哭号也越来越响。摄政王哄着小皇帝说：“别哭，别哭！快完了，快完了！”登极大典之后，百官垂头丧气，认为小皇帝的哭闹、“快完了”的谶语都是不祥之兆。果然，三年之后，辛亥革命成功，翌年宣统帝退位，清朝完了，结束了中国两千多年的封建帝制。

御政 明亡清兴，清承明制。前车之覆，引为殷鉴。清朝接受明亡的教训，皇帝勤于政事，坚持御门听政。清廷坚持御门听政制度，设立军机大臣，召见臣工，宴赏群臣，施行廷议，

“皇帝之宝”玉玺

顺治帝"招抚郑成功部下诏书" 郑成功于顺治十六年（公元1659年）兵败退至厦门，准备退攻台湾。此时清政府颁发了这个"招抚"诏书，拟招降郑成功部下。

康熙帝谕旨 康熙五十二年（公元1713年），康熙帝授予五世班禅罗桑意希"班禅额尔德尼"称号，并赐予金册、金印，正式确立了班禅活佛转世系统。

处理章奏，在中国两千年帝制王朝中，清朝皇帝是最勤于政事的。清代的御门听政，比明代更认真。清康熙帝自14岁亲政，开始御乾清门听政。尽管后来地点和形式有所变化，但御门听政的制度是延续下去了。他每天早上辰时（7至9时）御门，召见大臣，商决国事，寒暑不辍，一以贯之。他的儿子雍正帝创立军机处，军机大臣5人左右，每日觐见皇帝，商承处理军国要务，以面奉谕旨向各部各地官员发布指示。皇帝常接见大臣，听取臣工疏议。如河道总督靳辅与巡抚于成龙的治理黄河方案相左，康熙帝命他们进京，召至御前辩论，不定是否，并派大臣带着他们各自的方案到当地征询地方官员和沿河耆老的意见。他还亲自巡视黄河，查阅有关书籍，让朝廷会议讨论，最后决定取舍。康熙帝曾宴会群臣，赐食赏赉，饮酒赋诗。清定例宴会蒙古、藏、维吾尔等少数民族首领。还有廷议和奏章，特别是实行奏折制，即赐允大臣将其耳闻目睹的有关军政要务、官员政绩、晴雨粮价、夏秋收成等写成奏折，密封后直达御前，以便了解下情，并作朱批谕旨。

清代上述御政措施，既强化了中央皇权集中制度，又提高了中央政府办事效率，同明代恰成鲜明对照。

婚娶 皇帝也要婚娶，生儿育女。皇帝结婚，称为大婚。在北京紫禁城里，明代的14个皇帝之中，有10个皇帝是在登极前，按照皇太子妃、王妃仪结婚的。另有4个皇帝是在登极后举行大婚礼的，他们的婚姻状况各不相同。

明正统帝9岁登极，16岁册立钱氏为皇后。后来正统帝亲征被俘，皇后在宫中昼夜哀泣祈祷，困倦之后卧地而息，一目哭瞎，一股受病。正统帝被遣回后，失去帝位，心绪烦乱，钱皇后常为之排忧慰解，他们可算是一对患难夫妻。正德帝登极后册立夏氏为皇后，但他并不爱慕这位皇后，而是住在豹房，或微服出巡，在外野宿，戕害身体，过早死亡。嘉靖帝生前有三位皇后。陈皇后气量小，爱嫉妒。一日帝、后、妃同座，妃递茶，帝细视其手，后恚恨，投杯而起。帝震怒，后惊吓得病死。继后张氏，失宠被废，幽居而死。其时嘉靖帝无子，大学士张孚敬谏言："古者天子立后，并建六宫、三夫人、九嫔、二十七世妇、八十一御妻，所以广嗣也。"嘉靖帝接纳。他又立方氏为皇后。但曹妃有姿色，帝爱之；方皇后心怀嫉妒。后嘉靖帝熟睡时被宫妇杨金英等以绳缢项，方皇后闻报前去解绳，帝吐血

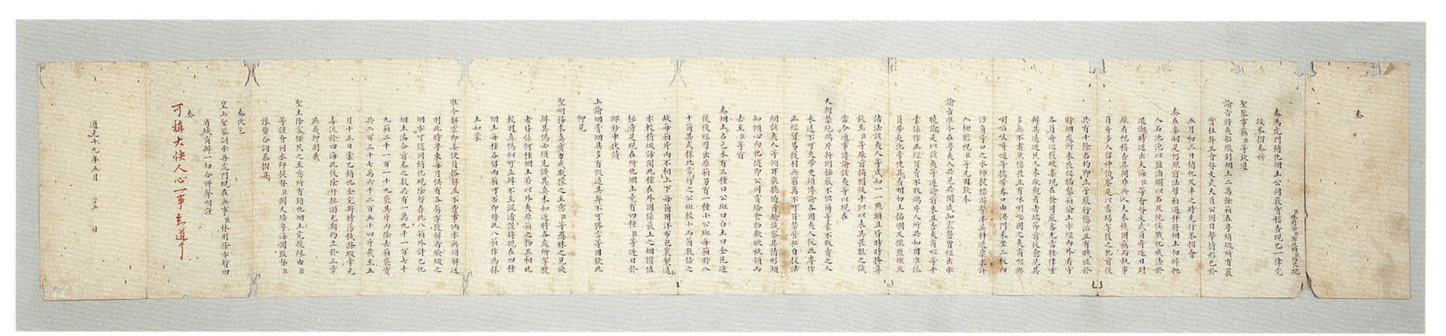

道光帝朱批奏折 这是林则徐、邓廷桢、怡良合奏虎门焚烟完竣折。道光帝阅后朱批"可称大快人心一事知道了"。

清·《光绪帝大婚图》

坤宁宫东暖阁

数升，悸不能言。方皇后矫旨诬曹妃知情不举，将其凌迟处死，除掉情敌。万历帝 10 岁登极，在位 48 年，其间只册封了一位皇后，就是他 16 岁时娶的王氏。王后为人厚重，能容忍，对受专宠的郑贵妃不加计较，居中宫正位 42 年而善终。但泰昌帝生母王妃，因受郑贵妃妒恨，被万历帝幽居。及病重，太子请旨始得前往探视，宫门紧锁，抉钥而入。其母双目已盲，手牵太子衣服长泣，遂死。

清代在北京紫禁城里生活过的 10 个皇帝，有 5 个皇帝是在做皇子时结婚的，另有 4 个皇帝是在登极后大婚的，宣统帝则是在退位后才结婚的。皇帝大婚礼仪分为六礼：纳采、问名、纳吉、纳征、告期和奉迎。先择日遣使到皇后家行纳采（行聘）、问名礼；次于大婚前一日，遣使到皇后家行纳吉(告卜吉)、纳征（过礼）和告期（大婚吉日）礼；次行奉迎礼。大婚之日，遣使到皇后家，将册宝授给皇后，皇后行六肃三跪九叩礼。礼毕，皇后升辇。皇后在隆重仪仗导引下，乘辇入宫。走中门，自承天门（天安门），经午门外，至太和殿，鼓乐仪仗，庄重热烈。皇帝御太和殿，赐皇后父及亲属等男眷属宴。皇太后御保和殿，赐皇后母及亲属等女眷属宴。皇后入坤宁宫，行合卺礼，开合卺宴。礼成，皇帝和皇后进入洞房。

康熙帝、同治帝、光绪帝和宣统帝的大婚，都是以坤宁宫东暖阁做洞房的。洞房的布置，宫的大红门上贴着金色的“囍”字，门内耸立一座红色金地喜字影壁，取帝后合卺“开门见喜”之意。室内陈设华丽，红烛光亮。喜床设在东暖阁靠北墙处。喜床上铺着红缎龙凤大炕褥，叠着龙凤喜被。床上挂着五彩纳纱百子幔。幔上绣着百子图：有的在树下纳凉，有的在举竿垂钓，有的坐在车子上，有的在推车前行，有的在过桥，有的在戏耍，有的在劳动，有的在演戏，有的在看戏，有的在抖空竹，有的在放炮仗，有的在抬礼品，有的在登高……但是，皇帝和皇后在这个洞房的百子幔里只过三夜，然后迁到规定的别的宫里居住。

经过隆重大婚仪娶来的皇后，有的也是不幸的。顺治帝皇后博尔济吉特氏，为其母亲的侄女，蒙古族人，是摄政王多尔衮为他指配的。多尔衮借此来加强自己的势力。显然这是一种政治婚姻。这位皇后长得很美丽，但顺治帝对她十分不满意，称："自册立伊始，即与朕意志不协，宫闱参商。"他立意废掉皇后，群臣泣谏，不听。顺治帝废了皇后，又立一后仍不称意，唯宠幸董鄂妃。董鄂妃死后，24 岁的顺治帝哀悼不已，辍朝五日，数月之后，郁郁不乐，溘然死去。相传他并没有死，而是逊位出宫，披缁云游，到五台山为僧。这个传说虽不可信，但说明顺治帝对董鄂妃有多么钟情。

康熙帝同他父亲顺治帝相反，对皇后感情颇为深挚。康熙二十八年（公元 1689 年），皇后佟佳氏死，康熙帝异常悲哀。据耶稣会士、法兰西人张诚目睹当时情状记载："这位皇帝于新近崩逝的皇后悲悼逾常。他走近她的梓宫悲泣了一两次，并且陪灵达好几个钟头。"后来梓宫暂厝城外，在一段时间里，他每日下朝之后，都骑马去皇后梓宫前哀奠，可见其感情之深。但是，同治帝和光绪帝的皇后，都是由慈禧太后懿旨成婚的。光绪帝不爱皇后而爱珍妃。慈禧太后命将珍妃坠井处死。所以在位 34 年的光绪帝，他在家庭生活中同在政治生活中一样，都是在悲愤中度过的。

后妃像

雍正帝妃像

清帝大婚洞房百子幔

清朝皇后有一个特点，就是没有一个汉族女子（追封除外）。这同其挑选秀女制度不无关系。清朝制度，凡三年挑选一次秀女，规定凡年届13至17岁的八旗女子，均须每年向户部具呈备案。届期所有京城及各地参加挑选的适龄女子，聚集于紫禁城神武门内，按年龄排班，依顺序由太监引入顺贞门，到坤宁宫前门外候选。未被选中者才可由本家自行聘嫁，对私自聘嫁者，给予严处。选秀女时，有些女孩子害怕、哭泣，管事太监以鞭笞相恫吓。有的女子敢于公然抗旨，说："去室家，辞父母，以入宫禁。果当选，即终身幽闭，不复见双亲。生离死别，争此晷刻。人孰无情，安得不涕泣？吾死且不畏，况鞭笞耶！"然而，一个女子大胆而激烈的言辞，是绝不可能改变清代选秀女制度的。

读书 清代皇帝在登极之后，除处理政务、躬身祭祀之外，读书是其生活中的一项重要内容。他们在作为嗣君继位之前，大多受到良好的教育，老皇帝为其延请名师，并进行严格的教育管理。但是，总的说来，清代皇帝出身满族，入主中原后，为着统治全国，更需如饥似渴地学习。清代皇帝的读书好学，以康熙帝为最。康熙帝尝言："读书一卷，即有一卷之益；读书一日，即有一日之益。"这当是他读书的感受。

既然上帝按照自己的形象创造了人类，那么父亲也要按照自己的形象去塑造儿子。康熙帝的教子读书，可以看作他读书好学的影子。康熙帝太子胤礽，4岁时皇父就教他读书、写字，6岁时皇父为他请了两位大学士做师傅。胤礽14岁出阁读书，请了满、汉师傅，在学堂读书学习。从《康熙起居注册》中一天的记载，能够看出康熙帝是如何教子读书的。这一天的卯时（早上5至7时）：皇子进入学堂，师傅行过礼后，皇子开始背诵儒家经典《礼记》。遵照皇父"书必背足一百二十遍"的规定，每背一遍，画一记号，背足遍数，师傅检查，一字不错之后，另画一段背诵。辰时（上午7至9时）：康熙帝御门听政之后，来至上书房（学堂），拿起书本，令子背诵，果然一字不错。巳时（上午9至11时）：皇子伏案写字，书写汉字数百、满文一章。午时（上午11时至下午1时）：皇子吃午饭并赐师傅饭食，饭后不休息，继续正襟危坐，背诵新课120遍，然后由师傅检查。未时（下午1至3时）：至户外庭院弯弓射箭——既为体育，又能习武。申时（下午3至5时）：康熙帝再至学堂，令诸皇子进前背书、疏讲。

《御制满蒙文鉴》 康熙五十六年（公元1717年）武英殿刻满蒙文本。全书分36部、280小类，收词12000余条。

康熙帝行书《初夏登楼临水诗》

康熙帝读书像

《康熙字典》 该字典为内府刻本，共四十二卷，收单字49000多个，收字量超过以往任何一部字书。

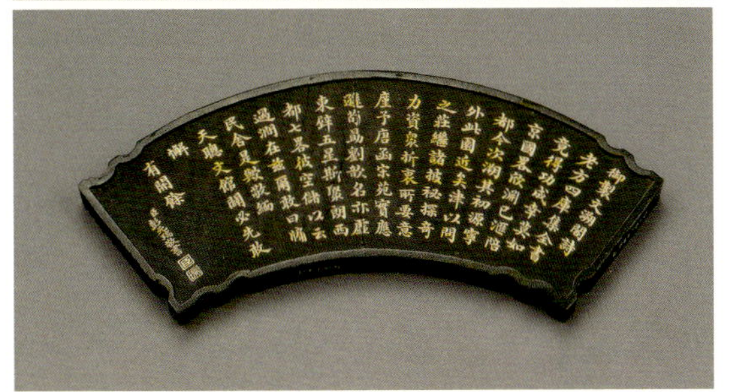

乾隆文溯阁墨 该墨正面绘文溯阁外景，背面是楷书乾隆御制《文溯阁诗》。

清宫御用笔、砚

御用瓷管笔 此笔管瓷质中空，施粉彩釉，描金云龙，下端装紫毫笔头，上端篆书“大清乾隆年制”款。

御用斗方纸

酉时（下午5至7时）：康熙帝命诸皇子在庭院较射，并亲自弯射，连发皆中，以为示范。时天色已晚，一天课业结束。据官书记载，皇太子读书，不论寒暑，无一日间断。

康熙帝不仅严于教子读书，而且自己好学不辍。他5岁开始读书，8岁登极，于儒家经典，日日必读，字字成诵。十七八岁时，读书过劳，至于咯血，但仍不肯休息。24岁时，在内廷设南书房，选择汉儒为侍读学士，常侍左右，讲究文义。他命学士日日进讲，虽在瀛台避暑，也未尝间断。在为时八年平定“三藩之乱”的战争期间，战局迅变，军报频至，京师军民惶惑不安，翰林院奏请隔日进讲，康熙帝不听，曰：“仍每日进讲，以慰朕惓惓向学之意！”他31岁首次南巡，舟停南京长江燕子矶，夜至三更，仍不废读。又和儒臣研讨哲学，常至夜深。他曾临摹法帖，多至万余；写寺庙匾额，多至千余。又尝在宫门外临书数十纸，令诸臣聚观品评。康熙帝从幼至老，孜孜求学，手不释卷，略无怠容。他拳拳读书，是为着经邦治国。康熙说：“朕自幼好看书，今虽年高，犹手不释卷。诚以天下事繁，日有万机，为君者一身处九重之内，所知岂能尽乎？时常看书，知古人事，庶可以寡过。”他不仅读书，而且写诗。康熙帝留下了《御制文集》和《御制诗集》，有人统计，康熙帝作诗词1147首。

皇帝读书，主要读经学、史学、文学和艺术等。康熙帝在畅春园的书房有渊鉴斋，他命以此名为书，编纂类书《渊鉴类涵》450卷；还有佩文斋，并命以此为书名，编纂辞书《佩文韵府》440卷，《佩文书画谱》100卷等。康熙帝还对算学、天文学、地理学、光学、

欹器 这是清朝皇帝用于时刻提醒自己保持清醒、永不自满的右座之器。器上铸铭文："……满则覆，虚则欹，中则正……"。

医学、解剖学等自然科学有浓厚的兴趣。他身边聚集了一批中外科学家，特别是一些耶稣会士。顺治二年（公元1645年），德国人汤若望向清廷进呈历法，被定名为《时宪历》，颁布使用。汤若望任掌管天文与历法机构的钦天监监正。到康熙帝时，在清朝耶稣会士的国籍有意大利、法兰西、德国、奥地利、葡萄牙、西班牙、荷兰、比利时、瑞士、波兰、捷克、墨西哥等。康熙帝是一位开明的皇帝，他对有科学知识的耶稣会士，给予信任、任用与尊重，并向他们学习西方的自然科学知识。

康熙帝很喜欢数学，包括几何学、代数学和三角学。耶稣会士法兰西人白晋、张诚，葡萄牙人徐日昇等，每日（或隔日）在紫禁城养心殿，用满语向康熙帝讲解几何学、代数学和三角学。当康熙帝到西苑瀛台或到畅春园时，他们也随同前往。讲完之后，康熙帝背诵定理，并做习题。康熙帝重视天文学。他命耶稣会士比利时人南怀仁为钦天监监正，并让他将观象台旧仪器加以改造。他亲自观测日食，南巡至南京，登观象台，观察星象。他主持编著了《数理精蕴》《律吕正义》等书，前者介绍了传入中国的西方数

南怀仁款浑仪 浑仪是中国古代测定天体位置的一种仪器。黄道带上镌满、汉文字，汉字为"康熙八年仲夏臣南怀仁等制"。

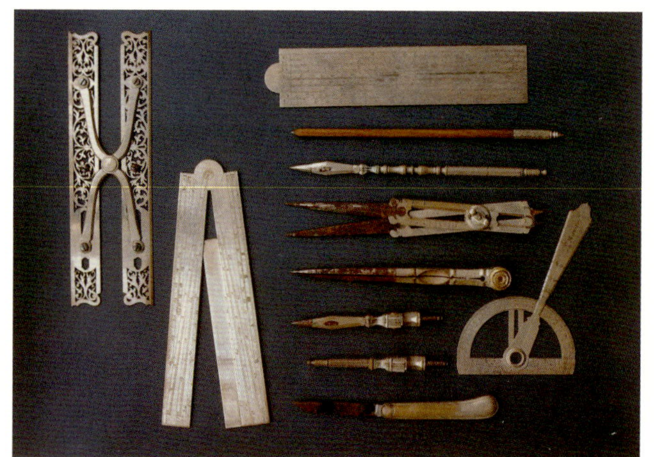

清代宫廷的绘图用具

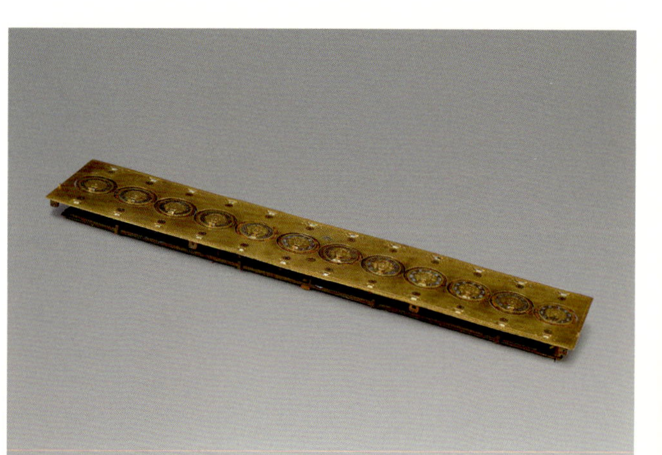

手摇计算器 手摇计算器是法国科学家巴斯加于公元1642年发明的，后由传教士介绍给康熙皇帝，受到康熙皇帝的喜爱。这件手摇计算器是清宫依巴斯加计算机的原理自制的，可进行十二位数的加减乘除以及更为复杂的运算。

学，后者记述了传入中国的五线谱，对后来天文学、数学与音乐的发展有重要影响。康熙帝喜欢亲自做科学实验。他为了观察风向，在宫廷院中设立小旗，用来查看风向、风速，还在一些地方设点测风，又命各直省官员作晴雨风雪奏报，从中得出“千里不同风，百里不同雨”的结论。他对人体解剖学有极大兴趣，还亲自解剖冬眠熊。他在58岁那年，巡视永定河，亲操仪器，定方向，钉桩木，做测量记录。康熙帝亲自主持，历时30年，在各地实测的基础上，用近代方法绘制了《皇舆全览图》，即全国分省地图。康熙帝还关注西方科学技术的发展。和康熙大帝同时代的有法王路易十四与俄国彼得大帝。康熙三十二年（公元1693年），他派白晋带着赠送给路易十四的大量中国书籍回到法国，其目的是为了加强双方的文化交流。后来白晋用法文撰写《康熙皇帝》一书，在欧洲产生广泛影响。他向俄国彼得大帝也表示了同样的良好愿望。康熙帝还在畅春园设立算学馆，被西方誉为“皇家科学院”。他自己撰写并刻印了科学论文集《几暇格物编》。但是，康熙帝毕竟是一位封建君主，吸收西方科学文化的有益营养只是个人爱好，而未能化作政府行为，更没有用来改造大清帝国。

嗜好 清康熙帝不但乐于读书，而且喜欢游猎。他是满族入主中原后的第二代皇帝，为巩固统治，崇尚骑射，而四处巡游与行猎。他曾三次东巡，驱骑东北地区，泛舟松花江上，既拜谒祖陵，又视察边防。他六次西巡，到山西一带，一次在归途中还射死一只虎。他三次亲征，率兵进入大漠，加强了对蒙古地区的管辖。他六次南巡，行遍六省，察看黄河，了解民情，《康熙南巡图》就是描绘这一盛举的历史画卷。他从康熙四十二年（公元1703年）始，在距京200余公里的承德建避暑山庄。此后直至他死的那年，每年都要在避暑山庄住五六个月，共去58次（个别年份例外）。他还去木兰围场秋狝，共举行秋狝大典38次。避暑山庄后经乾隆帝等扩建，周环10公里，内有72处景区。湖水亭榭，颇具江南园林特色；青山丛林，又有北国草莽风光。后来乾隆帝在避暑山庄万树园宴会蒙古等少数民族王公，并进行大阅。清代画家钱维城的《避暑山庄图》是这座行宫园林极盛

清·《哨鹿图》

弓箭与撒袋

清·《雍正行乐图》

避暑山庄澹泊敬诚殿 此殿是避暑山庄的正殿，殿内全部用楠木装修，故又称楠木殿。清帝在避暑山庄过万寿节和举行庆典时，均在此接见国内民族首领、王公大臣和外国使节。

避暑山庄烟波致爽殿 是清帝在避暑山庄的寝宫，建于康熙四十九年（公元1710年）。咸丰十年（公元1860年），英法联军入侵北京，咸丰帝携慈安、慈禧等后妃从北京至热河避难，即居于此殿，翌年咸丰帝崩于此殿东暖阁。慈禧策划祺祥政变，也在这里。

避暑山庄烟雨楼 此楼建在如意洲青莲岛上。夏秋之际，凭栏远瞩，远山近水，烟雨弥漫，如同山水画面。

须弥福寿之庙 位于避暑山庄之北，乾隆四十五年（公元1780年）仿西藏日喀则扎什伦布寺而建。“须弥福寿”即“扎什伦布”之汉译。乾隆帝七十寿辰，班禅额尔德尼远道来此觐见，颇受礼遇，特建此寺以供居之。妙高庄严殿，为六世班禅讲经之所。殿顶重檐攒尖盖鎏金铜瓦，瓦片呈鳞状，四脊各有金龙两条，腾空欲飞。

普宁寺 位于避暑山庄之北，建于乾隆二十年（公元1755年）。乾隆御制《普宁寺碑》记载，乾隆帝于是年五月平定厄鲁特蒙古准噶尔部首领阿睦尔撒纳发动的武装叛乱，冬十月，在避暑山庄宴赉和封赏厄鲁特蒙古四部首领，并谓“昔我皇祖之定喀尔喀也，建汇宗寺于多伦诺尔，以一众志”，乃循旧制建此寺。又因“蒙古向敬佛，兴黄教，故寺之式，即依西藏三摩耶庙之式为之”。

普陀宗乘之庙 “外八庙”是避暑山庄东北侧八座寺庙的总称。先后于康熙五十二年（公元1713年）至乾隆四十五年（公元1780年）间陆续建成。当时，北京、承德共有40座直属理藩院的庙宇，京城32座，承德8座。因承德地处北京和长城以外，故称“外八庙”，包括溥仁寺、溥善寺、普宁寺、安远庙、普陀宗乘之庙、殊像寺、须弥福寿之庙、广缘寺。“普陀宗乘”是藏语“布达拉”的汉译。此庙兴建于乾隆三十二年（公元1767年），历时4年有余。因仿西藏布达拉宫形制而建，故有“小布达拉宫”之称谓。

千手千眼观音菩萨像 普宁寺大乘之阁高36.75米，外观正面六层重檐。阁内供千手千眼观音菩萨泥金立像，高22.23米，用松、柏、榆、杉、椴五种木材雕成，重约110吨。是国内最大的木雕像之一。

青玉嵌花把皮鞘腰刀 这是英国使臣马嘎尔尼送给乾隆皇帝的礼物。乾隆五十七年（公元1792年），马嘎尔尼率领英国使团来华，次年抵达北京，乾隆皇帝在承德行宫万树园两次接见了他。他提出遣使驻北京、开放通商口岸、减轻关税和自由传教等7条要求，被清政府拒绝。不久，他带着乾隆皇帝致英国女王的信及礼品，乘船由运河南下，经杭州、广州回国。

乾隆皇帝甲胄 此铠甲为乾隆皇帝阅兵及狩猎时的穿戴。

时的写照。避暑山庄外面有八座壮丽的庙宇，称外八庙，是清廷加强同蒙古、藏、维吾尔等民族密切联系的象征。康熙帝又于康熙二十年（公元1681年），在承德迤北百余公里的台地上，建面积一万余平方公里的木兰围场，作为清代行围习武之地。他曾先后48次至木兰行围。康熙帝是一位优秀的猎手，终其一生“用鸟枪、弓矢获虎一百三十五、熊二十、豹二十五、猞猁狲十、麋鹿十四、狼九十六、野猪一百三十二，哨获之鹿凡数百”（《清圣祖实录》卷二百八十五）。

乾隆帝是一位喜爱诗文书画的皇帝。他虽然出身满族，通满语、写满文、习满俗、尚骑射，但于汉文化颇具修养，学历日勤，造诣很深。他的诗文书画活动，早在做皇子时即已开始，25岁登极后，无论是在宫殿或在行宫，

团城演武厅 在今海淀区红旗村，清乾隆初年建，为一圆形城堡，城上有二楼。城南有殿宇，殿前设月台，可供阅兵。团城周围驻八旗兵营，布设碉堡，以供练兵演武之用。

清·《乾隆帝赋诗图》

在巡游途中或在行围猎场，都握管著文，即兴赋诗。他曾说："朕少年时间，涉猎书绘；登极后，每缘几暇，结习未忘，弄翰抒毫，动成卷帙。"在传世清内府收藏书画中其题跋之多，各名胜古迹其铭刻之盛，《敬胜斋法帖》所刻其对历代书法临摹之广，《三希堂法帖》跋语中透露其对书法鉴赏之精，均可以看出他对书法艺术是如何倾心的。如他对晋代大书法家王羲之《快雪帖》称"予几暇临仿，不止数十百遍"，即可见一斑。他享年89岁，其文集收录文章1067篇，其诗集载诗42613首，诗文共586卷，卷帙浩繁，洋洋大观。故宫珍藏大量乾隆帝作诗手稿即为明证。当然，其中不乏同臣僚润色者。乾隆帝是中国历史上留下诗文最多的一位君主。

嘉庆帝是乾隆帝的第十五子，以皇父内禅袭受皇位。嘉庆帝即位之初，中原地区爆发遍及五省的白莲教大起义。他历时9年，耗银两万万两，才将这次农民起义镇压下去。清朝从此由盛转衰。嘉庆帝平庸无能，除每年巡幸避暑山庄和木兰围场外，还喜爱冰嬉。冰嬉，就是滑冰技艺表演。中国最晚在公元11世纪已有宫廷"观冰嬉"的记载。明代西苑冬季也有冰嬉。但滑冰在东北满族中很早就已流行，入关后更为盛行，军队中专设"冰靴营"。每年冬季都要挑选千余名滑冰能手入苑训练，以备为皇帝表演。皇帝观看冰嬉时，太液池冰场四周搭彩棚、挂彩旗、悬彩灯。表演时，按八旗军制，每旗200人，共1600人，分为两队，各着不同颜色的衣服，穿带冰刀的皮靴。冰场上搭三座彩门，两队分别从门中穿行，在晶莹的冰场上形成两个美丽云卷形大圈，滑行飞快，十分壮观。嘉庆帝及百官在上面观看。冰嬉的种类很多，有速度滑冰，有花样滑冰，也有冰球表演。有时帝后坐在冰床上，由太监们拖着在冰上嬉游。御制诗"冰床声里过长湖，远岸人们似画图"的诗句，就是对这种情景的描述。

慈禧太后是个戏迷。听戏是清代皇帝后妃在宫中的重要娱乐活动。每逢节日或帝、后的生日，都在宫里演戏。清廷专门设立皇家戏班——升平署，后来主要演出京戏。在乾隆五十五年（公元1790年），外地戏班进京献艺，后吸取其他戏剧之长，形成唱念做打并重的新剧种——京戏。为了看戏，在紫禁城建畅音阁戏楼，在圆明园建同乐园戏楼，在避暑山庄建清音阁戏

德和园大戏楼 在颐和园内，建于光绪二十一年（公元1895年），重檐三层，高21米，是清代最大的戏楼。

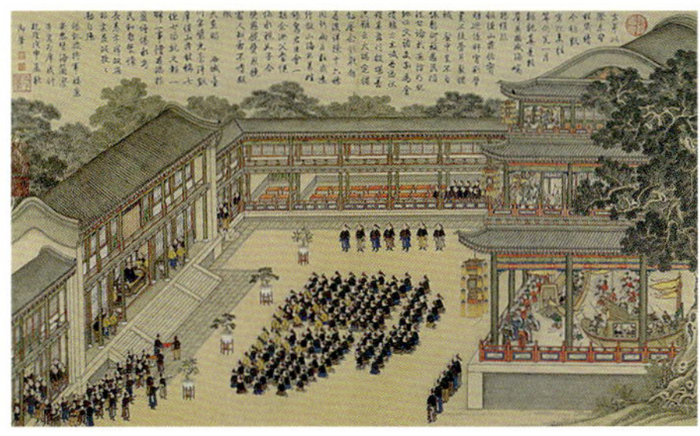
清·《乾隆帝赐宴观戏图》

清·《冰嬉图》

楼，又在颐和园建德和园戏楼。德和园戏楼同畅音阁戏楼一样，都是三层，设有天井地井，演鬼神戏时，鬼魅从地下钻出，神仙由天而降，慈禧太后就坐在戏楼对面的颐乐殿看戏。慈禧一到颐和园的第二天就开戏。她过生日时，要连演9天戏。她50岁生日时，仅置备戏衣就耗银11万两，而建这座戏楼，又费银71万两。慈禧太后自己有穿戏装的照片，可见她爱戏确实是着了迷。慈禧太后不仅爱看戏，还讲究吃。她每日四餐，小吃每餐多至50种，正餐每顿摆99个菜。她还讲穿，仅收藏在颐和园内她穿戴的珍宝服饰就有3000多箱。每次穿衣总要宫女取出几十件，从中挑选而定。但是，慈禧太后毕竟处于清代末世，同明帝宫廷器皿37万余件、年供果品物料126万斤、厨役8000名相比，显然大为逊色。然而，慈禧太后动用军费，恣意挥霍，加深了中华民族的灾难，也加速了清朝的灭亡。

门头沟煤窑执照 这是由直隶承宣布政使司于乾隆四十九年（公元1784年）颁发给窑商的执照。颁发窑照加强了政府对采煤的控制。没有执照者不得进山开采，有执照者必须在官府指定的窑口开采，不经允许不得随意停闭。窑照的另一内容是明文规定有“倘窑户凌虐窑夫，短克工价等弊，许报县审明详究”。

经济发展

清代京师的经济，是在元大都和明北京的基础上，既有继承，又有发展。

早在元代，大都是世界繁荣的贸易名城。中国名产珍品，由大都输向各国；外国许多商品，来大都贡市销售。西方的葡萄酒传到大都，宫内有酿造葡萄酒室。国外的和外地的百货，经运河、海上或陆路，汇聚到大都城内积水潭，舳舻蔽水，繁荣已极。意大利人马可·波罗说道：“外国巨价异物及百物之输入此城者，世界诸城，无能与比。”此外，宛平银矿、北郊冶钱、羊山烧炭、西山煤矿——主要供应宫廷用煤，采掘冶炼，景况空前。

到了明代，南郊的花卉，东郊的水稻，西郊的蔬菜，北郊的果品，依时上市，供应官民。手工艺品，颇有发展。宫灯、绢花、牙雕、琉璃和景泰蓝，百花齐放，争奇斗艳。前门外大街、灯市口等街市，平日商客熙攘，节日喧嚣异常。明嘉靖二十年（公元1541年）到过北京的葡萄牙作家平托，后来在其游记中写道：北京是个宏伟、富足的“世界大都会”，城中商店林立，百货充塞，“行走于街市之中如入幻境”。在他看来，当时世界上其他名城如罗马、君士坦丁堡、威尼斯、巴黎、伦敦、里斯本等诸城，“与伟大的北京相比都相去甚远”。

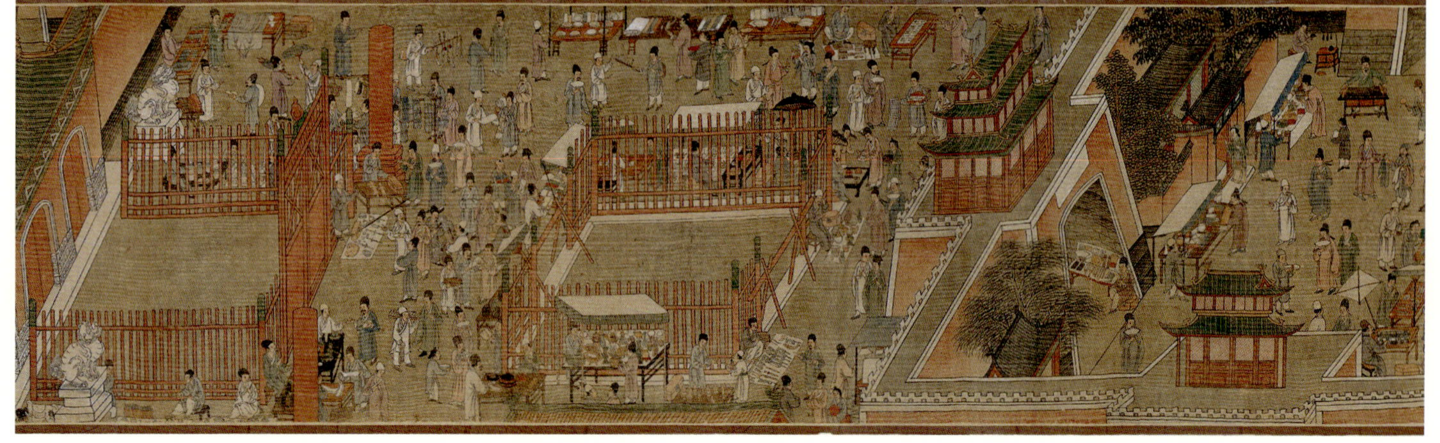

明·《皇都积胜图》卷局部 此图着重描绘了北京繁荣的城市经济，画面上行人车马，熙来攘往，行商坐贾，小商摊贩，充盈京都。正阳门至大明门之间，各种货物应有尽有。

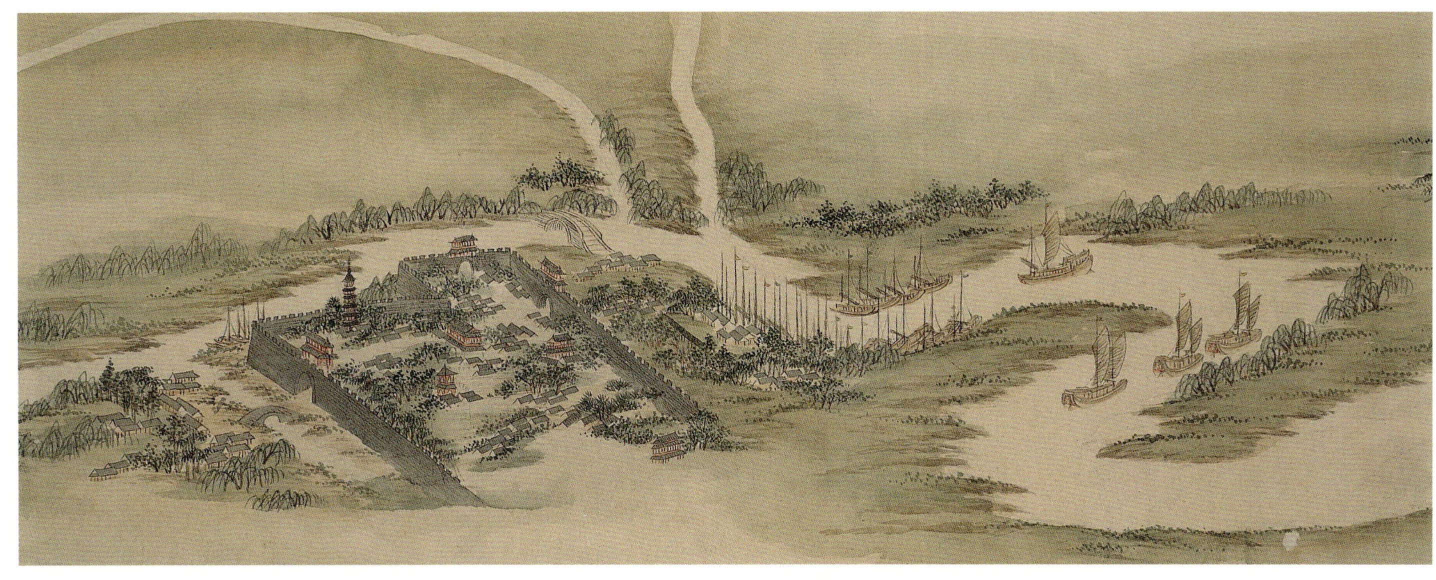

清·《京畿水利图卷》局部 此图从玉泉山开始，绘其水流源自西山，聚于昆明湖，流经长河，贯绕北京城，于城东南入通惠河、潞河，反映当时北京地区水系分布与水利设施情况。

清代京师，前期经济与后期经济，情景不同，变化甚巨。

清代前期，顺治初年，京畿圈占土地，后来几圈几停，农村秩序逐渐稳定。京郊种植水稻，明朝已有拓展，清朝继而广之。除通州、顺义外，宛平、房山、怀柔、昌平等远郊州县，都新辟或扩大了水稻种植面积。京郊的蔬菜、果园、花卉，较明代有了发展，更为兴盛。农业之外的手工业，有官办，也有民办。官办手工业分属于内务府、户部、工部等。手工艺品有景泰蓝、漆雕、玉器、地毯、料器、绢花等，种类繁多，做工精美。手工业之外的商业，因内城只许旗人居住，汉人住在外城，所以商业区主要集中在外城的前三门——正阳门、崇文门和宣武门外。崇文门外的花市地区，为制花与卖花的集中地区，作坊和花店多达数百家。宣武门外的琉璃厂文化街，册籍、碑帖、钟鼎、字画、器玩、宣纸、徽墨、湖笔、端砚等，琳琅满目，列架充肆。正阳门外棋盘街迤南，沿街设店，堂铺栉比，六必居、同仁堂、全聚德等老字号列肆而居，坐贾售货。酒馆茶楼，货栈旅店，生意兴盛，顾客盈门。还有庙市，东岳庙、隆福寺、护国寺、都城隍庙和白云观等庙市，定期开市，热闹异常。庙市之外的骡马市、驴市、羊市、皮毛市等，都是有名的街市。另外，京师有对外国贸易市所如俄罗斯馆，凭票入馆，开市交易。

清代后期，北京出现近代工业经济。在工矿行业，同治十一年（公元1872年），官吏和商人在京西门头沟创办通兴煤矿，安装机器设备，是为北京近代采煤工业之始。随后印刷厂、通州纱丝机厂、长辛店铁路工厂、清河溥利呢革公司(今清河毛纺厂前身)以及造纸厂等相继出现。在交通运输业，同治三年（公元1864年），英人杜南特在宣武门外建一里多长的小铁路，次年试驶，后废。光绪十四年（公元1888年），在西苑建“紫光阁铁路”，南起中海瀛秀园门外，沿中海、北海西岸至镜清斋站。虽然“宣武门铁路”和“紫光阁铁路”都算不上近代工业与近代交通，却是近代工业与近代交通在北京的展示，开阔人们的视野，启发市民的思考。其后，京奉、京汉、京张铁路先后通车。京张铁路是由詹天佑任总工程师而兴建的。此外，北京在光绪二十七年（公元1901年）有了汽车，宣统二年（公元1910

清·《北京店铺门面图册》 在清代，北京的店铺建筑形式大同小异，但各家店铺都有不同的字号门面，而且店铺门面装饰华丽美观，各具特色。糕点铺、胰皂铺、鞋帽铺、刀剪铺的门面则有自己特定的装饰。所示图为“兴发号面铺”和“王麻子刀剪铺”。

晚清·大龙邮票 这是中国最早的邮票。

晚清·电话机 这是中国最早使用的电话机。

年）出现了飞机。在邮电行业，咸丰十年（公元1860年）清政府同列强签订了《北京条约》后，英、法、俄、美等国相继在北京东交民巷建立使领馆。光绪四年（公元1878年），北京邮局开始试办。九年后，成立了北京邮政局，开始结束中国古老的邮驿制度。二十六年（公元1900年），丹麦人璞尔生在北京设立“电铃公司”（电话开始称电铃），北京开始有了电话，五年后北京设立电话局。三十二年（公元1906年），北京创办电报。光绪年间，北京开始有了电灯和自来水。其他近代工业，如机制面粉、机器织布、机器制造等，在北京相继产生和发展起来。

编纂图书

清代编书较明代更为可观。康熙、乾隆等朝，集中全国文萃，汇集京师，整理编纂册籍，敕撰100余种，10万余卷。其中，辞书《佩文韵府》444卷，志书《一统志》500卷，唐诗总集《全唐诗》900卷，唐文总汇《全唐文》1000卷。康熙三十九年（公元1700年）开始编纂《古今图书集成》，历时25年成书。全书分历象、方舆、明伦、博物、理学和经济6篇，篇下分为32典，6109部。全书共1万卷，5000册，是中国完整保存至今最大的百科全书。《古今图书集成》用铜活字印刷，字模用铜刻成，字体清晰秀丽，纸洁墨润，印装精美，是北京文化的嘉宝。

古代世界最大的一部丛书——《四库全书》，分经、史、子、集四部，其文津阁本共收书3503种，79337卷，36304册。乾隆帝动员全国许多著名学者，从乾隆三十七年（公元1772年）开始纂修，到五十二年（公元1787年）告成，历时15年。后再查核、校误和补遗，直到五十八年（公元1793年）才告结束。参与者前后4186人，时间长达20年。全书一律使用宣纸，墨笔精抄，共抄成7部，另有副本1部。北京紫禁城文渊阁和圆明园文源阁各储一部，另五部分储沈阳文溯阁、承德文津阁、扬州文汇阁、镇江文宗阁和杭州文澜阁。副本藏于北京翰林院，供士子阅读。经过多次战乱，现存完整三部：一在北京，一在兰州，另一在台北，是极为珍贵的历史文献。乾隆朝编纂《四库全书》，是对中国文化的一大贡献。其一，保存珍贵遗产。集中全国的力量，对各地图书典籍进行了一次全面的系统的清理，选择其重要的刻本、抄本，缮录采入《四库全书》，使大量书籍虽经天灾人祸而被保存下来。其二，方便学人利用。北到关外，南到江浙，禁城之内，皇家御苑，士林学子，阅览抄录，嘉惠读者。其三，有利文化流传。1983年文渊阁本《四库全书》影印出版，后又影印文津阁本《四库全书》出版，化身千百，流布世界。其四，便于分类检索。“以类求书，因书治学”。全书分经、史、子、集4部，再分44类，又分66目，条理井然，易于查检。但是，乾隆在编纂《四库全书》的过程中，也删、改、禁、毁了不少书。有人据《办理四库全书档案》《禁书总目》等资料统计，毁书达3000余种，六七万部。可见，乾隆编纂《四库全书》的负面影响不可忽视。对待乾隆编修《四库全书》的功过，要采取分析的态度。在清朝，全面肯定；在民初，全面否定；在当代，应当既肯定其历史功绩，又评判其民族局限，而给以客观的、公正的评价。

清承明制，也修《实录》。清代

《古今图书集成》 清雍正铜活字本。

《钦定四库全书》

《萝轩变古笺谱》内页 明天启六年（公元1626年）刻本。这是现存最早的多色套印、拱花、饾版印刷的印本。

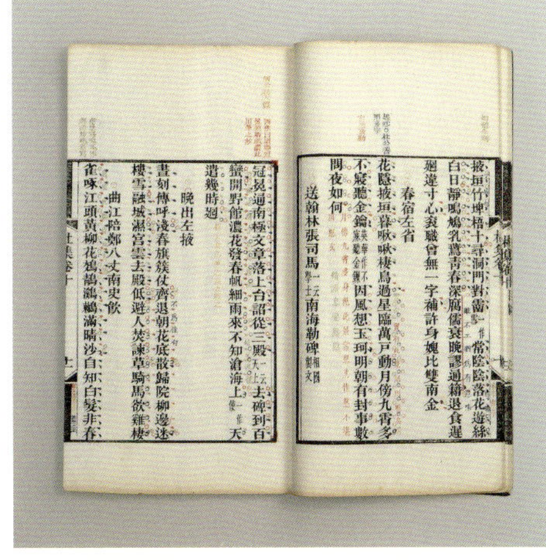

《杜工部集》清刊本。此书用六色套印。正文用墨笔，眉批、注、标点分别用紫、绿、黄、蓝、红等色。是中国古代使用色彩最多的彩色套印刻本书籍。

所修《实录》，共12部，凡4363卷。按照清朝的规定，每修《实录》均需抄录5份，每份又分抄满、蒙古、汉三种文体各一套，用红绫或黄绫为封面，有大小两种本子，收藏于乾清宫、皇史宬、内阁和盛京崇谟阁。其中内阁实录库共藏两套，一套是专供皇帝阅览的。

在北京编修与刻印《满文大藏经》，整理《无圈点老档》（又称《满文老档》《老满文原档》《旧满洲档》《满文原档》）。其原本40册，现藏台北"故宫博物院"。敕编《八旗通志》《满洲源流考》《钦定满洲祭神祭天典礼》《御制五体清文鉴》等。

此外，北京地方文献的编纂，乾隆三十八年（公元1773年）敕编的《日下旧闻考》160卷，则是集北京历史文献之大成。在此前后，康熙《顺天府志》和光绪《顺天府志》，汇集了大量资料，是两部重要的北京文献。

编书之后，还要刻书。清代北京官私刻书业相当发达。其中武英殿修书处，刊印的图书大多外加锦函，函分黄、红、蓝等色，鲜艳雅丽，印装大方；书本封面多用绫绢，线装包角，端严整齐；有的还加书帙包裹，庄重大气，极尽奢华。修书处刻印的书，有刊本、活字本、套色本等。刊本，就是雕版梓行的书本，版式清爽，纸墨讲究，校勘精审，字体端丽，所刊的典藏，以彰显其稽古右文的政教目的。活字本，就是用单体活字排版印刷的书本。就活字的材料而言，有铜活字和木活字两大类。《古今图书集成》是中国历史上最大的一部铜活字印本图书。但这些铜活字、铜版后来多被销毁，改铸铜钱。武英殿聚珍本丛书138种，则是中国印刷史上最大的木活字印书工程。但后来，大量珍贵的木活字竟被值班卫兵拿去烧火取暖，遭到与铜活字一样的厄运。套色印本，就是彩色套版印刷的书本。它有朱墨套印本，如康熙《避暑山庄诗》，四色套印本，如《唐宋诗醇》，五色套印本，如《古文渊鉴》等。乾隆八年（公元1743年）刻印的32体篆文《盛京赋》，乾隆二十五年（公元1760年）铜版印刷的《皇舆全图》，乾隆年间用朱文印的满文《大藏经》，尤其是由耶稣会士承绘，然后运到欧洲镂版的几部战图，都对弘扬中华文化大有裨益。

科学教育

北京是明清全国教育中心。明廷决定迁都北京后，在北京设最高学府——国子监。明朝的国子监有两处，在南京的叫南监，在北京的叫北监。国子监为皇帝培养贤达之才，后称国

成贤街牌坊

国子监内的琉璃牌坊

国子监辟雍 国子监坐落在成贤街孔庙西侧。辟雍为国子监的中心殿堂，皇帝到国子监讲学的讲坛就设在这里。

子监所在的街道为成贤街。成贤街路北，孔庙和国子监隔垣联属，矗立四座牌坊，尤为学人雅重。在北京国子监学习的除中国人外，有朝鲜、暹罗（泰国）、安南（越南）、琉球的学生。永乐时在监学习的学生约有一万人。明朝规定每三年举行一次会试，会试之年就有成千上万的考生聚集北京。从永乐十三年（公元1415年）乙未科开始在北京举行会试，到崇祯十六年（公元1643年）癸未科，共有77科，22649人在北京成为进士。明朝还在太医院、钦天监、四译馆内设科，培养医药学、天文历算学和语言学等方面的专门人才。四译馆分为八个馆，学生们在这里学习少数民族和外国的语言文字，如蒙古文、藏文、维吾尔文和缅甸文、梵文等。

清朝定都北京后，撤销了南京的国子监，仍以北京国子监为全国最高学府。在这里学习的既有汉、满、蒙古等族儒生，也有日本、越南、朝鲜、琉球、俄罗斯的留学生。此外，还有为宗室子弟所设的宗学，为觉罗子弟所设的觉罗学，为八旗子弟所设的八旗学，以及为汉族等子弟所设的顺天府学和金台书院等。清代各地举子大体上每三年到北京参加一次会试。光绪九年（公元1883年），应会试考生16000余人，熙攘而来，荟萃京师。会试考生年龄最小者16岁，最大者103岁。清代共举行会试114科，有26840人在北京成为进士。

中国自隋代开始以科举取士以来，历朝相沿。由于科举考试在中国已有一千多年的历史，高中进士，光耀门楣，社会上也形成以拥有科名为荣的风尚。所谓“十年寒窗无人问，一举成名天下闻”，正是科举考试影响下所传诵的诗句，也表明了当时的社会心理。儒士高中，春风得意，勒石题名，以示荣宠。北京自元代皇庆元年（公元1312年）开始，金榜题名者的姓名都刻在石上，立于孔庙，这就是进士题名碑。明代常将元代进士题名碑上的文字磨去，刻上当时进士的姓名，所以元代进士题名碑记保存较少。孔庙内今存元、明、清进士题名碑198通，记载了51624名进士的姓名、籍贯和名次，是一份极为珍贵的史料和文物。

明清两代的国子监，其全部建筑的中心是辟雍。辟雍是一座方殿，为乾隆四十九年（公元1784年）修建，两重屋檐，四角攒尖顶，上盖黄色琉璃瓦。它坐落在圆形水池的中央，有白石护栏围饰，水池四面有四座石桥。这就构成了所谓“辟雍泮水”的建筑格局。清代皇帝到国子监讲学，讲坛就设在辟雍。皇帝亲临国子监，以示尊儒重道，鞠育人才。

清代后期北京的教育变化很大。同治元年（公元1862年）设京师同文馆，有英文馆、法文馆、德文馆和日文馆，后增设算学馆，选择八旗子弟学习外国语言和自然科学。光绪二十四年（公元1898年）建京师大学堂（今北京大学前身），二十八年（公元1902年），京师大学堂设师范科，是为北京师范大学的前身。宣统元年（公元1909年）设游美学务处，后演变为清华学堂，即今清华大学的前身。同一时期，教会办的育英、汇文、贝满等一批中等学校相继开学授课。

进士题名碑

北京也是清代全国科学研究的中心。清初，中国学者在耶稣会士参与下，编译了《西洋历法新书》。这部原名为《崇祯历书》的天算学著作，采用丹麦天文学家第谷的宇宙体系，系统地介绍了欧洲的天文学知识。这本书对中国学者来说是新颖的知识。后清定都北京，耶稣会士略加整理进呈顺治帝，而改易书名，付梓印行。这有助于对天象的精密观测。承袭明观象台的清观象台，在康熙至乾隆年间，在中国已有天文学、数学成就的基础上，吸取西方之长，研制了新的天文仪器——象限仪、天体仪、地平经仪、赤道经纬仪、黄道经纬仪、玑衡抚辰仪和纪限仪等，并编成介绍西方数学知识的百科全书《数理精蕴》，对后来天文学与数学的发展产生了重要影响。这些使中国当时濒于枯萎的天文学之树重新获得了生机。康熙时，

玑衡抚辰仪 清乾隆九年（公元1744年）制造。安放在观象台上，主要用以测定“真太阳时”，天体的赤经差和赤纬。

经过全国性大规模实测，用新法绘制了《皇舆全览图》。雍正、乾隆时又加订正和补充，绘成《乾隆内府皇舆全图》，成为重要的地理图籍。乾隆十五年（公元1750年），第一幅用近代方法测绘的大比例尺京城全图——《乾隆京城全图》，则是当时世界上最佳的都城地图，也是世界地图史上的一个奇迹。蒙古族科学家明安图，担任掌管天文和历法的中央官署钦天监监正，关于割圆术和圆周率的计算方法，他经过30多年的研究，于乾隆二十八年（公元1763年）写出《割圜密率捷法》书稿。该书稿后由他的儿子和学生续写完成，是中国数学史上的一部杰作。

清·《观象台图》

观象台 在今东城区建国门内，建于明正统七年（公元1442年），是一座砖砌高台建筑，台体高14米。台上安放大型铜制天文仪器，台下有紫微殿、晷影堂等附属建筑。

象限仪 清康熙十二年（公元1673年）制造。安放在观象台上，用以测定天体地平高度和天顶距。

到清代后期，数学家李善兰和工程师詹天佑，都对科学技术的发展做出了重要贡献。李善兰10岁时好数学，30岁后造诣渐深。同治七年（公元1868年）到北京，任同文馆天文算学总教习。他通过刻苦研究，同英国牛顿和德国莱布尼茨，沿着各自不同的途径，几乎同时达到了微积分的思想，从而完成由初等数学到高等数学的转变。他创造的数学术语如“代数”“微分”“积分”等，一直被沿用至今，而且被传到日本后也沿用到现在。他还将牛顿力学三大定律第一次介绍到中国。李善兰的数学研究成果汇编在《则古昔斋算学》一书中。詹天佑于光绪四年（公元1878年）进入美国耶鲁大学土木工程系，学习铁路工程专业。他勤奋学习，成绩优良，毕业考试名列第一。回国后，他任连接北京和张家口的京张铁路的总工程师。这是一条由中国工程技术力量自行勘测、设计和施工建造的铁路，并做到了“花钱少、质量好、完工快”。京张铁路通车后，欧美人士“远来看视，啧啧称道”。后在被称赞“省去洞工、实为绝技”的青龙桥火车站，竖立詹天佑全身铜像，以示纪念。

天体仪 清康熙十二年（公元1673年）制造。安放在观象台上，主要用以测定天体出没的时间和方位，以及求天体的地平高度和方位角。

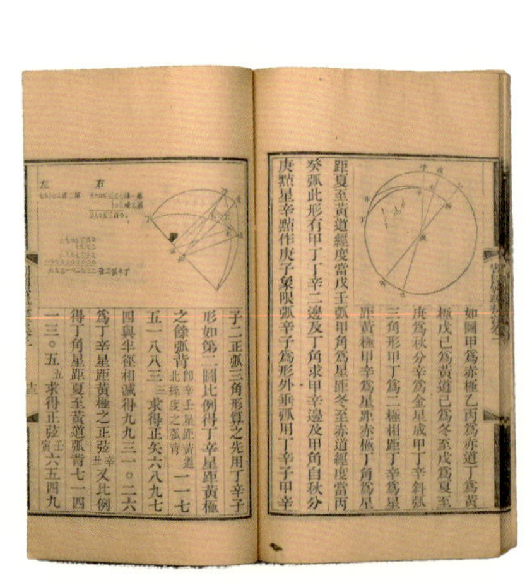

明安图《割圜密率捷法》

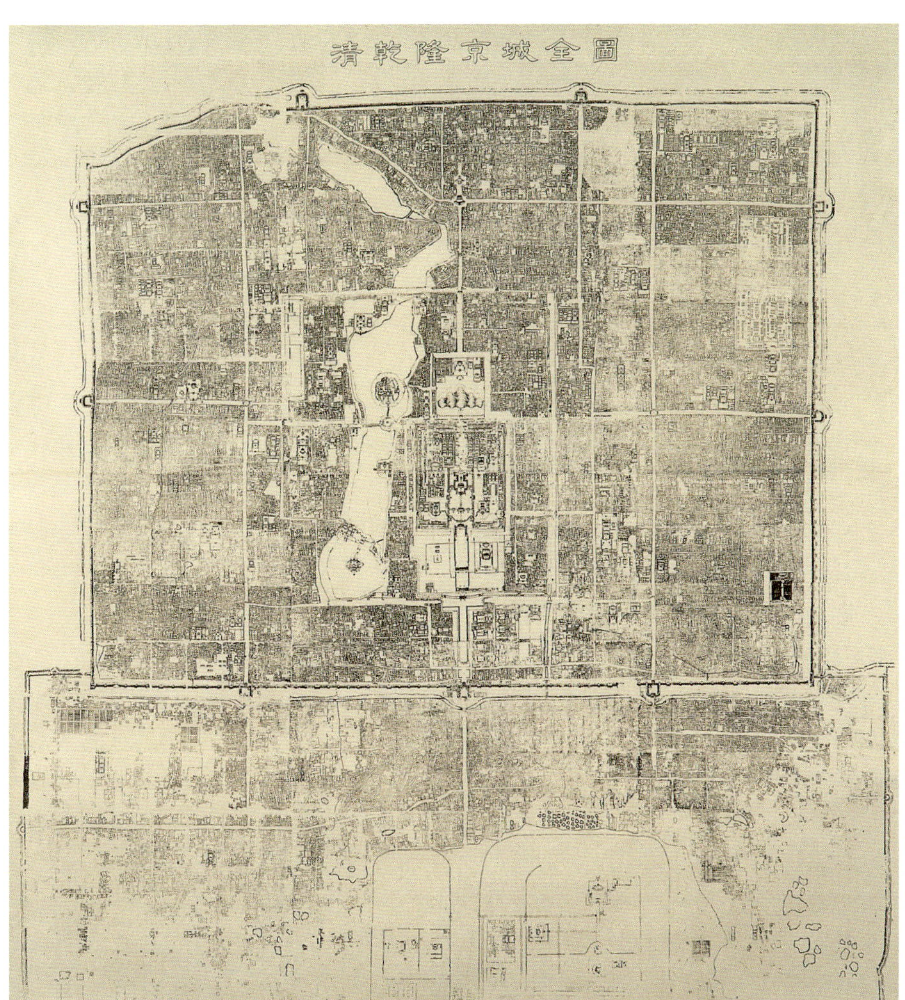

清·《乾隆京城全图》

詹天佑测绘京张铁路线的仪器

《御制数理精蕴》 康熙年间内府铜活字印本，整部共53卷，是由康熙帝核定的数学著作。书中既有传入的西方数学知识，又有清初学人的研究成果，通贯中西之异同而辨定古今之长短，涉及当时数学的各个分支，因而有“数学百科全书”之称。

詹天佑铜像

清・《大观园图》

文学戏剧

清代的文学，散文、诗词等都留下佳作，在章回小说中出现了《聊斋志异》《儒林外史》《红楼梦》和《镜花缘》等名著。《红楼梦》的作者曹雪芹长期在北京生活，《镜花缘》的作者李汝珍就是北京人。

《乾隆抄本百廿回红楼梦稿》

《红楼梦》的作者曹雪芹，出身于“钟鸣鼎食之家，诗书簪缨之族”。他的家庭从曾祖开始，一直到父亲一代，都是世袭财赋要职的江宁织造。康熙皇帝六次南巡有四次住在他的家里。曹雪芹少年时代经历过富贵豪华的生活，但不久他父亲被削职抄家。曹雪芹成年后家境衰落，移居北京西郊，在“举家食粥酒常赊”的清苦中，撰写成了不朽的文学巨著《红楼梦》。《红楼梦》主要写的是贾宝玉和林黛玉的爱情悲剧，形象地反映了18世纪中叶中国封建社会的面貌，成为当时社会的百科全书。书中描写的大观园，是中国古典园林艺术的经典模型。《红楼梦》事件纷繁，人物众多，结构严谨，脉络分明，语言生动，形象感人，是中国古典小说的高峰。

《镜花缘》叙述唐敖等游历幻想中的海外世界。这个世界中的“君子国”，宰相谦恭祥和、平易近人，市井互相礼让、买卖公平，这些寄托了作者的理想。作者在书中编排了一百个才女的故事，她们或具胆识，或长文才，或善武艺，其才能使男人黯然失色，自惭形秽。甚至在女儿国中，女尊男卑，乾坤倒置。《镜花缘》闪烁着尊重妇女地位的平等思想。

清初北京剧坛继续繁盛。清代两部杰出剧作——《长生殿》和《桃花扇》，在北京脱稿并上演，是北京剧坛上两颗光亮的新星。《长生殿》的作者洪昇，在北京做了29年的国子监生，清苦孤傲，狂放不羁。他以十余年的时间，创作出描写唐玄宗和杨贵妃爱情故事的《长生殿》。《长生殿》脱稿后，争相传抄，搬上戏台，备受欢迎，轰动一时。但康熙二十八年（公元1689年），因在康熙帝的佟皇后丧期内演唱《长生殿》，洪昇被革去国子监生。后离开北京回到故里，酒醉落水而死。《桃花扇》的作者孔尚任，曾在北京做国子监博士。他于康熙三十八年（公元1699年），写成描述书生侯方域和秦淮歌妓李香君爱情故事的《桃花扇》。《桃花扇》在正阳门外茶楼（剧场）演出时，岁无虚日，座无虚席。

清代中叶以后，北京逐渐形成了一个新的剧种——京剧。早在清初，扬州一带水陆交会，人口众多，市场繁盛，盐商云集，各地盛行的昆曲、秦腔、梆子等戏班都汇集这里。乾隆帝南巡时，扬州官商征集许多戏班给皇帝演戏。乾隆帝回北京时，带回了不少著名的戏曲艺人。乾隆五十五年

清·《大观园图》(局部)

升平署红缎织金彩绣戏衣 清代皇宫内演戏时旦角的着装之一。

(公元1790年)，为给乾隆帝80岁生日贺寿，安徽的地方剧团“三庆班”进京献艺，与传入北京的山西梆子、湖北汉剧、江苏昆曲等争胜。后来徽剧吸收各剧种的精华，在剧目、音乐、表演、唱腔、服装上都有所变革，再结合北京的地方语言和风俗习惯，便逐渐形成了京剧，又称京戏，也称国剧。京剧的基本表演形式为唱(歌唱)、念(念白)、做(表演)、打(武技)，都有一整套周密严格的程式。它的伴奏、语言、服装、道具、化装等都相当讲究。化装的脸谱，依角色的年龄、身份、性格、行业和地位等而各不相同。京剧演员的行当，主要分为生(老生、小生、武生等)、旦(青衣、花旦、武旦等)、净(正净、副净、武净等)、末(家丁、胥役)、丑(文丑、武丑、丑婆等)。这种分行是为了适应剧情和人物的需要，在表演和造型上所做的艺术处理。

演出京剧的戏园，开始叫茶园或茶楼，只收茶钱，不收票钱，后来才卖坐票。茶园多设在前门外大栅栏一带，内城不许开设茶园。北京人非常喜欢看京剧。京剧登上北京剧坛之后，名角如云，流派众多，争奇斗胜，百

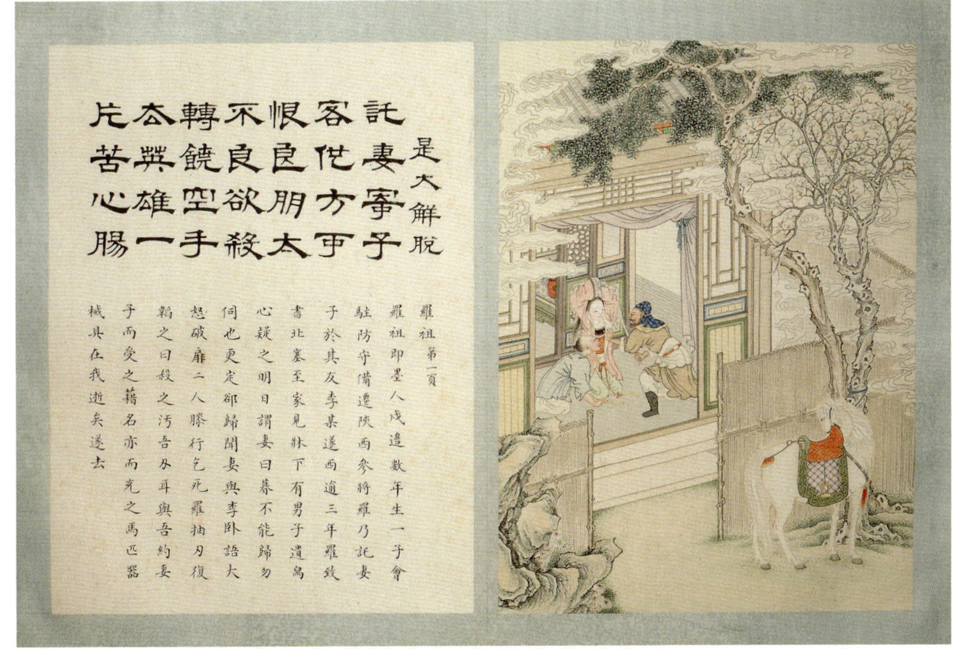

清人绘《聊斋图册》

清·《京剧图册》

花竞艳。随着名角的涌现，剧目也相当丰富，名角有“同光十三绝”，剧目旧传有“三千八百出”之多，盛极一时。

京剧的戏班不仅社会上有，宫廷里也有。宫廷的戏班叫升平署，取“歌舞升平”之意。升平署所演的戏，多为群仙庆贺、歌颂太平之类，以供帝后欣赏与消遣。

绘画书法

清代的绘画，宫廷绘画比明代更为繁盛，民间绘画比明代有所发展。清代的画苑里，山水画、花鸟画争胜，人物画、风俗画盛行。高其佩的指头画别具一格，独步画坛。北京作为清代的京师，画苑里人才济济，繁荣兴盛。

清朝踵袭明制，设立宫廷画院。紫禁城内启祥宫南的如意馆，为清帝召唤画家作画之所。清顺治帝福临、康熙帝玄烨、乾隆帝弘历等，不但喜欢赏画，而且也能动笔，所以清代北京宫廷里的绘画盛况超过明代。清代宫廷绘画的一个特点是：绘图志功，规模宏大。康熙二十八年（公元1689

清·《万树园观马术图》

焦秉贞《耕织图》册页 这套册页共有46幅，描绘当时农业生产的各个方面，甚受康熙帝赞赏，命工匠镂版印刷。所示图片为“耕”和“簸扬”。

年），康熙帝第二次南巡回京后，诏画《南巡图》以作纪念。绘图由都察院左副都御史宋骏业主其事，宋以重金迎其师王翚至京合作，王翚带弟子杨晋同行。绘前派遣副手至南巡途经各处写生，把有关景物与形胜作了详细描绘，务使不失其真。后由王翚执笔画草图，分为4片，计12卷，经康熙帝御览后，才正式落稿。全图历时三年告成，绢本设色，绘画人物2万余，正本名为《康熙南巡图》。康熙60岁生日时，又诏王原祁主持绘《万寿图》。以上是清初北京宫廷最大的两次绘画活动。此外，焦秉贞的《耕织图》，冷枚的《汉宫春晓图》，沈瑜的《避暑山庄三十六景图》，都淡雅清逸，潇洒精丽，得到康熙帝的欣赏与赞许。

清乾隆时，北京宫廷绘画更是活动多、规模大、要求严、画法新。乾隆帝屡诏画他的出巡和武功。他几次出巡都“以画士随驾而行”。由徐扬主绘的《南巡盛典图》，画稿呈乾隆帝几经指示修改后才付梓镌刻。整个画面，气氛庄重，布局严谨，场面宏阔，线条秀逸。乾隆帝诏画的武功纪胜图，都以战争为题材，气势磅礴，构图宏廓，表现了当时的绘画水平。宫廷绘画《万树园观马术图》，可谓形象的历史实录。画中描绘乾隆十九

清·郎世宁《狮子玉》《自在驹》

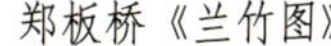

郑板桥《兰竹图》

任伯年《春意图》

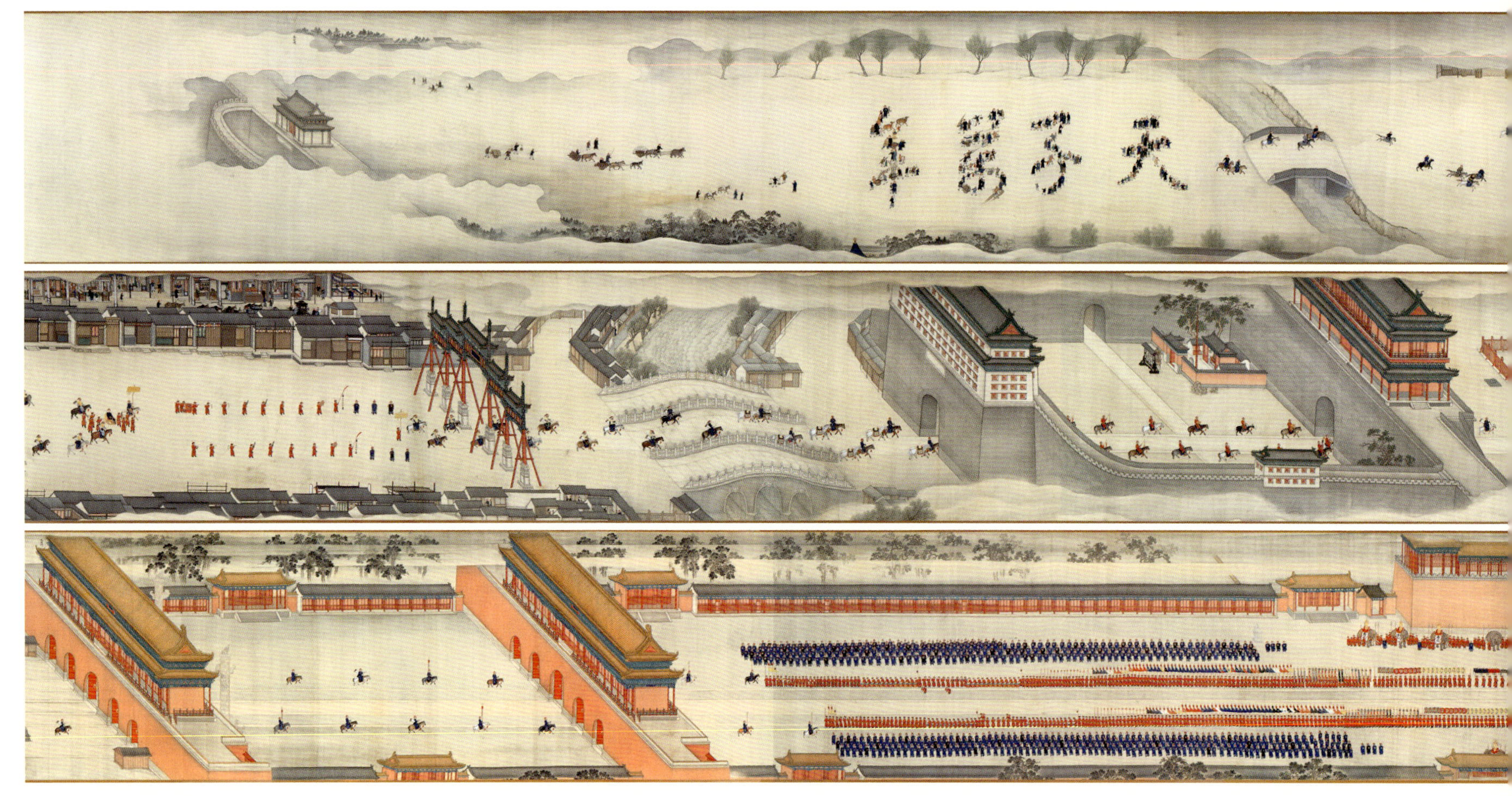

《康熙南巡图》第十二卷 此卷表现康熙帝一行结束南巡，由永定门返回紫禁城的情况。午门以外排列卤簿仪仗，迎接皇帝回銮紫禁城。护驾队伍缓缓前行，皇帝稳坐在肩舆之上，武装骑士守卫身旁，气势雄伟而庄严。

年（公元1754年）五月，乾隆帝在避暑山庄万树园，同准噶尔台吉车凌亲王等一行共同观赏马术表演的情景。画中场面大，人物多，主要人物都以肖像来表现，个性鲜明，写实逼真。意大利人郎世宁参与了此画的创作。

郎世宁（公元1688～1766年），意大利米兰人，康熙五十四年（公元1715年）到中国。后受雍正帝召，用西洋画法绘《聚瑞图》，注重写实，笔法细腻，受到称赞。乾隆帝时，除为皇帝画肖像外，还为清宫画了不少战功图，也画花鸟、肖像，尤长画骏马，《八骏图》即为其名作之一。郎世宁参与了圆明园“西洋楼”等建筑的设计和督造。乾隆三十一年（公元1766年）卒于北京，清廷给侍郎衔。在清宫的其他西洋画家艾启蒙、王致诚等，都留下了作品。西洋画在处理透视与处理明暗等方面，与中国画传统画法不同。清宫廷画家邹一桂称：“其画于阴阳远近，不差锱黍；所画人物屋树，皆有日影。其用颜色，与中华绝异。布影由阔而狭，以三角量之。画宫室于墙壁，令人几欲走进。”郎世宁等在绘西洋画时，能吸取中国画法之长；宫廷画家焦秉贞、冷枚等在绘中国画时，也能兼取西洋画法之长，画面焦点集中，画房屋有透视，画屋柱加光暗。自明末西洋画传入中国以后，在清代都城的北京，中西画法做了有益的交流。中国画在吸收了西洋画的营养后，按照自己的传统向前发展。

清代八旗贵族中不乏绘画人才。康熙帝第二十一子慎郡王允禧，尤工画，师法文征明，画品甚高。乾隆帝第六子质亲王永瑢善画，其名作《长江帆影图卷》是一幅描绘祖国壮丽山河的艺术佳作。

清代民间的绘画，除清初的“四僧”——弘仁、髡残、朱耷、原济外，中期主要有“扬州八怪”——汪士慎、黄慎、金农、高翔、罗聘、李方膺、李鲟和郑燮，他们都长期生活在扬州，有着共同的绘画风格。其中李鲟曾在北京供奉内廷，郑燮在北京中进士。郑燮，号板桥，为官落职，卖画扬州。他能赋诗，写书法，擅长绘画，最工兰竹。他记述了自己画竹的情景：“江馆清秋，晨起看竹，烟光、日影、露气皆浮动于疏枝密叶之间。胸中勃勃，遂有画意。其实胸中之竹，并不是眼中之竹也。因而磨墨、展纸、落笔，倏作变相，手中之竹，又不是胸中之竹也。”他画水墨青竹，先作自然观察，然后精心提炼，再发抒笔端——腕力淋淳，笔情纵逸，随意挥洒，清劲秀丽，颇得萧爽之趣。晚期的画家主要有任伯年（任颐）和吴昌硕（吴俊）等。吴昌硕的画，作人物、能山水、精花卉，

讲求神似，着色考究，气势磅礴，力量浑厚。吴昌硕和任伯年虽久居上海，但他们对近代画坛、特别是对北京画坛影响很大。

清代的书法，北京书坛在清朝初期、中期和后期，均有杰出的书法家，并展示出其书法品格。

清初期的北京书坛，因康熙帝喜欢书法，书风颇盛。其时京师书坛，以王铎为代表。他原为南明东阁大学士，降清后官至礼部尚书。王铎工行草书，布局错落有致，参差多变；笔力雄奇宕逸，气韵盎然。相传他生前不留田地与金银给子孙，而在其家乡河南孟津立有书法碑多通，以备子孙生活无着时出卖拓片糊口。有《拟山园帖》集，汇刻其书法精品传世。

清中期的北京书坛，出现了繁花似锦的局面。乾隆帝附庸风雅，酷爱书法，御书碑匾遍及各地。他根据宫中珍藏的历代书法名迹，新编成《三希堂法帖》。这部帖的495块刻石，摹刻从魏晋至明末135位著名书法家的墨迹，镶嵌在北海阅古楼的墙壁上，至今完好无损，已成为难得的艺苑珍品和文物宝藏。由于乾隆帝讲求书法，这个时期的科举考卷、皇帝的诏书、宫廷的典册，字迹要求写得乌黑、光洁、方正、工整。因此，继明“台阁体”之后，清又出现“馆阁体”。乾隆帝喜欢的一个书法家叫张照，字写得很好，还能模仿皇帝的御书，常为乾隆帝捉刀代笔，可以达到乱真的地步。乾隆帝的第十一子成亲王永瑆，书法名重一时，有《诒晋斋帖》传世。

清中后期的北京书坛，以翁方纲为代表。方纲为顺天大兴（今北京）人，研讨经术，尤精金石。当时发现的大量金石、碑刻，不仅使人们耳目一新，而且使书法风格为之一变。一些书法家变字体秀丽俊逸而为端庄古朴。翁方纲学古人书法，字写得平平板板，沉雄劲健，另具一番神韵。

北京作为清朝的京师，也是名书画收藏的中心。历史上的各种书画，是社会文化之精粹，向为人们所宝重。所谓“尺幅书画市寸金”，就是人们以名书画为宝的明证。北京自金代成

乾隆帝题“三希堂”匾额

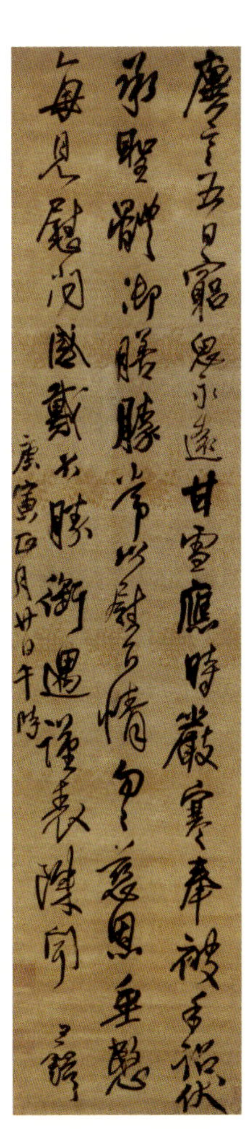
王铎书法

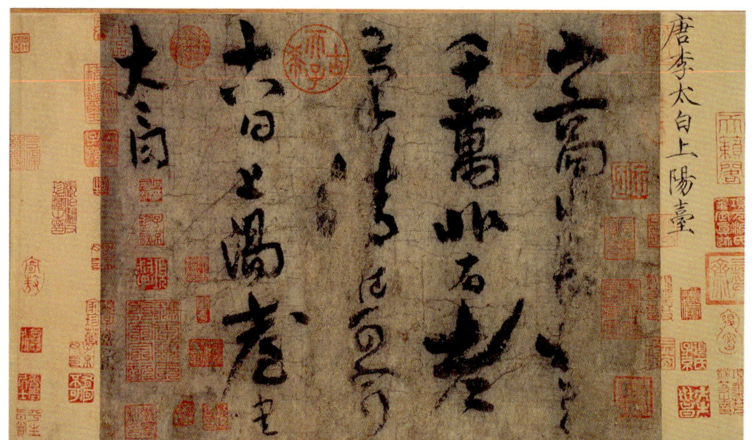

紫禁城珍藏 唐·李太白《上阳台》帖

紫禁城珍藏 宋·李嵩《花篮》页

紫禁城珍藏 宋·赵佶《锦鸡芙蓉》

紫禁城珍藏 宋·张择端《清明上河图》
卷局部

为皇都，大规模地收藏名书画也从这时开始。史载宋徽宗将中国书画做空前的大萃集，计珍藏自魏晋以来的名画6396件。金军掳走宋徽宗后，宋宫的大量名书画移藏于金中都。元先后灭亡金和南宋，大都又成为收藏全国名书画之区。元亡后，皇宫珍藏的书画未及北运朔漠，大多归于明皇室。清兴明亡，北京的紫禁城成为珍藏全国历代名书画的秘府。紫禁城里的秘殿珠林，名家书画，放射着中华千年书画宝笈的光芒。

王府民居

旗、民分城居住　清顺治元年（公元1644年），清定都北京后，在北京实行旗、民分城居住的制度。这里所谓民，是指汉人等；所谓旗，是指旗人。旗、民分城居住制度在北京历史上，既是空前的，也是绝后的，因此成为清代北京的一大特点。

早在清军入关以前，就已经建立起八旗制度。清朝的八旗，有正黄、正白、正红、正蓝和镶黄、镶白、镶红、镶蓝八种不同的颜色。它分为满洲八旗、蒙古八旗和汉军八旗，共24旗，但统称为八旗。每旗有7000人左右，官兵的家属也隶属于同一旗。所以，清初的八旗既是军事组织，又是行政组织，也是经济组织。八旗官兵及其眷属进驻北京后，清廷下令圈占内城的房屋给旗人居住。原来在内城居住的汉民、回民等，一律搬到外城居住。其房主的房屋，或拆除别建，或卖给旗人。这样北京四重城，每重城都有严格的区分——皇帝理政和居住在紫禁城，内苑和衙署设在皇城，旗人住内城，汉人等则居住在外城。每重城都有城墙环围，不得擅自越制。

在内城居住的旗人，按八旗分立四隅八方。两黄旗居北：镶黄旗驻安定门内，正黄旗驻德胜门内。两白旗居东：镶白旗驻朝阳门内，正白旗驻东直门内。两蓝旗居南：镶蓝旗驻宣武门内，正蓝旗驻崇文门内。两红旗居西：镶红旗驻阜成门内，正红旗驻西直门内。汉人等白天到内城探亲会友或到庙里上香，当天必须返回，不许在内城过夜。城里各街巷设栅栏1750座，并设巡逻，昼夜警戒。

旗、民分城居住的一个结果是，促进了前门外商业区的发展。

前门外阛市区　早在元大都时，按照《周礼·考工记》“前朝后市”的规制，朝廷在前，市场在后。市场分布在积水潭和钟鼓楼一带。然而到了明朝，逐渐形成“前市后朝”的格局，即市场在前面，朝廷在后面。到清朝，前门外一带市场更加繁荣。从元到清，由“后市”衍变为“前市”，主要是因为：

第一，元大都漕运终点码头在积水潭，帆樯蔽水，百货山积，积水潭和钟鼓楼一带成为商业中心区。但元末积水潭淤缩，漕运中梗，原来的商业区便逐渐衰落。

第二，明代漕运终点在正阳门外迤东，每年自杭州，经三千里大运河，有漕船多至一万余艘，运漕粮多达五百余万石，还有随船往来运输的人和货物，多在这一地区吞吐和集散，从而使北京商业中心南移。

第三，清代北京旗、民分城居住，

清·《八旗军列阵图》

清·《潞河督运图》卷局部

《前门街市图》选自清·《乾隆南巡图》卷。

在内城居住的旗人，以弓马为本，不务生计，他们买卖东西要到外城；规定内城禁设戏院，不许演戏，他们娱乐消遣也要到外城。外城便成为新兴的商业区。

第四，正阳门以东有崇文门税关，门内往西有会同四译馆，各少数民族来京的贡使和商队，要到正阳门外市场交易。正阳门以西，宣武门外，会馆林立，商铺列肆，聚集许多来京科试的举子，他们常出入琉璃厂店铺搜求古籍文物，所以形成驰名中外的琉璃厂文化街。正阳门、崇文门、宣武门的前三门地区，成为人烟稠密、商业兴盛、文化繁荣之区。

第五，回民从内城搬出后，多聚居在牛街一带，这里成为房舍鳞次、灯火万家的北京最大回民聚居区。他们多以小本经营为生，从而促进了外城经济的发展。

因此，前三门以外，特别是正阳门外到大栅栏一带，棚房栉比，百货云集，摩肩接踵，五色迷离。六必居、同仁堂、全聚德、都一处、内联陞、瑞蚨祥等老字号，店铺林立，牌匾相望。市场上的日用百货、茶叶瓷器、绫罗绸缎、珠宝玉器、文房四宝、典册秘籍等，琳琅满目，应有尽有。这里成为清代北京最繁华的闹市区。

清代诸王府邸 北京居民的四合院，最大的要算是诸王府邸。明代的皇子，成年以后分藩外地，“列爵而不临民，食禄而不治事”。但明代藩王有土地，掌兵权，所以屡次起兵反叛朝廷，燕王朱棣起兵夺取皇位便是突出一例。明朝北京的王府，只留下了文献记载与历史地名。《明太宗实录》载述：“东安门外东南建十王邸，通为八千三百五十楹。”今北京王府井大街当为这段历史的痕迹。今天能够看到的王府，只有清朝的王府故迹。清朝的皇子成年之后，赐给爵禄，搬出皇宫，留在京师，营建府邸。清代的封建宗藩“有其名，无其实”——有爵位，有俸禄但不赐土，不临民，不治事，不掌兵。因此，明代的王府星散于各地，而清代的王府则汇聚于北京。

清代北京的王府，除摄政睿亲王多尔衮府在皇城里面外，其余王府主要分布在内城。重要的王府有60余座，都是深宅大院，富丽堂皇。王府有严格的规制，未经旨许是不得僭越的。规定亲王府有大门五间，正殿七间，后殿五间，后寝七间，左右有配殿，形成多进四合院，不少府邸有后花园。但是，许多王府历经沧桑，早已面目全非，只有醇亲王府、礼亲王府、恭亲王府等保存较好，而恭王府是北京现存王府中最完整的一座。

恭亲王奕䜣是道光帝的第六子，因帮助慈禧太后发动宫廷政变而成为权势煊赫的议政王。恭亲王府分为府邸和花园两个部分，总面积达5.7公顷。府邸分东、中、西三路，正门开五间，门前蹲着一对石狮，显得格外气派。往里是五开间的二门。再里面是大殿，设有正座，后置屏风，殿顶覆盖绿琉璃瓦。再往里是后殿，后部为东西长160米

恭王府后部的二层延楼

恭亲王奕䜣像

恭王府天香庭院

雍和宫牌坊 雍和宫的牌坊有三座，称东牌坊、西牌坊、北牌坊，呈“品”字形布局。

的二层延楼，共有40余间。东路与西路，各有三进院落，多座厅堂。王府的后部为花园，全园布置着曲廊亭榭，游廊曲折，碧绿湖水，叠石假山。有20余处景区，掩映在奇花茂树、怪石修竹之间，极尽工巧，精美如画。还有榆关——既有城门，又有雉堞，相传它的主人站在城墙上，遥望关外故乡，以排解思乡之情。有人将它说成是中国古典文学巨著《红楼梦》中的大观园，这虽出于附会，但不妨从中观赏《红楼梦》所描绘的大观园院馆堂榭的意境。

雍亲王府是雍正帝即位前所居住的藩邸。雍正帝登极后，改为行宫，称雍和宫。雍正帝死后，在这里停灵。乾隆帝登极后，改为喇嘛庙。清代的蒙古族和藏族，都信奉藏传佛教，政教合一。乾隆帝借雍和宫这座北京最大的喇嘛庙，加强同蒙古族和藏族上层人物的联系，并强化对西北、西部和西南地域的管辖。雍和宫御碑亭内有满、汉、蒙古、藏四体文字书写的《喇嘛说》石碑，就是很好的例证。

雍和宫的主要建筑是由三座精致牌坊和五进大殿组成，另有许多配殿。整个建筑布局规整，巍峨壮观，具有满、蒙古、汉、藏民族的建筑风格。雍和宫内佛像很多，壁画生动，工艺品更是技艺超群，琳琅满目，其中五百罗汉山、木雕佛龛和26米独木雕成的迈达拉佛像，被称为雍和宫的“三绝”，遐迩闻名，令人观止。

乾隆帝题“雍和宫”匾额 匾额以满、汉、藏、蒙古四种文字书写，是乾隆盛世民族协和的象征。

雍和门 图为天王殿，殿中供奉弥勒佛，还有四大天王和韦驮。每逢夏历正月三十及二月初一，都循例在殿前广场举行俗称打鬼的宗教仪式“跳布札”。

雍和宫法轮殿壁画 画中为释迦牟尼，左右侍立者为其两大弟子迦叶与阿难。

雍和宫法轮殿内五百罗汉山 法轮殿的宗喀巴大师铜像后面树立着五百罗汉山。它高近5米，宽3.5米，全部由紫檀木细雕精镂而成。山上分散放置着由金、银、铜、铁、锡制成的五百罗汉。他们均高10厘米，犹如生活在各处奇景之中，使用各种法器，从事着各自的活动。

雍和宫法轮殿内宗喀巴贴金铜像 宗喀巴大师是藏传佛教格鲁派的创始人，在佛教理论中颇多建树，在藏传佛教思想史上产生了巨大的影响。

雍和宫万福阁 这是专为迈达拉大佛而建的楼阁，阁高25米，飞檐三重，左右尚有并列的双层楼阁两座，有飞廊将三座建筑相互连通。

雍和宫迈达拉佛像 这尊佛像由一整根直径3米、高26米的白檀香木雕刻而成。相传雕刻佛像的巨木由西藏达赖七世购自廓尔喀(今尼泊尔)，历时3年运至北京，是献给乾隆皇帝的。在雕装佛像时，先挖坑竖木，再搭架雕刻，最后造佛阁。

四合院立体复原图

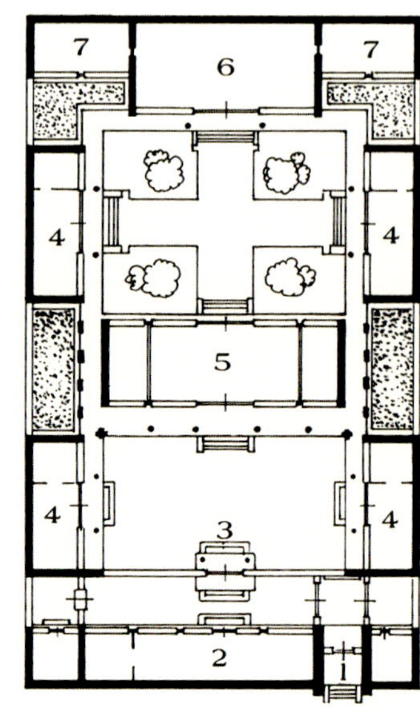

四合院（二进院）平面布局图

1.大门 2.倒座 3.垂花门

4.厢房 5.过厅 6.正房

7.耳房

四合院庭院 是最后面的院落，也是正房所在的院子，一般较宽大并栽植花木或陈设盆景，构成安静舒适的居住环境。

四合院正门

门环

影壁 在四合院的大门与庭院之间竖起的屏障——影壁，既作为院落的建筑装饰，又增加庭院的层次，给人以幽闭、雅静的感觉。

倒座 四合院前院南侧北向的倒座，通常做客房、书塾、杂物间或男仆的住所。

四合院正房 庭院坐北朝南的正房专供长辈居住，东、西厢房是晚辈的住所，周围以走廊相连。

垂花门 是连接四合院前、后院的必经之门，一般装饰比较华丽，故名垂花门。

居民的四合院 在北京，无论内城的旗人，还是外城的民人，一般民居的主要建筑形式是四合院。四合院是中国传统住宅建筑形式，也是北京一般民居建筑形式。因它四面有房屋，当中有庭院，所以叫作四合院。四合院历史久远，元代建大都时，四合院即已有严整的格局。按照都城方正型的理论，城内的街道，连通城门，纵横交错，分而不乱。明清北京城也是如此。主要街道为南北向，小街和胡同则沿着南北大街的东西两侧平行排列。居民住宅则分布在胡同和小巷的南北两侧，大多坐北朝南，窗户从南开。这在冬季，既能防御北风侵袭，又能利用日光取暖；在夏季，既可以通风，又便于采光。

北京的四合院，有大有小，有雅有俗，但一般按中轴线对称布置，前院有大门、影壁、屏门和临街而不开窗户的倒座。往里是二门，且多数建成垂花门。二门里即是内院，院的北面为正房，两侧有厢房，并有回廊连通东西厢房与正房。正房为家长的寝室，两厢则为子女的居室。小型四合院只有一进院子，中型四合院有二进院和三进院，大型四合院还有东西跨院。有的四合院正房、厢房带前后檐廊，院中堆叠山石，点缀花木。每当日丽风和或明月中天的时候，小院笼罩在摇曳的树影花荫之下，显得格外幽静。有的在后院正房两侧设耳房，旁开角门，门外另辟小院，有一口水井。院墙开月亮门，通往后花园。四合院的四面房屋，代替围墙，既能防盗，又能使庭院与外界隔绝，将一个家庭封闭在一块小空间里。家长则是这块小

清代四合院中的一个家庭

空间的“君主”，也是这个小四合院里家庭的主宰。

家庭是国家的缩影，也是社会的细胞。在中国封建社会里，君主集权，等级森严，人际交往注重伦理，作为国家缩影和社会细胞的家庭也是如此。维系四合院家庭关系的纽带，除经济因素和血缘关系外，还有伦理纲常，即儒家的“三纲”（君为臣纲、父为子纲、夫为妻纲）、“五常”（仁、义、礼、智、信）和“五伦”（君臣、父子、夫妇、兄弟、朋友）。四合院的建筑布局和房间配置是同上述伦理原则相一致的。它的格局是前堂后寝，宫殿和王府的布局是由四合院发展而来的。前堂，平日延接宾客，年节祀神祭祖；后寝，为家长的寝室。两厢为子女的居室。大的家庭，子女较多，分别住在后进院里或跨院里。外院则是用人的住处。封建大家庭，儿子早婚，多不分居，讲求五世同堂。家长主持家庭大政、资产管理、经理收支、儿女婚事、亲友往来等。家庭里有成文或不成文的家规家法。家长的话，就是这个家庭的法律。家庭内部纠纷，由家长协调或裁夺。

清末旗人妇女

市民生活习俗　在北京数以万计的四合院中，居民的民族与行业、文化教养与宗教信仰不尽相同，他们的综合素质与生活习俗也不完全相同。但他们既然共同生活在北京，所以其生活习俗便同中有异，异中有同。

北京人的衣着发式，明代汉人穿着宽衣大袖的衣服，男子蓄发，妇女梳发髻。清代满人在入关以前的习俗，男子剃发垂辫，身穿袍褂，袖口前长后短，俗称马蹄袖，束着腰带。女子为天足，身着长衫，袖口狭窄，后来俗称旗袍。清军占领北京后，强迫汉人剃发易服，就是发式、衣服顺从满人的习俗，并把剃发易服作为是否降顺清朝的重要标志。这虽只是穿着发式的生活末节，但在当时却是最刺激汉人民族感情并令人痛心疾首的事情。“头可断，发不可剃”，曾是这种民

清·《新正逛厂甸》图

族感情的强烈表现。后来汉人逐渐顺从了满人的这种习俗。但汉人妇女并没有改变缠足的习惯，满族妇女禁止缠足，所以满族妇女始终是天足。

北京的庙会是一种古老的集市，善男信女到庙里上香，顺便买点东西，逐渐形成了定期的集市。北京庙宇星散在各个角落，分别成为附近居民的固定集市。庙会不仅有风味小吃、日用百货、儿童玩具、书籍文物，还有各种工艺品——玉器、雕漆、牙雕、绒鸟、绢花、瓷器、宫灯、地毯、面塑和景泰蓝等。庙会上有说书的、卖艺的，大的庙会还演戏。人们到庙会除上香、买东西外，也是一种娱乐和交往活动。北京的都城隍庙会最热闹，每月开市三天（每旬一天），盛时百货山积，绵亘十里，车水马龙，人如潮涌。

清·《三百六十行》图册

北京人的文化，既历史悠久，又颇为丰富。从金代作为皇都开始，北京成为北中国人文荟萃之区。从元代开始，北京成为全中国的文化中心。到了明清，北京的茶楼酒肆逐渐增多，人们可以去茶楼看曲艺，如相声、评书、八角鼓、子弟书等。有的人到正阳门外的戏园子去听京戏。王公、贵族在家里办堂会，请戏班到家里演戏。平民自然没有这个福分，他们逛庙会时观看耍狮子、跑旱船、踩高跷等民间文艺，就算是一种很好的文化享受。或者到天桥看耍猴、耍大刀、练武艺等民间艺人表演。读书人对这些民间文艺兴趣不大，他们常去琉璃厂搜求古书、欣赏字画、观摩碑帖、玩味文物，享受着高雅文化生活的情趣。

北京人的宗教生活，因民族与信仰不同而各有所尚。北京的满族人信仰萨满教，建造堂子，立杆祭天。满人所居四合院的东南角，立一根一丈多高的木杆，俗称索罗杆子，杆上装

西黄寺清净化城塔 顺治九年（公元1652年），五世达赖朝贡进京，谒见顺治帝。顺治帝授予他“西天大善自在佛所领天下释教普通瓦赤喇怛喇达赖喇嘛”称号，并颁赐金册、金印，正式确立达赖喇嘛活佛转世系统。为了接待五世达赖一行，敕建西黄寺以供其讲经居住。乾隆四十五年（公元1780年）又在西黄寺建清净化城塔以纪念前来为皇帝祝寿并圆寂于北京的六世班禅。这座用汉白玉精雕细刻的金刚宝座式佛塔，通高19米，须弥座上雕有六世班禅的生平事迹图。

有斗，斗里盛米，以喂乌鸦。相传清太祖努尔哈赤早年遇难，被乌鸦搭救，故用米喂乌鸦，以报救命之恩。其实这是满族原始图腾崇拜的遗风。蒙古族人和藏族人到喇嘛庙去礼佛祈福。在安定门外有座西黄寺。乾隆四十五年（公元 1780 年），西藏六世班禅到京为乾隆帝 70 岁生日祝寿，不幸在北京因病圆寂。后乾隆帝在他生前住过的西黄寺兴建一座喇嘛塔，名清净化城塔，俗称班禅塔，以示纪念。北京的回民，到礼拜寺去过宗教生活。北京大的清真寺，除前面介绍的建于公元 10 世纪的牛街清真寺外，还有建于公元 14 世纪的东四清真寺。这座寺宇

须弥座角上的金刚力士

塔身正面的三世佛浮雕

元代《古兰经》抄本

东四清真寺礼拜殿 东四清真寺又名法明寺，有供礼拜的大殿、南北讲堂、水房、图书馆等，面积约 1 万平方米。

天主教南堂

天主教南堂内景

广济寺 广济寺地处阜成门内大街东口。金代为中都北郊的西刘村寺，元代曾改建，明天顺元年（公元1457年）重建，改名弘慈广济寺。寺庙坐北朝南，中轴线上的主要建筑有山门、天王殿、大雄宝殿、观音殿、藏经阁等，西路院内有三层汉白玉石筑成的戒坛。

不仅大殿金碧辉煌，而且有阿拉伯文碑和元代手抄本《古兰经》。此外在回民聚居的街巷也建有清真寺。清代的康熙帝和雍正帝特颁谕旨，要官民尊重回民的生活习惯和宗教信仰。北京还有许多居民信奉天主教。明末传教士利玛窦来京，在宣武门内建经堂。清初传教士汤若望在其经堂旧址建天主教堂，因位置在北京城南部，俗称南堂。堂内悬挂大幅圣母画像。这里成为清代北京耶稣会士的活动中心。京城有数以千计的满人、汉人等受到洗礼。此外，法国传教士在皇城内建的天主教堂（因位置在北京城北部，俗称北堂）则是北京最大的天主教堂。北京居民最多的是汉人，汉人多信奉佛教。内城的寺庙很多，有广济寺、柏林寺、法源寺等，西直门外有五塔寺。在城西约20公里处有八座庙宇，习称

八大处 在北京西山支脉东麓的翠微、平坡、卢师山之间。八大处指分布在三山间的八座寺庙，即长安寺、灵光寺、三山庵、大悲寺、龙王堂、香界寺、宝珠洞、证果寺。

大悲寺 在今石景山区八大处，为其第四处庙宇。创建于元代，后经修缮。原名隐寂寺，清改今名。寺内罗汉塑像，相传出于元代大雕塑家刘元之手。殿后两株银杏树已有800年树龄。

清·《妙峰山进香图》局部

清·《妙峰山进香图》 在妙峰山的道教宫观里，供奉着被妇女视为至高无上的碧霞元君，故到妙峰山进香者以妇女为多。每当妙峰山庙会，香客盈路，商品云集，还有多种多样的民间文化娱乐活动。

清·《妙峰山进香图》局部

八大处。每年夏历四月初八日为浴佛日，城内外各佛寺庙门洞开，僧人开堂讲经，施主纷至沓来。

北京人对中国古老的道教也多崇奉，除夏历正月十九日白云观游人络绎、车马喧腾外，要算妙峰山道观的香火最盛了。妙峰山上有碧霞元君庙，在京城西北120里处。每年夏历四月初一至十五日，庙期半月，香火极盛。庙在山中，孤峰矗立，盘旋而上，势如绕螺。各路进香者多至数十万人，前者可践后者之顶，后者可见前者之足。自始至终，人无停踵，香无断烟，夜以继昼。夜间灯火灿如繁星，叹为京华奇观！甚至有一步一磕头，直到娘娘像前者。香火之盛，甲于天下。

瑞云庵塔 此塔建在今海淀区石门村北，瑞云庵系明建，已毁。山门东侧高约20米的笋状花岗石上，建六面七级砖塔。

节令习俗

北京人的节令习俗，同中国各地大体上一样，但也有自身的特点，主要列举如下。

元旦 夏历大年初一为元旦，又叫过年。除夕之夜，焚香接神，燃放爆竹，连街接巷，通宵不休。接神之后，王公百官入朝朝贺，平民之家团聚拜年。然后出门拜年，走亲串友，亲者登堂，疏者投柬，道贺新年之喜。大街小巷，车水马龙，一片太平景象。

清·《一团和气》年画

这一天，无论贫富贵贱，都吃饺子。富贵之家饺子里装着金银珠宝，贫寒之家的饺子里则装着铜制小钱，以卜吉利。家人吃得者，便象征新年大吉。满族人家过年，在院子东南立有“索罗杆子”，拜杆祭天。这是关外满人习俗带到北京，家家如此，年年不变。从初一开始，逛厂甸，男女老幼，熙熙攘攘，儿童吃糖葫芦、玩风车，妇女买百货，读书人买图书字画、笔墨纸砚，直到灯节。

灯节 夏历正月十五日为灯节，因这一天家家吃元宵，所以又叫元宵节。内廷筵宴，悬宫灯，放焰火；居民市肆，张彩灯，演百戏。明代形成的灯市在如今的灯市口，灯有烧珠、料丝、明角等各种名目；市则绵延二里，衢中列市，买卖百物。百灯列肆，百货坌集，合灯与市为一处，明月当头，通宵为乐。清因内城不居汉民，故灯市移至前门外和琉璃厂一带。正阳门外大街，从东月城到打磨厂、西河沿、廊坊巷、大栅栏等最为热闹，列肆悬挂彩灯，施放各色烟火，火树烟花，光彩照人，香车锦辔，笙歌娱耳。灯节之夜，已婚的年轻妇女，油头粉面，成群结队，竞往正阳门中洞抚摸铜门钉，谶宜生男，大吉大利。

燕九 夏历正月十九日为燕（筵）九节。这一天，皇帝幸小金殿筵宴，看玩艺摔跤。大臣脱去貂皮衣，换穿白锋毛衣。民间则汇集白云观，称会神仙。游人络绎，车马奔腾，企望会见神仙，得以却病延年。

清明 大地回春，万物复苏，皆清净明洁，所以叫清明节。清明扫墓，倾城男女纷出四郊，轮毂相望，人沸喧嚣，并带风筝。祭扫毕，就在郊野放风筝，满天纸鸢，千姿百态，极尽工巧，争奇斗胜。西直门外，水清柳绿，四处仕女，云集郊外，踏青之风极盛。

端阳 夏历五月初五日为端阳节，也叫重五。从王公到居民，家家吃粽子。相传大诗人屈原五月五日自沉汨罗江而死，众人投粽子于江中以祭奠之。这一天，在通惠河竞赛龙舟。端阳节期间，还有都城隍庙会。都城隍庙是祭祀首都城神的庙，在今西单成坊街。庙市之日，人生日用所需，精粗具备；各城男妇老幼，络绎不绝。

七夕 有一个神话故事：天帝的孙女织女，织造云锦，自嫁于银河西的牛郎。织锦中断，天帝大怒，谕令织女与牛郎分离，只准在每年夏历七月七日夜间踏着鹊桥（一说为彩虹），相会一次。这一天，女孩在盛水碗中投一小针，以卜巧拙。还吃面做的巧果，并向银河下拜。这一天又叫女儿节。

中元 旧俗正月十五为上元，七月十五为中元，十月十五为下元，是为道家三官圣诞日。观庵寺院，设盂兰会，相传是为了纪念目连救母，看大戏，放焰口，纸糊法船，临湖焚化。北海的万善殿，建道场，放荷灯，水上漂浮的数以千计。民间小孩手执灯烛，有荷叶灯、蒿子灯、莲花灯等，如磷如火，成群结伴，名曰斗灯会，热闹非常。

清·《桂序升平》年画 中国民间传说，月亮里有只玉兔在桂花树下捣药，人们由此也称月亮为“兔轮”“玉兔”，因此祭兔爷也有祭月之意。这幅年画表现的正是中秋节祭兔爷的情景。

清 · 木刻版画《灶神像》

中秋 夏历八月十五日夜，当皓月升空浮云初散时，在庭院设桌，摆上果品、月饼，祭祀月神。举家围坐一起，碰杯交盏，儿女喧哗，真是良辰佳节。朝廷则派官到月坛祭祀月神，更为隆重。

重阳 夏历九月九日，为重阳节，又叫重九节。时山青云淡，秋高气爽，红叶遍山，气候宜人。居民多出城登高远望，西城居民多到西直门外五塔寺，或到香山，登高远眺。文人士子在登高时，赋诗饮酒，烤肉分糕，为一时的快事。

冬至 夏历冬至日，一年最寒冷的天气开始，家家吃饺子，过冬至节。民谚说：冬至饺子夏至面。冬至后，江河封冻。人们滑冰，拖冰床，嬉戏游乐。

腊八 夏历腊月初八日，家家煮粥，至少有八样米豆，还有红枣、白果、花生等。阖家团聚，喝粥过节，还馈送亲邻，称腊八粥。

祭灶 夏历腊月二十三日，家家祭灶神，祭品为羹汤灶饭，糖瓜糖饼。灶神在家中一年，天明前上天禀报。平民无力回天，只有让灶神吃糖，祈求灶神“上天言好事，下界保平安”，以辞去旧岁，迎接新年。皇宫则由皇后主持祭祀灶神仪式。

清东西陵

清朝的陵寝，分作关外三陵——永陵、福陵、昭陵和关内二陵区——清东陵与清西陵。

清关外三陵，其永陵，在今辽宁省新宾满族自治县永陵镇，主要埋葬清太祖努尔哈赤的先祖；其福陵，是清太祖努尔哈赤及其皇后的陵墓，因在沈阳东面，又称沈阳东陵；其昭陵，是清太宗皇太极及其皇后的陵墓，因在沈阳北面，又称沈阳北陵。

清关内二陵区，就是清东陵和清西陵。清入关以后的10个皇帝，除宣统帝死时（1967年）未葬入清皇陵外，其余9个皇帝的陵墓分为两处——清东陵与清西陵。清东陵位于北京东北125公里的昌瑞山下（今河北遵化）。陵区竖有界桩：内圈为红桩，中圈为白桩，外圈为青桩。青桩周环200余公里，不许放牧，禁止樵采。陵园内埋葬着5帝、15后、136妃。陵园中埋葬的第一位皇帝是清世祖顺治帝及其皇后。顺治帝入关定鼎后，一次到这里狩猎，见山川形胜幽美，随手取下佩韘一掷，旨定佩韘落地处日后为棺穴。此后就在这里营建他的陵墓即清孝陵。顺治帝6岁登极，在位18年，24岁便死去。顺治帝死后，停灵于景山寿皇殿。百官斋宿27日，衙署百日内文移用蓝印。军民49日禁屠宰，一

孝陵石牌坊 这是一座五间六柱十一楼石坊。坊高13米，宽32米。额枋浮雕旋子大点彩绘花饰，承托石雕斗拱，上有仿木构屋顶，飞檐走兽，气势雄伟。

◁清东陵陵园

孝陵圣德神功碑 在陵区门户——大红门之后的高大碑楼中，竖有一对巨型石碑。石碑分别以满、汉文歌颂顺治帝一生的丰功伟绩。

孝陵神道旁的文臣石像

孝陵神道 顺治帝孝陵神道两旁共有18对石像生，以后历代帝陵前的石像生数目都在此以下。石像生由文臣、武将、马、象、骆驼、狮子、麒麟、狻猊等组成。其中文臣、武将都是一品大员的装束。

裕陵神道 乾隆帝裕陵神道两旁共有8对石像生。入内依次为牌楼、神道碑亭、隆恩门、隆恩殿、方城明楼等建筑。

月内停嫁娶、辍音乐。灵柩出朝阳门，所过之处，百里内官员素服跪迎道旁。清孝陵居东陵陵园的中心，其东侧有康熙帝的景陵、同治帝的惠陵，都较素朴，西侧有乾隆帝的裕陵。裕陵的地宫已被打开，殿宇伟丽，工艺精湛。地宫正中的金堂，设石制棺床，中为乾隆帝的灵柩，两旁为其二后三妃的灵柩。地宫各堂券门壁上有精美浮雕，还有3万余字的经文。这是一座富丽豪华、独具一格的地下宫殿。乾隆帝25岁登极，在位60年，又做太上皇3年多，享年89岁。其时国家富强、财力雄厚，他又自诩“十全武功”“十全老人”，务求奢华，极尽堂皇，故裕陵在清诸帝陵中是最为侈丽的一座陵墓。裕陵之西，有埋葬咸丰帝的定陵和定东陵——慈安太后和慈禧太后的陵，两陵并排建立，规制相同。但是，慈禧太后的陵，据载其尸下金丝串珠被褥和珍珠达一尺多厚，脚边放着翡翠西瓜等，仅封棺前即倒进4升珍珠和2000余块蓝宝石，皇家随葬品入账者价值银5000万两。所以，慈禧陵墓是诸后妃陵墓中最引人注目的一座。

裕陵地宫 图示为乾隆帝裕陵地宫甬道，两侧有精美的石雕佛像。里面殿中摆放着乾隆帝的棺椁。

清西陵在北京西南240余公里的永宁山下（今河北易县），四周层峦叠嶂，形势高爽。雍正帝的泰陵居于群陵之首。相传雍正帝夺取皇位，内不自安，不愿意死后在地下见到他的父亲康熙帝，所以生前选定墓地，死后葬于西陵。雍正帝曾整顿吏治，严惩贪官，并不许在陵前建石像生。因此泰陵神道没有石像生。泰陵之西为嘉庆帝的昌陵，再西为道光帝的慕陵。慕陵原修在东陵，因修建后地宫出水，负责的官吏受到严惩，将原来陵墓拆除，在西陵重新修建。泰陵之东为光绪帝的崇陵。光绪帝死后，发帑银数百万两，为其兴建陵墓，但费用被主事官员挪用建造私第。三年后，陵工未完成，宣统帝退位。至民国初年，才竣工入葬，所以墓制较为简略。整个西陵，墙垣21公里，陵区殿宇千余间，石建筑和石雕刻百余座，建筑面积达50余万平方米。

慈禧陵隆恩殿陛石浮雕　“凤在上龙在下”的构图形式，反映出慈禧心目中的帝后关系。

定东陵　这里是咸丰皇帝的慈安皇后和慈禧皇后的陵寝。两陵相连，建筑规制完全相同。

清西陵泰陵陵园

这里要交代清朝末帝宣统帝溥仪的墓。溥仪于1967年10月17日因患肾癌病死，终年61岁。溥仪死后，爱新觉罗家族商量，决定将溥仪的骨灰安放在北京八宝山公墓骨灰堂。尔后，将溥仪骨灰安放在八宝山革命公墓。1994年，香港人张世义出资，在清西陵崇陵（光绪陵）西北辟建“华龙陵园”。张世义同溥仪遗孀李淑贤商量后，李淑贤于1995年1月26日，将溥仪骨灰迁葬于华龙陵园内。据毓君固《末代皇帝的二十年——爱新觉罗·毓嵣回忆录》记载李淑贤生前遗嘱：“我的骨灰坚决不要和溥仪葬在一起，我要去八宝山人民公墓。”所以，李淑贤的骨灰没有在“华龙陵园”内同溥仪的骨灰合葬。

泰陵碑亭

泰陵隆恩殿内景 隆恩殿是帝王陵寝的正殿，殿内明柱沥粉贴金包裹，殿内顶部有旋子彩画，梁枋装饰金钱大点金，色彩调和，殿宇金碧辉煌。

清东陵和清西陵，是继明十三陵之后，规模巨大的、保存完整的，也是最后的封建帝王陵墓建筑群。

当西方列强崛起的时候，北京紫禁城里的皇帝，对西方社会几乎一无所知，仍在敬天法祖，持盈保泰，闭关锁国，故步自封。然而，一声声重炮，一次次失败，一块块失地，一滴滴鲜血，终于唤醒了中国，也震惊了北京。

清朝灭亡，民国兴起，北京成了民国初年的首都。

民国北京

晚清以来，伴随着帝国主义侵略的不断深入，清政府越来越显示出腐败无能。资产阶级民主思想逐渐发展，出现了以孙中山为首的资产阶级革命家。光绪三十一年（公元1905年）同盟会的成立，标志资产阶级革命政党的建立。革命者展开了前仆后继的反清武装斗争。1911年10月10日，武昌起义成功，湖北军政府成立。随后，南方各省纷纷宣布独立。1912年1月1日，中华民国临时政府成立，孙中山就任临时大总统。1912年2月12日，清帝溥仪宣布退位，标志着统治中国两千多年的封建帝制退出了历史舞台。

辛亥革命后，民国初期北京仍为中华民国的首都，北洋军阀统治着北京。

清宣统帝退位的次日，孙中山辞去临时大总统职，让位给北洋军阀首领袁世凯，并促其南下就职。但1912年2月29日，袁世凯暗中策动北京兵变，以此作为拒绝南下的借口。3月10日，袁世凯在北京石大人胡同（今外交部街）前清外交部公署内，宣誓就任临时大总统职。1913年10月，袁世凯成为正式总统。袁的总统府在中南海居仁堂（原名海晏楼）。后改总统府为新华宫，并在清宝月楼下辟门而为新华门。1915年，袁世凯宣布恢复帝制。在国民愤怒声讨和蔡锷等人所发起的护国战争打击下，袁世凯被迫于1916年3月22日撤销帝制。不久，袁世凯病死。

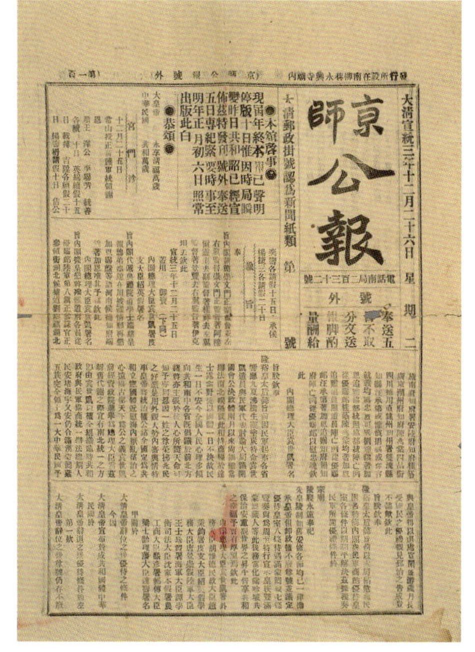

大清宣統三年十二月二十六日 星期二

京師公報

號外

《京师公报》清帝退位号外

袁世凯死后，仍有人想在北京复辟清朝帝制。1917年6月14日，盘踞徐州的军阀张勋，带着他的三千辫子兵闯入北京。7月1日，张勋等人扶持溥仪复辟，北京城内一时又挂出了清朝的龙旗。7月12日，“讨逆军”进入北京，张勋逃入东交民巷的荷兰公使馆，这出“宣统复辟”的闹剧收场。

接着，段祺瑞作为国务总理控制了北京政府。其时皖系、直系和奉系军阀交替地统治着北京。1924年，第二次直奉战争期间，直系将领冯玉祥在前线倒戈，于10月23日回师北京，

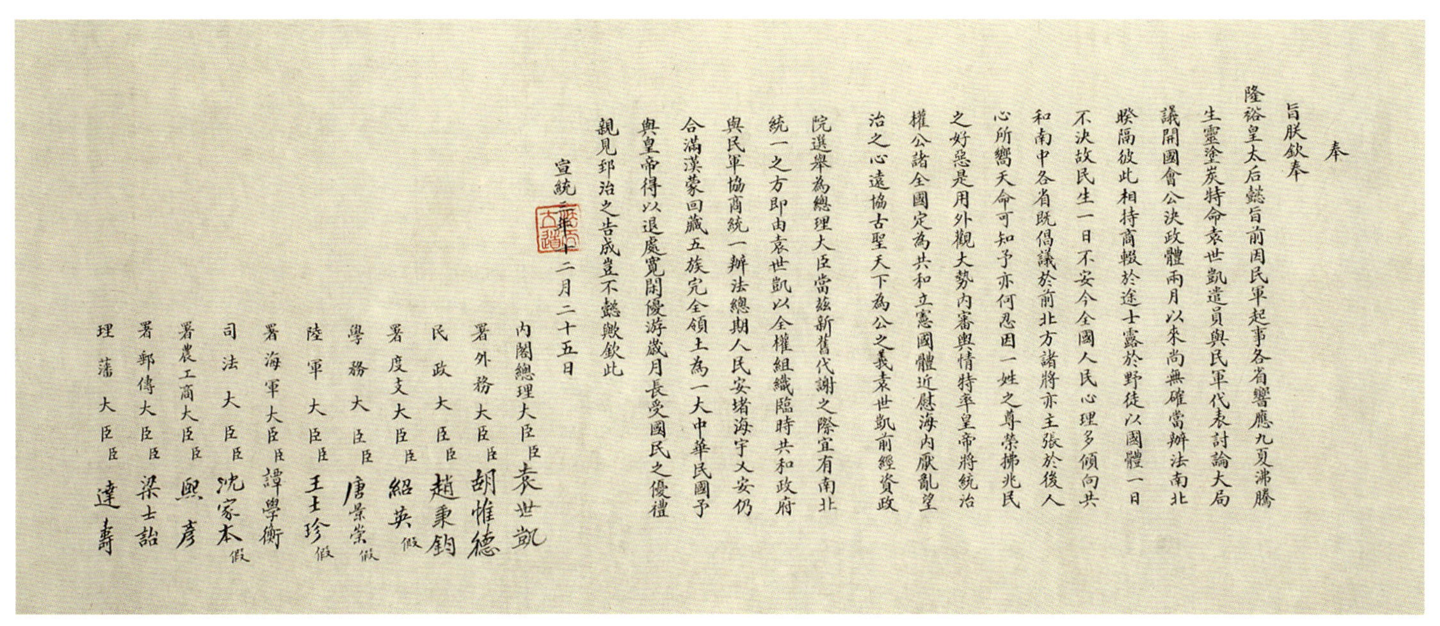

奉

旨朕欽奉

隆裕皇太后懿旨前因民軍起事各省響應九夏沸騰生靈塗炭特命袁世凱遣員與民軍代表討論大局議開國會公決政體兩月以來尚無確當辦法南北睽隔彼此相持商輟於途士露於野徒以國體一日不決故民生一日不安今全國人民心理多傾向共和南中各省既倡議於前北方諸將亦主張於後人心所嚮天命可知予亦何忍因一姓之尊榮拂兆民之好惡是用外觀大勢內審輿情特率皇帝將統治權公諸全國定為共和立憲國體近慰海內厭亂望治之心遠協古聖天下為公之義袁世凱前經資政院選舉為總理大臣當茲新舊代謝之際宜有南北統一之方即由袁世凱以全權組織臨時共和政府與民軍協商統一辦法總期人民安堵海宇乂安仍合滿漢蒙回藏五族完全領土為一大中華民國予與皇帝得以退處寬閒優游歲月長受國民之優禮親見郅治之告成豈不懿歟欽此

宣統三年十二月二十五日

內閣總理大臣 臣 袁世凱
署外務大臣 臣 胡惟德
民政大臣 臣 趙秉鈞
署度支大臣 臣 紹英 假
學務大臣 臣 唐景崇 假
陸軍大臣 臣 王士珍 假
署海軍大臣 臣 譚學衡
司法大臣 臣 沈家本 假
署農工商大臣 臣 熙彥
署郵傳大臣 臣 梁士詒
理藩大臣 臣 達壽

清帝退位诏书 1912年2月12日，清宣统帝溥仪宣布退位，并且颁布了诏书。

囚禁靠贿选而当上总统的直系头目曹锟，并将自己的军队改称国民军。11月5日，冯玉祥派国民军将溥仪等逐出紫禁城。其后奉系又勾结直系，迫使国民军从北京撤出，不久奉系头目张作霖退出北京，率部出关。此后，国民军进入北京。

1927年4月18日，南京成立国民政府，首都仍为北京。1928年6月28日，南京国民政府改北京名为北平，并划北平为特别市。

这个时期，北京的城垣、殿宇发生了巨大变化。1914年2月4日，在故宫外朝成立古物陈列所；10月10日，武英殿对外开放。1925年4月1日，据《参观故宫暂行条例》，故宫局部售券开放参观；9月29日，决定成立故宫博物院；10月10日，举行故宫博物院开幕典礼，售票开放，供人观览。

紫禁城开放后，北京的坛庙园囿也相继开放。社稷坛于1914年改为中央公园，1928年又改为中山公园；太庙于1924年改为和平公园。这样，“左

民国初期的新华门

祖右社”的禁地都被打开了。同时，天坛于1913年供外国人游览，1918年正式开放；地坛于1925年辟为京兆公园，1929年改名为市民公园（今地坛公园）；日坛和月坛也随之开放。从此，“天地日月”的神坛禁地都被打开了。皇家园囿开放最早的是颐和

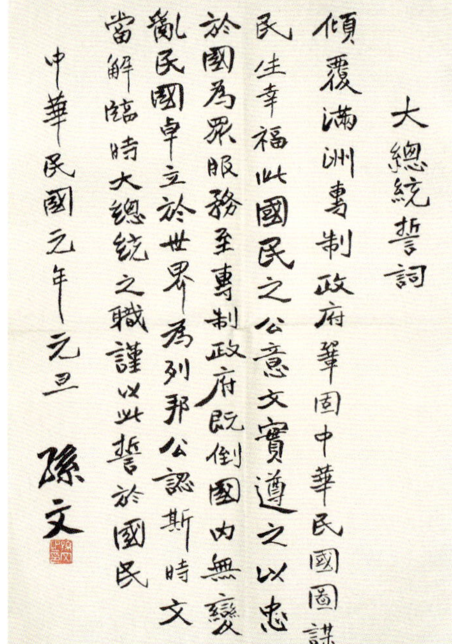

大總統誓詞
傾覆滿洲專制政府鞏固中華民國圖謀民生幸福此國民之公意文實遵之以忠於國為眾服務至專制政府既倒國內無變亂民國卓立於世界為列邦公認斯時文當解臨時大總統之職謹以此誓於國民
中華民國元年元旦
孫文

大总统誓词

园，1914年先由清皇室售票开放，1924年正式开辟为公园。其后北海于1925年辟为公园，景山也在1928年成为公园，中南海于1929年开放。

民国初期，北京的城墙街道变化很大。城墙变动最大的是皇城，从1923年开始，皇城东、北、西三面墙垣渐次拆除，南面墙垣后来也大都被拆除。街道变动最大的是新辟纵横四条交通干线：纵向为紫禁城东侧南北池子和西侧南北长街两条通道，横向为紫禁城南面大街（今东西长安街）和北面今景山前街两条通道。这样东西南北四城之间的交通较为通畅，行人和车辆也不用绕行。为了城内交通方便，1924年在正阳门与宣武门之间开兴华门（今和平门），后在东长安街东开启明门（今建国门），在西长安街西开长安门（今复兴门）。

北京是中国新文化运动的发源地。1919年的五四运动，首先从北京开始，尔后迅速发展成为全国性的群众反帝爱国运动。

1937年7月7日，爆发卢沟桥事

孙中山像 孙文（公元1866～1925年），曾化名中山樵，中国资产阶级革命领袖。

变，揭开了中国人民抗日战争的帷幕。同年10月13日，日伪改北平为北京。日本投降后，北京又改名为北平。

1949年9月27日，全国政治协商会议决定：“中华人民共和国建都北平，即日起改名北京。”10月1日，中华人民共和国中央人民政府成立，北京成为中华人民共和国的首都。

古都北京历史文化的叙述即将结束。从以上叙述中可以看出：中国的文化精粹在北京，北京的历史价值又在中国。中国是一个有960万平方公里土地，5000多年文明历史，56个民族，13亿人口的大国。只有中国才有北京。在北京这座城市里，中华民族5000多年的物质文明和精神文明，达到了光辉灿烂、登峰造极的境地。

古都北京，作为中华人民共和国的首都，正在向前奔驰，也在向上腾飞。

元、明、清年代表

元代 1271～1368年

世祖 孛儿只斤·忽必烈 至元 1271～1294年
成宗 孛儿只斤·铁穆耳 元贞 1295～1296年
大德 1297～1307年
武宗 孛儿只斤·海山 至大 1308～1311年
仁宗 孛儿只斤·爱育黎拔力八达 皇庆 1312～1313年
延祐 1314～1320年
英宗 孛儿只斤·硕德八剌 至治 1321～1323年
泰定帝 孛儿只斤·也孙铁木儿 泰定 1324～1327年
致和 1328年
天顺帝 孛儿只斤·阿速吉八 天顺 1328年
文宗 孛儿只斤·图帖睦尔 天历 1328～1329年
明宗 孛儿只斤·和世㻋 天历 1329年
文宗 孛儿只斤·图帖睦尔 至顺 1330～1332年
宁宗 孛儿只斤·懿璘质班 至顺 1332年
顺帝 孛儿只斤·妥懽帖睦尔 至顺 1333年
元统 1333～1335年
至元 1335～1340年
至正 1341～1368年

明代 1368～1644年

太祖 朱元璋 洪武 1368～1398年
惠帝 朱允炆 建文 1399～1402年
成祖 朱 棣 永乐 1403～1424年
仁宗 朱高炽 洪熙 1425年
宣宗 朱瞻基 宣德 1426～1435年
英宗 朱祁镇 正统 1436～1449年
代宗 朱祁钰 景泰 1450～1456年
英宗 朱祁镇 天顺 1457～1464年
宪宗 朱见深 成化 1465～1487年
孝宗 朱祐樘 弘治 1488～1505年
武宗 朱厚照 正德 1506～1521年
世宗 朱厚熜 嘉靖 1522～1566年
穆宗 朱载垕 隆庆 1567～1572年
神宗 朱翊钧 万历 1573～1620年
光宗 朱常洛 泰昌 1620年
熹宗 朱由校 天启 1621～1627年
思宗 朱由检 崇祯 1628～1644年

前清 1616～1643年

太祖 爱新觉罗·努尔哈赤 天命 1616～1626年（后金）
太宗 爱新觉罗·皇太极 天聪 1627～1636年（后金）
崇德 1636～1643年

清代 1644～1911年

世祖 爱新觉罗·福临 顺治 1644～1661年
圣祖 爱新觉罗·玄烨 康熙 1662～1722年
世宗 爱新觉罗·胤禛 雍正 1723～1735年
高宗 爱新觉罗·弘历 乾隆 1736～1795年
仁宗 爱新觉罗·颙琰 嘉庆 1796～1820年
宣宗 爱新觉罗·旻宁 道光 1821～1850年
文宗 爱新觉罗·奕詝 咸丰 1851～1861年
穆宗 爱新觉罗·载淳 同治 1862～1874年
德宗 爱新觉罗·载湉 光绪 1875～1908年
末帝 爱新觉罗·溥仪 宣统 1909～1911年

北京历史大事年表

距今约70万年　北京地区出现“北京人”。

约公元前1027年　周王封召公奭于燕。北京出现城池。

公元前226年　秦灭燕，占蓟城。

350年　前燕攻入蓟城，旋迁都蓟城。

756年　安禄山称大燕皇帝，以范阳为燕京。

911年　刘守光称大燕皇帝，以蓟城为都城。

938年　辽升幽州为南京（陪都）。

1153年　金海陵王迁都南京，改称中都。

1215年　蒙古军攻占中都。

1272年　元改中都为大都，由上都迁鼎大都。

1285年　元大都基本建成。

1368年　明军攻占大都，改大都路为北平府。

1403年　明升北平为北京。

1406年　明下诏迁都北京。

1407年　明始建北京城池、宫殿、坛庙。

1420年　北京城池、宫殿、坛庙营建基本完工。

1421年　明正式迁都北京。

1564年　明修成北京外城。

1644年　清迁都北京。

1911年　武昌起义爆发。

1912年　清宣统帝退位，中华民国成立。

图版目录

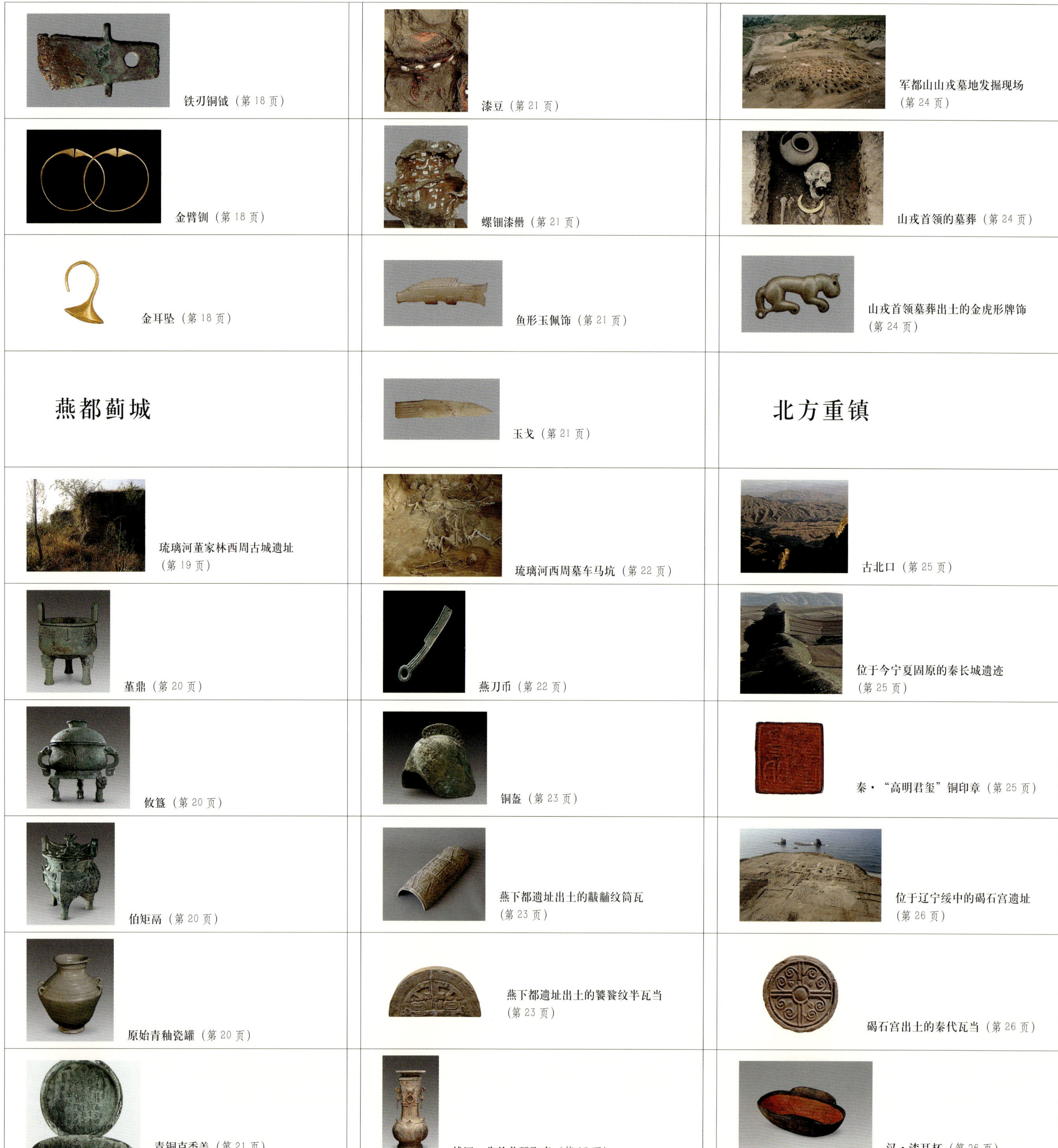

三燕建都

辽代南京

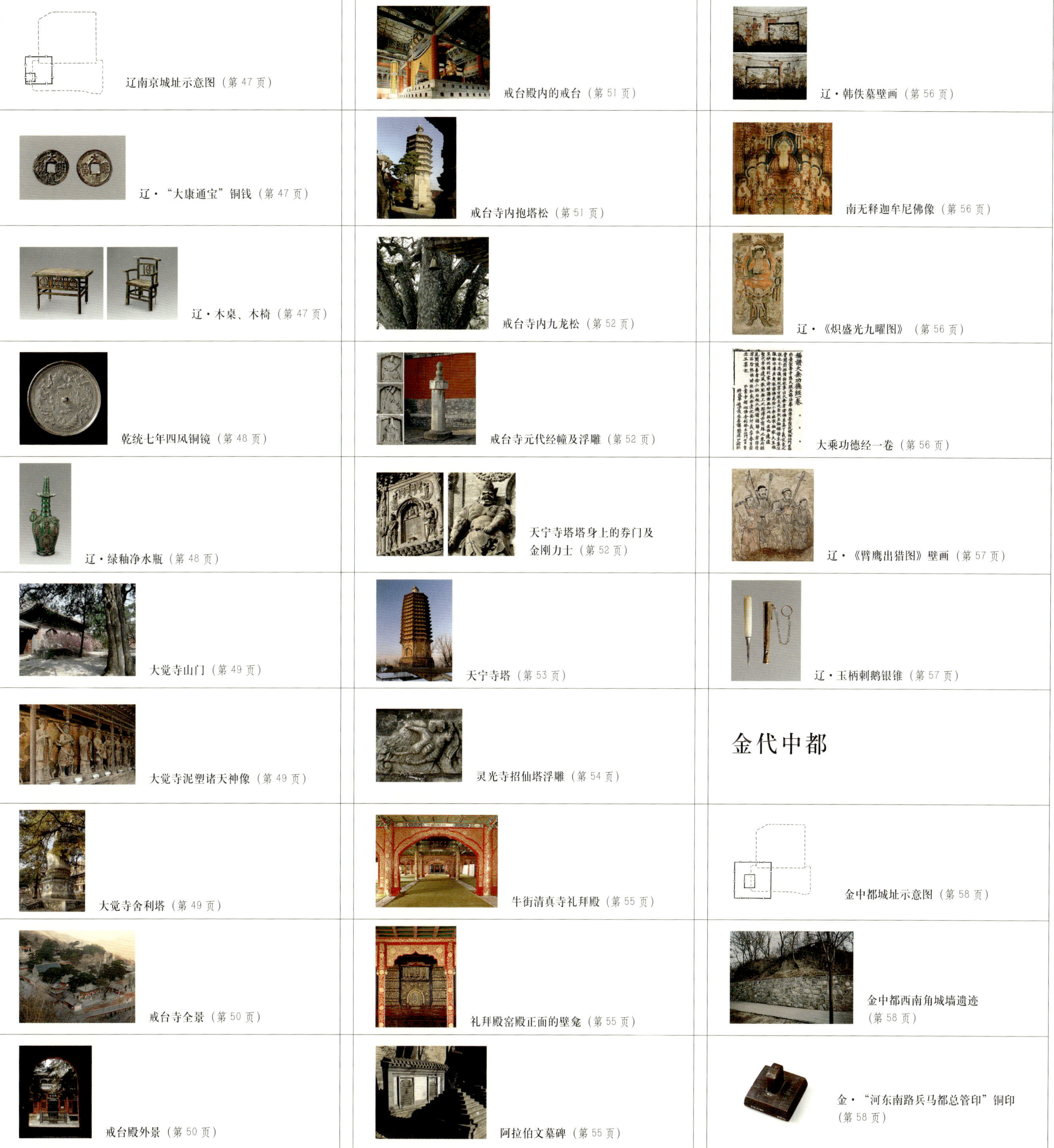

金代中都

元代大都

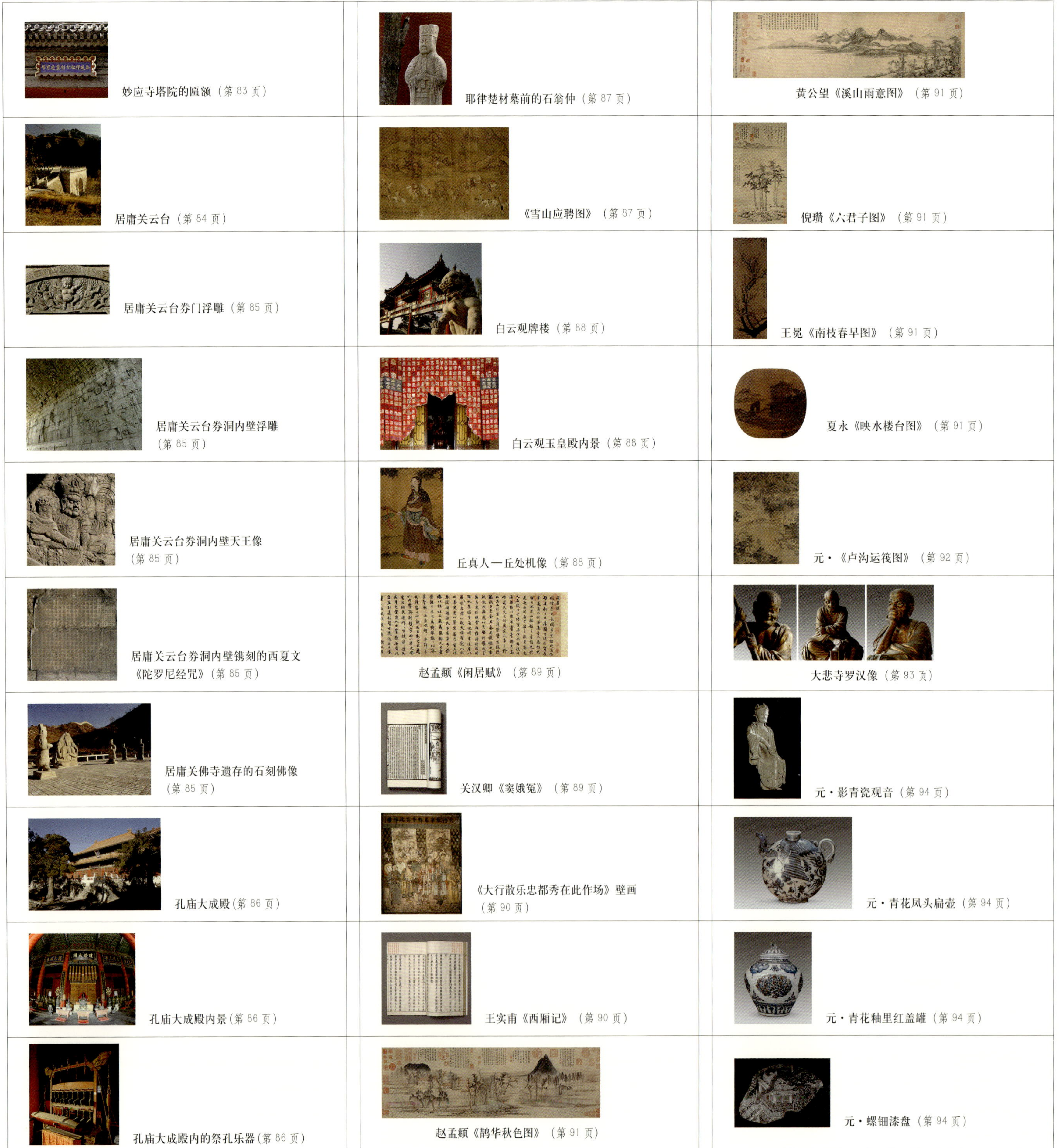

明代北京

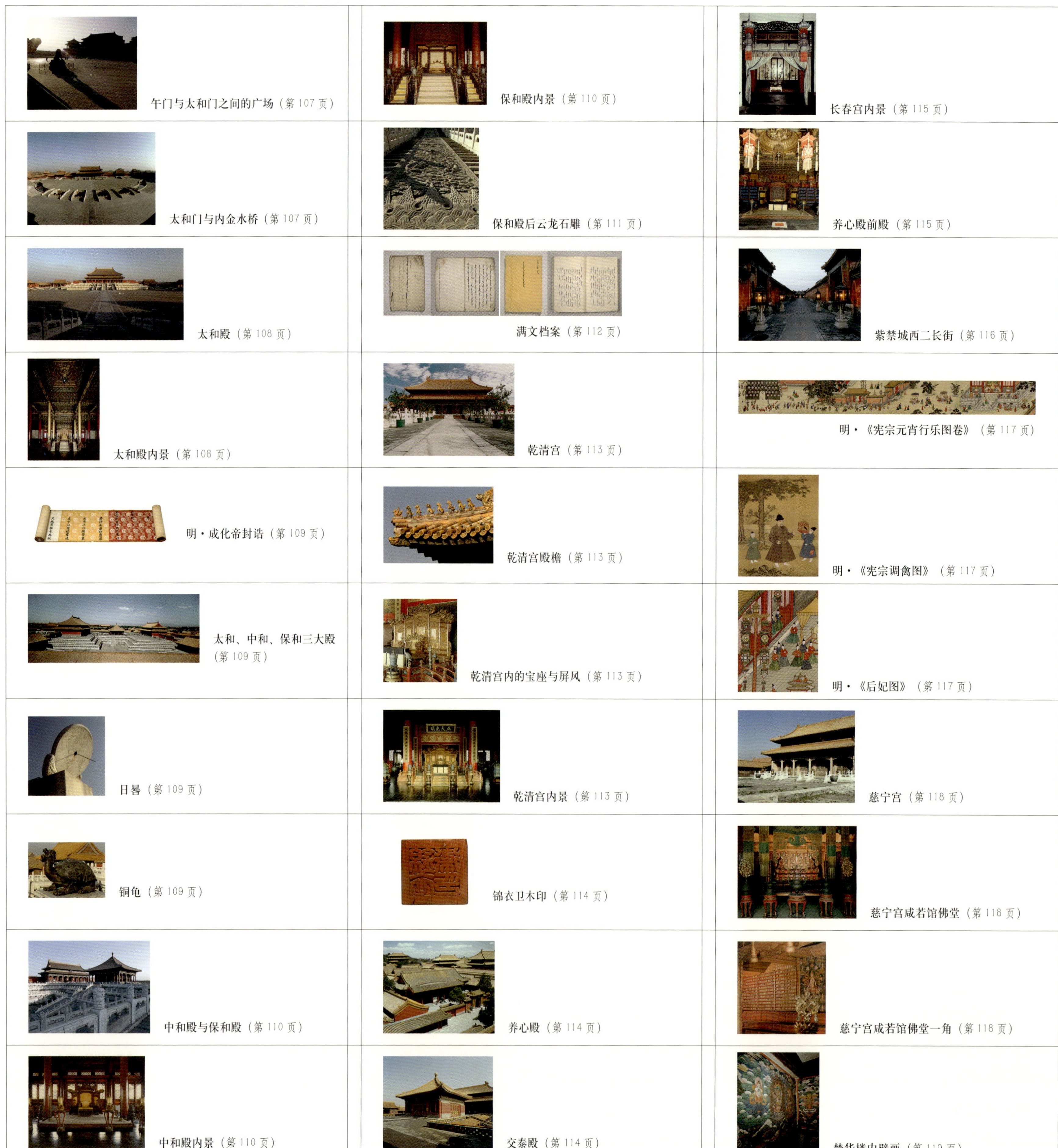

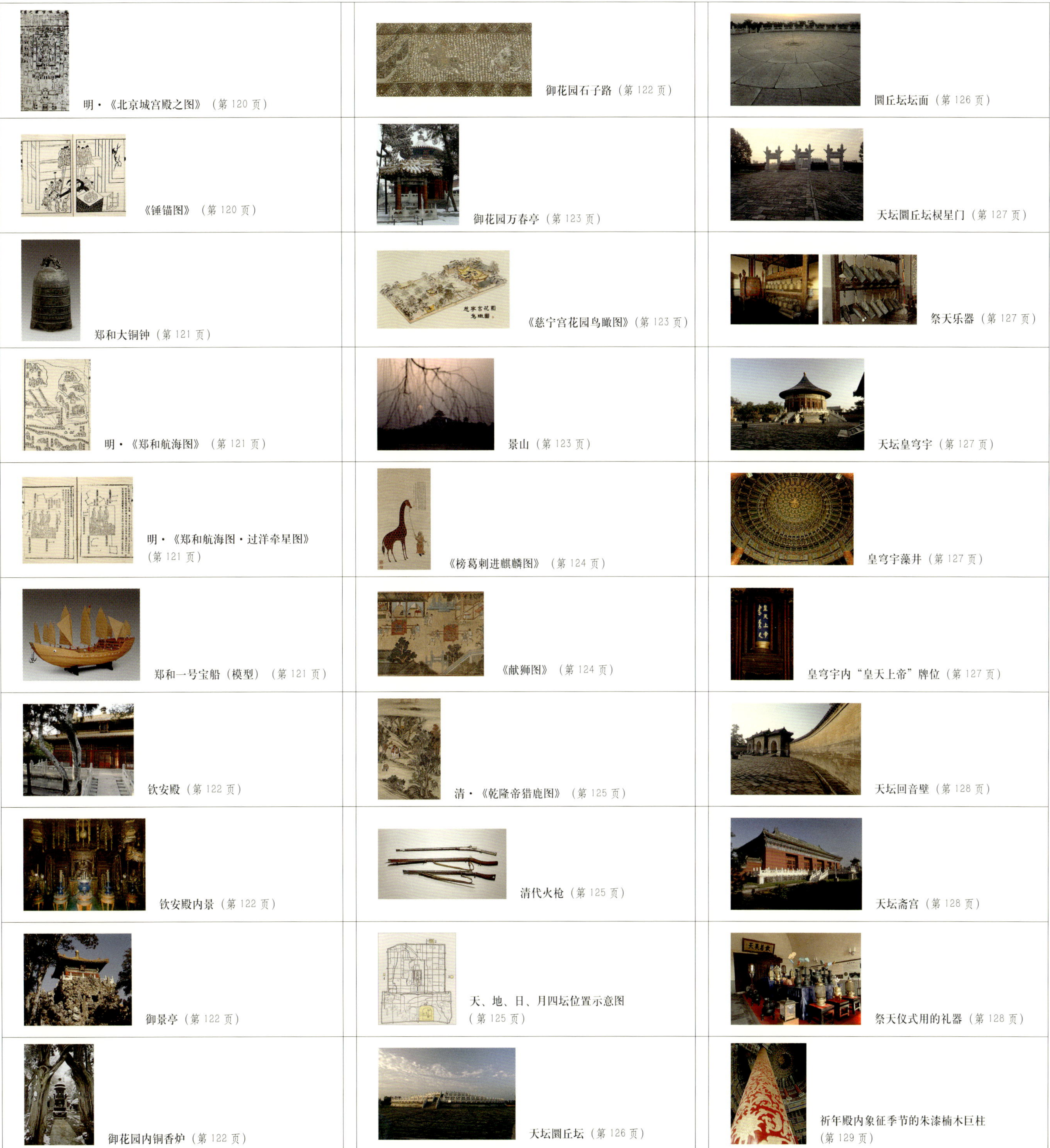

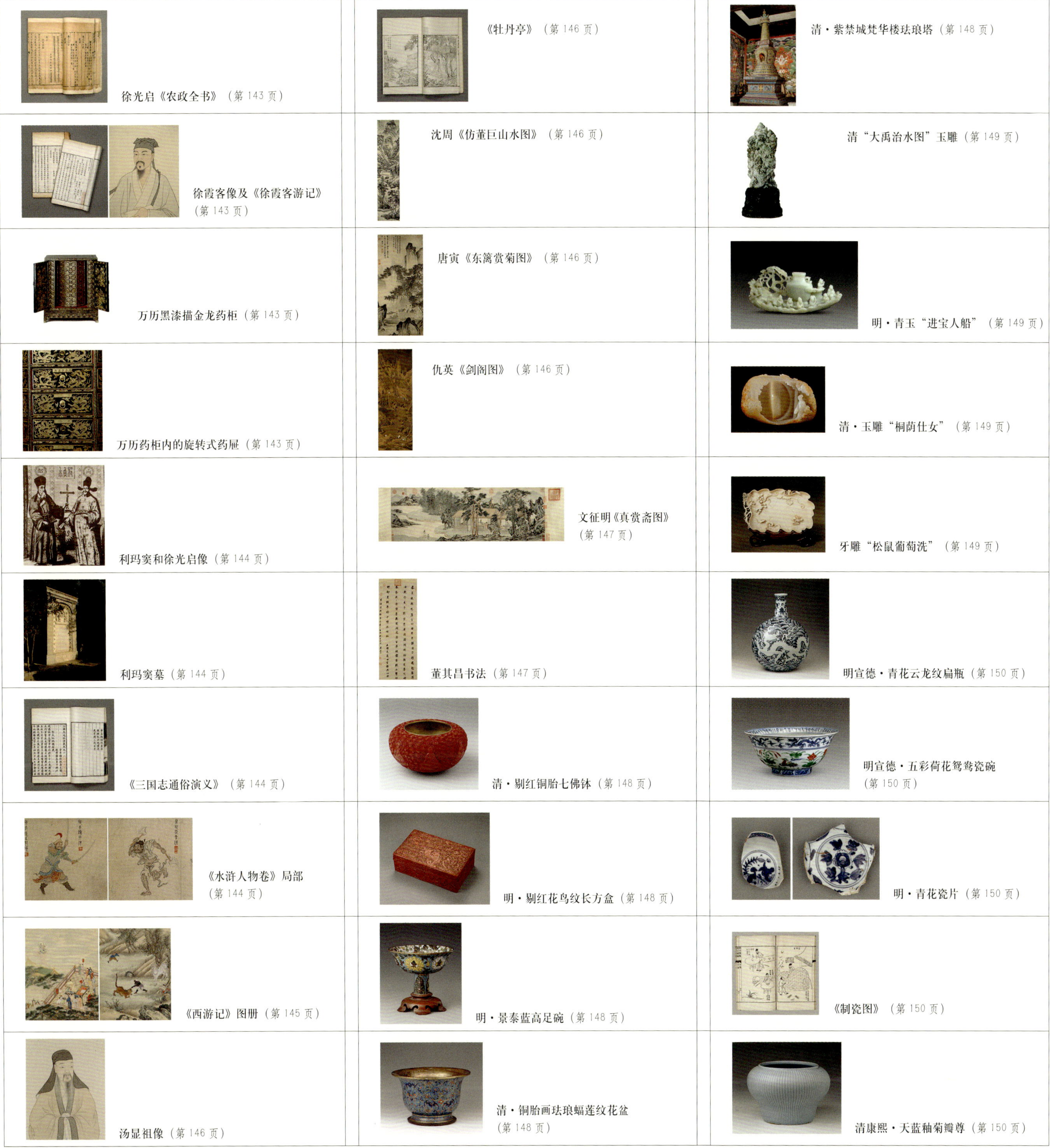

清代京师

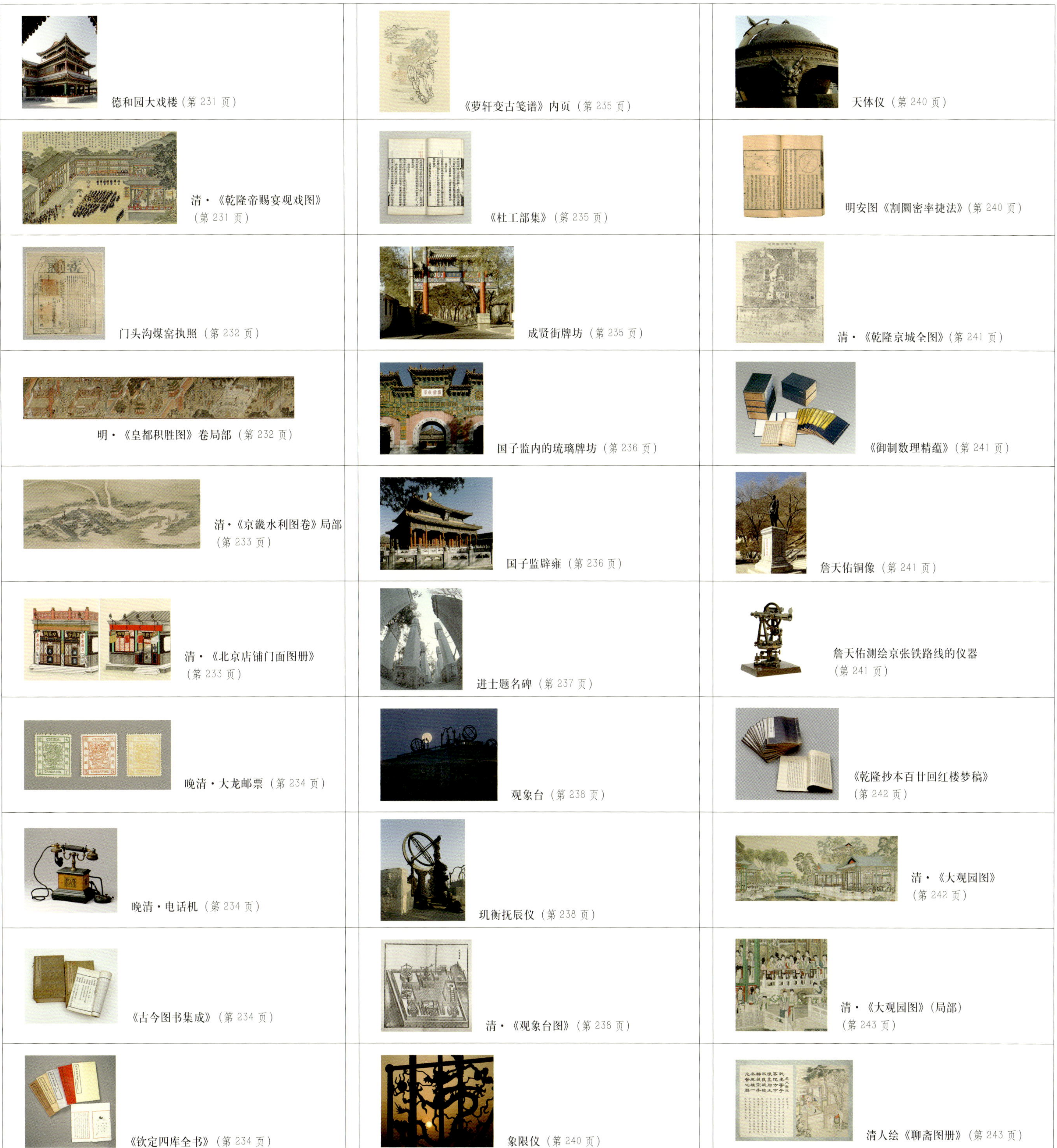

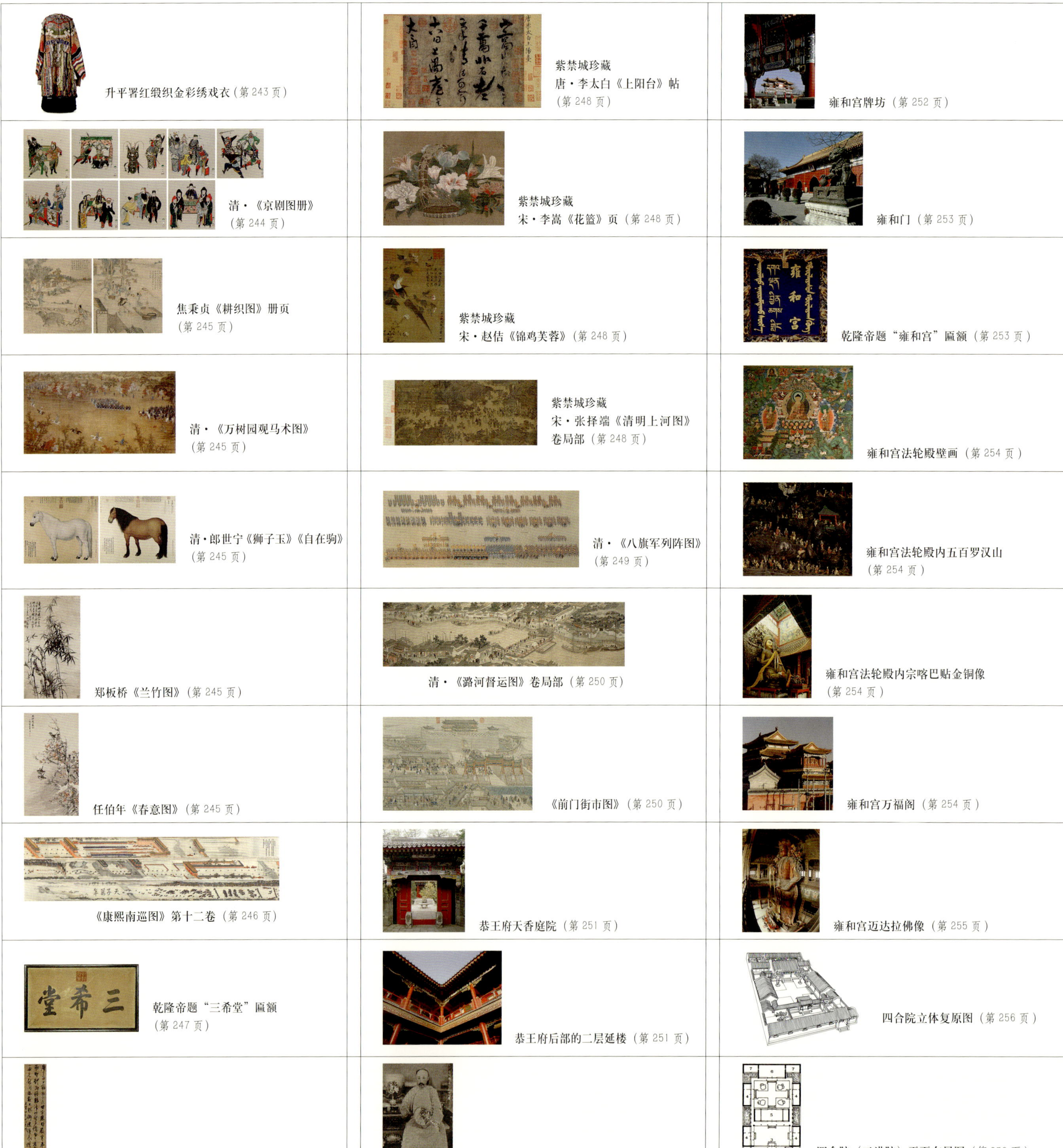

民国北京

后记

《古都北京》先后有三个版本，我分别做交代。

先说第一个版本 这本书的缘起，是在1984年9月5日（星期三）下午，朝华出版社编辑马悦女士，突然来到我的办公室。她说要出版一本文图并茂的《古都北京》，邀请我撰写文字稿。我一口谢绝，理由一是力不胜任，二是没有时间。马悦编辑叨叨不绝，非要我写不可。到了下班时间，我们不欢而散。下个星期三下午，她不约而至，就坐在我办公室，一直到下班。那时，我们不坐班，只是每周三到班一天。于是，连着四个星期三的下午，马编辑都在我的办公室坐着，既不影响我的工作，也不催促我写稿子。我真服了马悦编辑的执着精神。由是，我便敷衍，答应下来，施缓兵之计，想拖延一下。可是，下一个星期六，马编辑到我家，催我写提纲。办法照旧，每个周六，都在我家，坐等提纲，连着4周。我没办法，只好答应。我放下手头的急活，写出书稿提纲。不料，她取走提纲后，第二天下午又到我家，说一夜没睡，看了提纲，经过研究，觉得可以。接着，要我拉出500幅照片目录，每幅都要注明“突出什么”。我只好从命，花三天时间，开出照片目录，注明突出重点，比如天坛圜丘，我注明三个字“突出天”。然后，该社的摄影师严钟义先生按图索骥，或配片，或拍照，或外找，不到三个月，照片已配齐。而后，《古都北京》第一个中文版出版。其间，编辑马悦、摄影师严钟义、设计师魏明等，不知有多少个不眠之夜，严钟义甚至于就在印刷车间睡觉，因为每印一页都要经过检验。随之其英文版、德文版相继问世。《古都北京》获得1987年法兰克福、1988年莱比锡两个国际图书荣誉奖，并成为国家和北京的高端礼品书。

次说第二个版本 《古都北京》出版后20年，就是2006年8月20日晚间，中国民主法制出版社杨瑞雪社长、中央电视台高峰副台长夫妇，邀请我和夫人立红在紫玉饭店吃饭，席间谈及拙著《古都北京》。杨社长提出重新出版，并强调这本书在迎接2008年北京奥运会的背景下问世，有着特殊意义。我很愿意同真诚热情、秀外慧中的杨社长合作，以《中国古都北京》作书名而确定下来。

事情既定，我便联络20年前合作的摄影家严钟义先生。多年失联，情况不明。电话打过去才得知，他因晚间跑步锻炼，不慎跌碎髌骨，正养伤在家。我前去造访，当年小严先生，拄着双拐迎接，已成老严先生。可喜可贵的是，他20多年来执着摄影，寒暑不懈，新片积累，盈千累万。我们一谈即合，新的合作，当天开始。

这次作业程序，立红女士先将《古都北京》文字稿录下，重新斟酌、补充史料、纂出初稿；严钟义先生精选图片、补充文字、图片说明、加以表识，我做补充、筛选、修改、统纂，再由严钟义工作室进行版式设计，复由中国民主法制出版社编辑部主任刘海涛先生编辑、审稿，最后由杨瑞雪社长定稿、出版。杨社长给作者充分的时间和热情的支持，是我敬重的一位社长。书中图片，还要感谢故宫博物院胡锤主任、首都博物馆祁庆国主任等。

2008 年是在北京举行奥运会的一年，世界上二百多个国家和地区的朋友，中华各族的同胞，地球上数以千万计的华人，或亲临北京，或关注北京。此时此刻，出版了《中国古都北京》中文版、英文版、普通本、精装本、礼品本，共五种版本，尽了我们的义务，也尽了我们的责任。

再说第三个版本 人间事情，循环往复。2015 年年初，朝华出版社汪涛社长、梁惠编辑，又找我谈《古都北京》的第三个版本的出版事宜。时距《古都北京》第一个版本已近三十年，距第二个版本也已经七年。他们想借 2022 年冬奥会在北京和张家口举办的契机，再次修订、充实出版《古都北京》，并逐步推出中文、英文、法文、德文、西班牙文和阿拉伯文六种文字的不同版本。

这次出版《古都北京》，其突出特点是“四新”：一是吸取近年考古、文物、文献、学术的新成果，做文字修订、梳理与增补；二是严钟义先生汇集了新拍摄、新积累的图片，对其加以丰富、调整、充实；三是吸取前两个版本优长，改善其不足，重新进行创意、设计、调整、装帧；四是逐步推出中、英、法、德、西、阿 6 种文字的不同文本，以扩大影响。

时间三十年，打磨一本书。本书三个十年，三次出版历程，就是不断地求真、求善、求美。

求真 如前门箭楼的箭窗是多少个？各书记载，多有不同，哪个数字可靠？当年严钟义先生骑着摩托车，我坐在他的摩托车后座，一起到前门箭楼，仔细数，认真数，反复数，才将核定的数字落到书的文字上。近来又得到正阳门管理处郭豹主任提供全面详细、经过考据的数字。又如安定门外黄寺塔名，各书记载不一：是“清净化域塔”，还是“清净化城塔”？我们两人前去核实。到了之后，天已漆黑。找手电，没有。怎么办？严钟义嘿儿喽着我，用手摸碑文，确定是“城”字，不是“域”字。后又查《妙法莲花经》。其《化城喻品》讲了一个故事：众人到很远的地方，路途险恶，旷无人烟，不愿前进，中路欲退。一位白导师，告诉大家，你们不要畏难，前面有一座城，可以休息。众人听了，心中大喜。于是众人进入化城，得到休息，消除疲劳，愿意久居，不想前进。导师告众人说：刚才大城，是我做的化城，为了让你们住止休息。既已休息，也不疲倦，就灭掉化城。众人没法儿，继续前进。“化城”的典故，就出于此。乾隆帝御撰《清净化城塔记》也作证。从而断定塔名是“清净化城塔”，而纠正相关著作中“清净化域塔”名之疏误。

求善 《论语》中“善”字出现 42 次。如孔子谓《韶》：“尽美矣，又尽善也。”（《论语 · 八佾》）我们追求“尽善”。孔子曰：“三人行，必有我师焉！择其善者而从之。”（《论语 · 述而》）在本书纂著过程中，尽量选择其善者而学习之、吸取之。总之，就是追求“善”——心善、目善、言善、行善，做人善、做事善，这是本书的旨归。拍摄雍和宫迈达拉大佛像高 26 米，房间照相拉不开距离。自有此尊佛像 200 多年以来，严钟义先生第一次爬到楼上，脚踩几厘米厚的积尘，进行拍摄，为求善也。

求美 为了拍照长城早霞与晚霞的不同景观，严钟义先生在寒冬夜里出发去长城，等半宿，拍长城早霞；拍长城晚霞也是如此。他在拍摄颐和园十七孔桥、凤凰岭明代瑞云庵塔等照片时，都是常年观察，寻找时机，揣摩角度，反复拍摄，精中选优，著于书中，则是求美的实例。

总之，经过撰稿、摄影、翻译、编辑、设计、审校、印制、装订等多道程序，步步严谨，节节精进，《古都北京》才以新面貌问世。

阎崇年

2016 年 1 月 1 日

图书在版编目（CIP）数据

古都北京/阎崇年著．— 北京：朝华出版社，2016.9

ISBN 978-7-5054-3853-8

Ⅰ．①古… Ⅱ．①阎… Ⅲ．①文化史－北京 Ⅳ．①K291

中国版本图书馆CIP数据核字（2016）第231806号

古都北京

作　　者　阎崇年

责任编辑　汪　涛　梁　惠
校　　对　张　璇
责任印制　张文东　陆竞赢
装帧设计　严钟义

出版发行　朝华出版社
社　　址　北京市西城区百万庄大街24号　　邮政编码　100037
订购电话　（010）68996050　　传　　真　（010）88415258（发行部）
联系版权　j-yn@163.com
网　　址　zhcb.cipg.org.cn
印　　刷　雅昌文化（集团）有限公司
经　　销　全国新华书店
开　　本　889mm×1194mm　1/12　　字　　数　580千字
印　　张　25.5
版　　次　2016年10月第1版　2016年10月第1次印刷
装　　别　精
书　　号　ISBN 978-7-5054-3853-8
定　　价　780.00元